D1574349

Karin Kneissl
DIE ZERSPLITTERTE WELT
Was von der Globalisierung bleibt

Karin Kneissl

DIE ZERSPLITTERTE WELT
Was von der Globalisierung bleibt

braumüller

Bibliografische Information der Deutschen Nationalbibliothek
Die Deutsche Nationalbibliothek verzeichnet diese Publikation in der
Deutschen Nationalbibliografie; detaillierte bibliografische Daten
sind im Internet über http://dnb.d-nb.de abrufbar.

Printed in Austria

Alle Rechte, insbesondere das Recht der Vervielfältigung und Verbreitung sowie
der Übersetzung, vorbehalten. Kein Teil des Werkes darf in irgendeiner Form
(durch Fotokopie, Mikrofilm oder ein anderes Verfahren) ohne schriftliche
Genehmigung des Verlages reproduziert oder unter Verwendung elektronischer
Systeme gespeichert, verarbeitet, vervielfältigt oder verbreitet werden.

1. Auflage 2013
© 2013 by Braumüller GmbH
Servitengasse 5, A-1090 Wien

www.braumueller.at

Satz: Christian Ginner
Druck: Druckerei Theiss GmbH, A-9431 St. Stefan im Lavanttal
ISBN 978-3-99100-086-0

*Widmen möchte ich dieses Buch all den Menschen,
die in unserer zersplitterten Welt das Leben in Würde meistern und
die ihre Stimme nicht erheben können.*

Inhaltsverzeichnis

Ein politischer Reiseführer. Zur Einleitung 11
Wendezeiten – Herodot – Antikes Ägypten – Krankes Europa

1. Eine instabile Welt mit vielen Zentren 31
Karten zeichnen – Was ist Zivilisation? – Vom Arabischen Frühling zum Staatenzerfall – Die Energiefrage – Der fragmentierte Feind

2. Zu Besuch im vermeintlich globalen Dorf 71
Die Welt war schon einmal globaler – Der Kolonialismus – Digitale Flächenbrände – Globalisierte Kriminalität und neue alte Kriege – Die neuen weißen Flecken auf der Landkarte

3. Vom Untergang des Westens 109
Kriege und Staatspleiten damals und heute – Demografischer Wettlauf – Der erneute Untergang des Abendlands – Europa: reicher Norden, armer Süden

4. Unterwegs in ein asiatisches Zeitalter? 145
Asien ist mehr als Indien und China – Die sozialen Zeitbomben – Energiearmut und Stromkrisen

5. Wenn Staaten zerfallen:
Von der Balkanisierung zur Libanisierung 171
Republik oder ethnische Kleinstaaten – Die Kriege am Balkan und im Nahen Osten

6. Wenn Ideologien versagen, wird Gott mobilisiert 197
*Die Rückkehr des Religiösen auf die politische
Tagesordnung – Zusammenprall der Fundamentalisten –
Im Korsett der konfessionellen Zugehörigkeit –
Welche Utopie bleibt?*

7. Das Pendel der Geschichte 223
*Die Rückkehr der sozialen Frage – 1848 und heute –
Republik oder Imperium – Dorf, Markt und Stadt*

Die Geschichte geht immer weiter. Conclusio 255

Danksagung..268
Anmerkungen 270
Ausgewählte Literatur 282
Stichwortverzeichnis 284

Pity the nation that is full of beliefs and empty of religion.

Pity the nation that wears a cloth it does not weave, eats a bread it does not harvest, and drinks a wine that flows not from its own wine-press.

Pity the nation that acclaims the bully as hero, and that deems the glittering conqueror bountiful.

Pity the nation whose statesman is a fox, whose philosopher is a juggler, and whose art is the art of patching and mimicking.

Pity the nation divided and fragmented, each fragment deeming itself a nation.

Gibran Khalil Gibran (1883–1931)

Ein politischer Reiseführer

Zur Einleitung

Es ist ein im Menschen tief verwurzelter Wunsch, der von ihm erlebten Zeit eine Deutung zu geben und sich selbst damit auch ein wenig Bedeutung. Viele unter uns mögen das Gefühl haben, schon einige Epochen durchlebt zu haben. Der englische Ausdruck „history in the making", also an der Geschichte im Moment ihres Entstehens teilzuhaben, trifft dieses Gefühl. In den beiden vergangenen Jahrzehnten durften wir so manche Zeitenwende erleben, die uns Hoffnung gab, waren aber auch mit Entwicklungen konfrontiert, die uns verunsichern. Wohin also geht die Reise?

Mit diesem Buch, vielleicht eine Art politischer Reiseführer, möchte ich auf schneller Fahrt durch die Zeiten jenes Pendel der Geschichte im Rückspiegel ein wenig beschreiben, das Kulturen auf- und untergehen ließ. Reiche entstanden, um wieder in kleine Teile zu zerfallen. Ein Zusammenwachsen zu großen Einheiten erfolgte mit militärischer Macht, politischem Geschick oder dank Beherrschung bestimmter Erfindungen und des Handels. Einmal den Zenit der Machtentfaltung überschritten, zersplitterten die einstigen Großreiche in viele Kleinstaaten. So erging es dem Weltreich eines Alexander des Großen wie auch dem Heiligen Römischen Reich deutscher Nation oder dem Britischen Weltreich, um nur einige zu nennen. Und gegenwärtig deutet so manches darauf hin, dass auch die Vorherrschaft einer von westlichen Kulturen geprägten Globalisierung an ihre Grenzen gestoßen ist. Die Zersplitterung erfasst nicht nur die Staatenwelt, sondern auch die Arbeitswelt und damit die Gesellschaft. Der soziale Zusammenhalt bricht vielerorts in sich zusammen.

Die Menschen der Renaissance und der Aufklärung suchten nach einem neuen Welt- und Menschenbild in Glaubenskriegen, der Ausbruch aus feudalen Verhältnissen erfolgte im Chaos der Revolutionen. Und auch uns stehen wohl turbulente Zeiten bevor. Wir erleben eine Gleichzeitigkeit von Erschütterungen. Neben der Wirtschaftskrise braut sich eine Energiekrise zusammen, hinzu tritt die Sorge um ein Kippen des Klimas. Und über allem hängt eine schwere Vertrauenskrise. Diese betrifft die Banken, die politischen Parteien und den Staat insgesamt. In Europa fehlt vielerorts gar das Vertrauen in die Zukunft, also die Zuversicht. Was wird von dieser Globalisierung, die unser aller Wirtschaften und Leben seit Jahrzehnten bestimmt, wohl übrig bleiben? Die kulturellen Errungenschaften gingen in der Vergangenheit selten ganz verloren. Es stellt sich die Frage, wodurch sich unsere Epoche auszeichnet.

Es gibt nichts Neues unter der Sonne

Sprachen, Ideen, Religionen und Baukunst wurden weitergetragen. Allein die griechische Kultur überlebte den Untergang der freien griechischen Stadtstaaten, wurde von den Römern übernommen, verschmolz in der Begegnung mit dem Orient zum Hellenismus und gelangte im ägyptischen Alexandria zu neuer Größe. Hellas war die Grundlage für Byzanz, überlebte die Eroberung durch die Osmanen, zog mit der arabischen Kultur wieder nach Europa und ermöglichte die Renaissance. Und heute nennt der Rest Europas Griechenland die Peripherie, versteht sich selbst aber als Zentrum! Mit dem Blick in die Vergangenheit lässt sich die gegenwärtige Lage unserer abendländischen Kulturen besser erfassen. (Hierbei verwende ich bewusst den Plural, denn aus der Befruchtung verschiedener Völker rund um das Mittelmeer entstand jene Zivilisation, die wir das Abendland nennen.)

Orient und Okzident haben das „mare nostrum" gleichermaßen geprägt. Für die Griechen war es ohnehin nur ein gemeinsamer Teich, um den die ausgewanderten Seefahrer und Bauern in ihren Neugründungen saßen und wie die Frösche quakten. So oder ähnlich soll es der Philosoph Aristoteles einst beschrieben haben. Ein wenig provinziell waren wir also auch immer schon. Weltläufigkeit leisteten sich nur wenige, indem sie zwischen den Welten wanderten. Europa entstand aus all diesen Erbschaften zwischen West und Ost, wie auch der Name des Kontinents auf eine phönizische Prinzessin zurückgeht, die einst Göttervater Zeus aus dem heutigen Libanon raubte. Der Begriff Orientierung leitet sich von Orient ab. Das lateinische Schlagwort „ex oriente lux", „aus dem Osten kommt das Licht", illustriert diese Fokussierung auf den Orient noch intensiver. Aus dem Osten gelangten die großen Innovationen, wie der Ackerbau, das Alphabet und später mit etwas Verzögerung ein hohes Kulturgut namens Seife nach Westen. Ebenso zogen die Religionen von Ost nach West. Der Blick nach Osten öffnete immer wieder den Horizont.

Für den weit gewanderten Herodot, den Vater der Geschichtsschreibung, steht die Wiege aller menschlichen Zivilisation jedoch in Afrika. Die Hochkultur Ägyptens faszinierte ihn vor 2500 Jahren, wie sie dies bis in unsere Zeit tut. Hier wurde erstmals ein hierarchisch durchorganisiertes Staatswesen mit Priestern, Buchhaltern und Diplomaten aufgebaut. Wissenschaft und Kunst blühten, Gedichte, philosophische Traktate, Korrespondenzen mit Gesandten an den Rändern des Reiches und beeindruckende Kaufverträge zeugen von der Vielfalt der Schriften.

Der Nil sicherte Nahrung und ermöglichte menschliches Wirken jenseits des bloßen Überlebens. Aus einer anfänglich sehr friedvollen Kultur, beschützt durch natürliche Grenzen wie die Wüsten und das Meer, wurde als Reaktion auf die Angriffe anderer hungriger Völker eine gewichtige Militärmacht, die sich Vasallen schuf und expandierte. Als die Zentralmacht schwächelte, begann das Reich zu zerfallen. Auslöser war ein tödliches Attentat auf Pharao Ramses III. im Jahre 1155 v. Chr. Es war ein Mord mit weitreichenden Folgen. Denn trotz des Königsmords, der angesichts der gottgleichen Stellung des Herrschers ein „Gottesmord" war, ging sehr zur Überraschung der Ägypter das Leben weiter. Es folgte ein Zwischenreich und der Niedergang der traditionellen Pharaonenherrschaft. Wie oft musste die Menschheit wohl geglaubt haben, dass demnächst der Untergang bevorstünde. Es gibt nichts Neues unter der Sonne, wie es im Buch Kohelet in den Büchern der Weisheit der Bibel bereits heißt.

Mit der Ermordung Ramses III. war die königliche Macht dramatisch geschwächt, denn der Pharao erschien nicht mehr gottgleich. Ramses III. war der letzte große Herrscher des sogenannten Neuen

Reiches. Da noch Dürre und Missernten hinzukamen, war der Untergang Ägyptens besiegelt. Politische Morde sollten in der Geschichte noch öfters für dramatische Umbrüche sorgen. Man denke an die Ermordung Julius Cäsars im römischen Senat 44 v. Chr. Damit war auch die römische Republik endgültig zu Ende, den Bürgerkriegswirren sollte das Kaiserreich folgen. Die alten Tugenden des „römischen Bauern" verschwanden, es bildete sich eine Dienstbotengesellschaft heraus, die immer mehr billige Arbeitskräfte benötigte und nicht zuletzt an militärischer Überdehnung schwächelte.

Als das Imperium schlechthin gilt das Römische Reich, das vielen nachfolgenden Reichen, so auch Napoleon und Hitler, als Vorbild diente. Bloß war keines von der Dauer und der Wirkung jenes antiken Roms, das die Welt prägte. Denn Rom hinterließ Straßen, Sprache, Gesetze und ein umfassendes zivilisatorisches Erbe. Angesichts dieser Fülle frage ich mich oft, was die Nachwelt als Erbe der Europäischen Union eines Tages werten wird, sollte es zu ihrem Zerfall kommen. Neue Straßen in der „iberischen Peripherie", deren Mautgebühren sich viele Spanier und Portugiesen nicht mehr leisten können? Der oft beschworene gemeinsame Geist inspirierte zweifellos jene Menschen, die um die Zerbrechlichkeit Europas wussten und es dennoch aufbauten. Doch seit Jahren ist der einstige Esprit einer tiefen Kluft gewichen, die viele neue Bruchlinien aufgerissen hat. „Aus Nachbarn wurden Schuldner und Gläubiger", so beschreibt der deutsche Ökonom Hans-Werner Sinn das Dilemma der neuen Gräben zwischen Nord und Süd in Europa.

Die EU laboriert an vielen Schwächen, einige sind Geburtsfehler, andere kamen im Laufe der Jahre hinzu. Eines wird immer deutlicher sichtbar: Die EU könnte nicht nur in ihre aktuellen 27 Mitglieder zerfallen, falls Griechenland aus der Eurozone rausgeworfen wird oder die Briten beschließen die Union zu verlassen. Vielmehr ist eine weitreichendere Zersplitterung möglich. So wie Jugoslawien seit 1991 entlang ethnischer und konfessioneller Linien in sieben kleine souveräne Staaten zerbrach – und der Prozess kann jederzeit weitergehen –, so könnte eine derartige Zersplitterung andere Staaten erreichen. Katalonien, Flandern und Schottland streben nicht zuletzt infolge der schweren Wirtschaftskrise nach Unabhängigkeit.

Der Zerfall Jugoslawiens war vielleicht eine Art Ouvertüre für die Zukunft Europas.

Noch brisanter erscheint mir die Gefahr des Zerfalls nahöstlicher Staaten wie des Iraks und Syriens, mit all den Folgen eines Dominoeffekts für die gesamte Region. Die Kurden streben nach Staatlichkeit, die in weiteren Separatismus münden könnte. In den Staaten zwischen der Arabischen Halbinsel und dem kaspischen Raum finden sich zwei Drittel der konventionellen Erdöl- und Gasreserven. Die Kriege – ethnische Säuberungen, wie wir den Völkermord im ehemaligen Jugoslawien nannten – werden in diesen Regionen noch brutaler verlaufen, da viele Mächte zwecks Kontrolle über diese strategischen Rohstoffe am Verlauf der Kämpfe mitmischen würden.

Begriffe wie Libanisierung, Irakisierung oder Somalisierung geistern durch die Köpfe. Gemeint ist stets das Ende des staatlichen Gewaltmonopols, der Absturz in Anarchie. Wenn die Armee sich auflöst, der Staat mangels Budgets keine Gehälter mehr zahlen kann, wenn schließlich niemand mehr an diesen Staat glaubt, dann ist er gescheitert. Manche Gebilde überstehen ein solches Chaos, andere verschwinden von der politischen Landkarte. Der Libanon überstand alle Libanisierung, die Sowjetunion hingegen gibt es seit Oktober 1991 nicht mehr. Auch in Afrika mit seinen willkürlichen Grenzen und Nationalstaaten, die aus Kolonien hervorgingen, können jederzeit neue ethnisch motivierte Sezessionsbewegungen entstehen. Gab es zu Beginn des 20. Jahrhunderts weltweit einige Dutzend Staaten, so stieg die Zahl der souveränen Staaten bis heute auf über 200 an. Die UNO wurde 1945 von 51 Staaten gegründet. Im Zuge der Entkolonialisierung wuchs die Mitgliederanzahl bis 1971 auf 132. Mit den Veränderungen in den Jahren 1989 bis 1991, also dem Zerfall der Sowjetunion und Jugoslawiens, wuchs die Liste binnen kurzem auf 184 Souveräne. Der Südsudan ist das jüngste UN-Mitglied. Die Anzahl der Nationalstaaten kann aber noch weiter wachsen. Denn wir befinden uns mitten in einer Phase der Neuordnung und Neuverteilung von Machtsphären sowie von Kontrolle über Ressourcen, mitten in alten / neuen Nationalismen.

Von der Balkanisierung und Entglobalisierung

Eine meiner favorisierten Thesen lautet: Während der Zweite Weltkrieg im November 1989 mit dem Fall der Berliner Mauer definitiv zu Ende war, geht der Erste Weltkrieg immer noch weiter. Denn die heute umstrittenen Grenzen, ob in Ost- und Südosteuropa oder im Nahen Osten, sind das unmittelbare Ergebnis des Ausgangs der Kämpfe 1918. Ab 1995 hielt ich eine Serie von Lehrveranstaltungen mit dem Titel „Von der Balkanisierung zur Libanisierung – das Phänomen der Staatenimplosionen". Was ich in den 1980er Jahren im Libanon, der als Staat kaum mehr existierte, und einige Jahre später in Bosnien, wo ebenso Milizen ihre selbstgeschaffenen Kantone regierten, als Korrespondentin und Lehrende erlebte, hat mich geprägt. Staaten und Gesellschaften zersplitterten entlang ethnischer und religiöser Bruchlinien.

Der Begriff Balkanisierung erfasst ganz allgemein Zerfallsprozesse, an deren Ende kleinere und oft zerbrechliche Einheiten stehen. Wenn es um die territoriale Dimension geht, dann versteht man darunter die Auflösung eines Staates. Doch hat sich das Konzept „Balkanisierung" verselbstständigt und kursiert in der Finanzwirtschaft ebenso wie im Computerwesen. Als der Libanon 1975 infolge des Bürgerkriegs zerfiel, sprachen Experten von der „Balkanisierung des Libanons". Als sich 17 Jahre später Jugoslawien auflöste, konnte man von der „Libanisierung Jugoslawiens" lesen. Diese Begriffe sind also austauschbar, mittlerweile sind viele weitere Synonyme dazugekommen.

Wenn ich als Fallbeispiele in den Seminaren dann auch Belgien und Spanien darlegte, war das Staunen groß. Westeuropäische Staaten gelten als relativ alte Nationalstaaten und dank ihrer parlamentarischen Demokratien als gefestigt. Es schien, als ob neue Staaten nur am Balkan und im Kaukasus entstehen würden, wo außen stehende Beobachter in den Mentalitäten archaischer Gesellschaften einen Auslöser für die Bürgerkriege vermuteten. Gerne wird darauf verwiesen, dass infolge der osmanischen Besatzung nie ein positiver Bezug zwischen Staat und Bürger entstanden sei. Doch keine Gesellschaft ist meines Erachtens gegen Kleinstaaterei und Clandenken gefeit. Die Wirtschaftskrise betätigt sich auch hier als Motor, der Ressentiments aus dem Kühlschrank der Geschichte hervorholt und ganz rasch wieder zum Brodeln bringt. In Europa erleben wir trotz oder vielleicht wegen all der institutionellen Verflechtungen ein Wiederaufleben versunken geglaubter Vorurteile, die den Beobachter erschaudern lassen.

Zwei Entwicklungen laufen seit Jahren in rasanter Gleichzeitigkeit ab. Zum einen verdichtet sich die Welt zu einem vermeintlichen globalen Dorf, wo wir jederzeit und überall mit der gesamten Welt sprechen und augenscheinlich alles per Click erwerben können. Zum anderen erleben wir einen Prozess der Zersplitterung, der weit über die territorialen Neuordnungen der Landkarten hinausreichen wird. Die Gesellschaft atomisiert sich vom Familienverband zum Individualdasein ebenso, wie die Arbeitszeit dank der permanenten online-Verfügbarkeit aufgesplittert ist und wie auch Parteien in kleine Strömungen zerfallen. Dies soll nicht beklagt, sondern vielmehr dargestellt werden. Was wir in unserer Zeit erleben, ist keine Premiere. Das Pendel der Geschichte schlägt einmal in jene Richtung und dann wieder in diese aus. Großreiche zerbrachen, wie dies mit dem Tod des Eroberers Alexander des Großen 323 v. Chr. oder Karl des Großen im Jahr 814 der Fall war. Das Heilige Römische Reich deutscher Nation war im 18. Jahrhundert ein Sammelsurium an souveränen Höfen. Diese Kleinstaaterei ermöglichte aber auch eine kulturelle Blüte, wie sie in den uniformen Fusionsgebilden späterer Epochen nicht mehr möglich sein sollte. „Small is beautiful" lautete der Leitspruch, den der aus Österreich stammende Ökonom Leopold Kohr, der sich für das menschliche Maß als Alternative zu den großen Systemen engagierte, in den 1950er Jahren schuf. Kohr setzte nie auf einen europäischen Superstaat, der Wirtschaft und Alltag überregulieren würde. Vielmehr rechnete der weitsichtige Autor mit einem Zerfall der Nationalstaaten in die alten gewachsenen Regionen, wie eben Flandern, Lombardei etc.[1] Kohr konnte damals noch nicht erahnen, welche Ausformungen die Globalisierung des späten 20. Jahrhunderts mit einem übermächtigen Finanzmarkt noch annehmen würde.

Eine gewisse Globalisierung begleitete die Menschheit immer, denn der Handel führte stets auch zum Austausch von Erzählungen und ließ die Menschen reisen. Die Globalisierung unserer Zeit ähnelt mehr einem Diskontmarkt, wo es um schnelle Produktion zu den niedrigsten Kosten ohne Rücksicht auf Mensch und Ressourcen wie Ackerland, Wasser und viele endliche Rohstoffe geht. Anders verhielt es sich wohl in früheren Epochen. Der womöglich verklärte Blick sei mir verziehen, doch auf dem antiken Forum wurden neben Waren auch Ideen in wechselseitigem Respekt für das Anderssein und in Achtung der anderen Götter ausgetauscht. Niemand hätte damals behauptet, die absolute Wahrheit gepachtet zu haben. Dies tun aber seit ihrer Gründung das Christentum und der Islam. Diesen Missionseifer, ihr Modell anderen überzustülpen, übernahmen später die Vertreter bestimmter Ideologien, sei es die Sowjetunion, die USA oder die Volksrepublik China. Eine besonders blutige Schlacht um regionalen Einfluss lieferten sich diese drei in Vietnam und Kambodscha in den 1960er und 1970er Jahren.

Anders als der antike Umschlagplatz ist unsere Epoche rigide, der Wettbewerbsdruck dominiert das Handeln bis in die persönlichen Lebenspläne. Alles wurde zum Kapital. Der Begriff „Humankapital" erscheint mir besonders furchterregend. Er erinnert mich an Menschenmaterial, eine Wortschöpfung aus dem Ersten Weltkrieg, als man im Zuge der Stellungskriege nicht mehr Soldaten, also Individuen, sondern nur mehr Material in die Schlacht warf. Im Reitsport war bald auch die Rede vom Pferdematerial anstatt vom einzelnen Tier. Die Austauschbarkeit der „Human Ressources" auf dem Konzernschachbrett ist beeindruckend. Daran können Firmen und Menschen gleichermaßen zerbrechen. An dieser Ökonomisierung, die aus Patienten Klienten macht, aus Kindern eine Investition in die Zukunft, Studierende zu zahlenden Kunden mit Anspruch auf Diplom, und „Entlassung" zu „Freistellung" verhübscht, kann ein Mensch mit einem gewissen Sensorium nur verzweifeln. Sollte dieses System krachen, weil es nicht mehr wächst, der Strom nicht mehr fließt oder vielleicht eine Revolution ausgebrochen ist, dann wird es vielleicht zu einer Revolte in der Sprache und damit auch im Denken kommen.

Alles fließt, „panta rhei", lautet jene Formel, die dem griechischen Philosophen Heraklit zugeschrieben wird. Das Bild des Flusses soll die Einsicht darstellen, dass alles im Fluss ist und nichts bleibt; es gibt nur ein ewiges Werden und Wandeln. Aus groß kann auch wieder klein werden. So verhält es sich mit dem Pendel der Geschichte, das einmal zur Einigung, zu großen Staatswesen führt, dann wieder die Weltkarten aufsplittern lässt, sodass sie neu gezeichnet werden müssen. Eine solche Zeitenwende durchlaufen wir in diesen Jahren, denn die Machtzentren verschieben sich allmählich. Ob diese Neuordnung der Verhältnisse friedlich „verwaltet" werden kann oder letztlich Ergebnis von Brüchen und Kriegen sein wird, ist nicht absehbar. Fest steht aber, das Zeitalter der westlichen Kulturen, welche die letzten 500 Jahre bestimmten, verabschiedet sich. Ob wir nun schnellen Schrittes in eine asiatische Ära unterwegs sind, ist mir noch nicht ganz klar. Denn auch der mächtige chinesische Drache und der eindrucksvolle indische Tiger sind mit Krisen, innen wie außen, konfrontiert. Indien steht sich selbst im Wege und China muss die Klammer des sozialen Zusammenhalts neu fassen, um seine imperialen Pläne verfolgen zu können.

Je schneller und mächtiger die Globalisierung seit den 1990er Jahren voranschritt, umso intensiver wuchsen nach dem ersten Rausch des billigen Konsums die Sorgen um Arbeitsplatz und Umwelt. Denn ob man sie nun freudig als Motor für weltweites Wachstum und Verständigung begrüßte oder als kapitalistisches Komplott und Kriegsgrund verfluchte, Globalisierung fand statt. Nun häufen sich die Anzeichen, dass die Entglobalisierung mitten unter uns ist und hier für eine Weile bleiben wird. Noch reagiert das Rechtschreibprogramm auf dem Rechner irritiert auf den unbekannten Begriff. Doch im Französischen setzt sich das Wort „Demondialisation", also das Gegenteil der „Mondialisation", der Globalisierung, im politischen Diskurs und in der Alltagssprache durch. Die Frage, der ich nachzugehen versuche, wird sich mit dem Rückzug in kleinere Einheiten befassen. „Zurück ins Dorf" könnte die Tendenz lauten, wobei unter Dorf symbolisch das Überschaubare gemeint ist. Dies kann auch ein gewachsenes Viertel in einer Großstadt sein. Hohe Lebenshaltungskosten in den Städten haben in der Vergangenheit Menschen zur

Stadtflucht bewogen, dies kann sich trotz aller angesagten Trends einer weltweiten Urbanisierung zum Trotz auch noch verschärfen. Wer hungert, den Strom nicht mehr zahlen kann, der braucht auch vorerst nicht die Vorzüge der Stadt. Entwicklungen in Griechenland und Spanien lassen vielerorts erkennen, dass eine Stadtflucht eingesetzt hat. Diesmal ist es nicht der wohlhabende Mittelstand, der sich ein Häuschen im Grünen baut. Vielmehr versuchen Menschen unterschiedlichen Alters und Milieus auf dem Land mit einer kleinen Subsistenzwirtschaft über die Runden zu kommen. Ob es sich hierbei nur um eine romantisch anmutende Alternative zur Obdachlosigkeit in der Stadt oder um langfristig funktionierende neue Lebensmodelle handelt, wird die Zeit weisen. Wer am Konsum nicht mehr teilhaben kann, entschließt sich offensichtlich für neue alte Arbeitsmöglichkeiten in der Landwirtschaft.

Stand die Globalisierung für eine weltweite Integration der Märkte, für Güter, Kapital und Arbeitskräfte, so verlangsamt sich der Welthandel deutlich. Dies zeigte sich bereits 2008 / 9 infolge des Ausbruchs der Finanz- und Wirtschaftskrise. Die Indizes des Frachtverkehrs brachen damals abrupt ein. Groß war die Sorge, dass es zum völligen Stillstand des Welthandels kommen könnte. Das Vertrauen zwischen den Banken war gegen null gesunken, sie liehen einander kein Geld mehr, sodass eine massive Illiquidität befürchtet wurde. Praktisch gesprochen hätte auch die Situation eintreten können, dass die Bankomaten keine Geldnoten mehr ausspucken. Das einzige Bargeld, das verfügbar war, war das am Markt zirkulierende Geld des organisierten Verbrechens. Der damalige Leiter der UN-Agentur für Drogen und organisiertes Verbrechen, UNODC, Antonio Maria Costa, erläuterte in einem Interview im Dezember 2009, dass der hohe Anteil von Drogengeldern den Markt liquide hält. Zu Beginn der Finanzkrise handelte es sich um einen Betrag von 352 Milliarden US-Dollar, die dann von der Wirtschaft aufgesogen wurden.[2] Gelder diverser Mafiaorganisationen haben demnach im Zuge dieser fast willkommenen Geldwäsche einige Banken gerettet. Auch in der Finanzwelt ist eine Zersplitterung deutlich erkennbar, denn der Vertrauensschwund ist beachtlich. Das organisierte Verbrechen hingegen hatte mit den ihm eigenen Bindungen die Finanzflüsse weltweit gefestigt. Das Zusammenwirken dezentraler Akteure, die untereinander Ressourcen aller Art austauschen, ist unter dem Begriff Netzwerk aus der Wissenschaft, der Politik und vor allem der virtuellen Kommunikation nicht mehr wegzudenken. Die ersten Netzwerker waren vielleicht die Mafiapaten, die sich geschickt global zu vernetzen wussten. Aus der Weltwirtschaft sind die Investitionen des organisierten Verbrechens jedenfalls nicht mehr wegzudenken, wie der Beinahe-Kollaps der Wirtschaft im Herbst 2008 illustrierte.

Große Hoffnungen wurden damals – und werden heute noch – in die sogenannten Schwellenländer gesetzt. Diese Wachstumsstaaten, die auf der Schwelle vom Entwicklungsland zum Industrieland stehen, gelten als Lokomotiven für die Weltwirtschaft, um Investitionen sowie den Absatz von Gütern, die in den überalterten und übersättigten Gesellschaften des Nordens nicht mehr zu verkaufen sind, anzukurbeln. Mit dem Kürzel BRIC wurde für Investoren ein zugkräftiges Schlagwort geschaffen. Unter BRIC versteht man Brasilien, Russland, Indien und China. Südafrika erweiterte vor zwei Jahren den Begriff auf BRICS. Was diesen Staaten bei aller Unterschiedlichkeit gemeinsam ist, ist die starke Nachfrage nach Konsumgütern aller Art. Die Automobilindustrie etwa reißt sich um die BRICS.

Die Erholung der Weltwirtschaft seit 2009 war dank Konjunkturprogrammen und Zweckoptimismus nur von kurzer Dauer. Verständlicherweise wiegt sich der Mensch gerne in der Vorstellung, dass alles wieder gut wird. Doch die Probleme sind zu tief, sie reichen von massiven Ungleichheiten im Einkommen über strukturelle Probleme im Bankensektor, demografische Veränderungen wie Bevölkerungsschwund bzw. Vergreisung in einigen Staaten bis zu „youth bulges", also einer jungen Bevölkerung auf Arbeitsuche. Letzteres kann Revolutionen lostreten, wie zuletzt im Arabischen Frühling 2011 spürbar war. Was wir erleben, ist Abschottung und die Neigung zu protektionistischen Maßnahmen, um den jeweils eigenen Markt und die Arbeitsplätze zu schützen. Diese Tendenz ist seit Jahren absehbar, der vielgepriesene Multilateralismus, also das Wirken auf großen internationalen Foren für gemeinsame Verträge, ob im Welthandel, zum Schutz des Klimas oder zur Sicherung des Weltfriedens, hat schon lange ausgedient. Es hat den Anschein, dass kleinere Einheiten wieder an Bedeutung gewinnen. Dies kann sich wirtschaftlich darin manifestieren, dass regionale Handelsräume anstelle der globalen entstehen. Der berechtigte Aufruf, zum Schutze des Klimas Produkte mit langen Transportwegen zu meiden und lokale Güter zu kaufen, wird vermehrt wahrgenommen. Zugleich darf nicht übersehen werden, dass mit diesem Trend auch eine neue Form des wirtschaftlichen Protektionismus einhergeht. Persönlich kann ich dieser Tendenz sehr viel abgewinnen. Und dennoch ist die Gefahr groß, dass auch ein neuer Provinzialismus entsteht. Als Kirchturmmentalität („la mentalité du clocher") bezeichnet man im Französischen trefflich diese räumlich wie inhaltlich etwas reduzierte Lebenshaltung, da sie stets den Kirchturm des Dorfs in ihrem Gesichtsfeld behält.

Die Geschichte als ständig zu meisternder Wandel

Denn angesichts der spürbaren Unsicherheiten hat der Mensch das feste Verlangen nach ein wenig Geborgenheit, nach Erdung. Das Heimatgefühl erstarkt wieder und geht teils Hand in Hand mit einem neuen Konservativismus. Dies zeigt sich in der Entstehung entsprechender politischer Parteien wie auch den Radikalisierungen in allen Glaubensbewegungen. Und wieder erweist sich im Sinne der Orientierung ein Blick nach Osten als vielleicht hilfreich, denn nationalreligiöse Israelis wie Muslimbrüder, orthodoxe Russen oder nationalistische Hindus, sie alle verbrämen wieder das Säkulare mit dem Sakralen, politisieren also mit der Religion. Die einen füllen das Vakuum, das die wirtschaftliche Not und die daraus folgende Verhinderung von Konsum hinterlässt, mit radikalem Nationalismus, die anderen schaffen sich ihre fiktive Heimat in einer neu erwachten Frömmigkeit. Es ist die Trachtenkultur in Österreich, der Nostalgieboom in Großbritannien, der nicht zuletzt auch mit dem Popularitätshoch der Queen einhergeht, sowie der allgemeine Hang, auch in der Kleidung wieder sich und anderen Identität zu stiften. Und will man als Jugendlicher heute „anders" sein, dann sind konservative

Werte eine Möglichkeit, sich von der Masse abzugrenzen. Waren es früher lange Haare, Lederjacken, später Tattoos u. a., um zu revoltieren, so bleibt in einer Zeit, die alles zulässt, eigentlich als Rebellion nur mehr konservativer zu werden.

Wer die Nase voll hat, die Ohnmacht verspürt, ohnehin nichts ändern zu können, schafft sich vielleicht eine Art Biedermeier. Nur ist unser Rückzug ins Private anders als jener des Vormärz im ersten Drittel des 19. Jahrhunderts weniger politisch und viel mehr persönlich motiviert. Wir haben heute Wahlmöglichkeiten, die frühere Generationen einfach nicht hatten. Wir können einen oder gar keinen Glauben praktizieren, wir können in der Familie oder allein leben, wir können das Patchwork zelebrieren oder uns auf Treue und Verzicht einschwören. Jede Lebensform ist ohne gesellschaftliches Stigma möglich. Diese Verherrlichung der Individualisierung bedingt eine Entkopplung zwischen persönlichen und gesamtgesellschaftlichen Erwartungen.[3] Was sich hier zeigt, ist der Verlust von Planbarkeit des Lebens und dem allgemeinen Gefühl der Vorhersehbarkeit. Zukunft und Gegenwart scheinen ineinander zu verschwimmen, was sich nicht zuletzt aus der technischen Ausstattung der Jugend erklären lässt. Denn der Dauerzustand, online zu sein, lässt die Zeitphasen offenbar verschwinden.

Der Aufstieg des politischen Islam im Laufe der 1980er und 1990er Jahre hatte viele Ursachen, die je nach Land und sozialem Milieu zu untersuchen sind. Das neue muslimische Selbstverständnis in all seinen Nuancen verstand sich jedenfalls als Antwort auf die Globalisierung, die mit einem US-amerikanischen „way of life" gleichgesetzt wurde. Für die Verlierer der Globalisierung – und dazu zählten die Menschen in vielen arabischen und muslimischen Staaten – war der politische Islam ein Gegenentwurf. Allerdings ist dieser – wie alle religiösen Ideologien – voller Doppelmoral. Denn man dämonisiert zwar den Westen, verbrennt US-Flaggen, benützt aber Mobiltelefone, das Internet und studiert Englisch, die „lingua franca" der Globalisierung.

So manche Entwicklung deutet auf eine Zeitenwende hin, die sich nun schon seit einigen Jahren hinzieht. Der Beginn der Finanzkrise im August 2007 mit dem Platzen der Immobilienblase in den USA verstärkte in der Folge so manche Strömung wie Separatismusbewegungen. Im vergangenen Jahrzehnt wurde uns gerne eingeredet, wie wichtig doch der 11. September 2001 gewesen sei. Ich machte aus meinem Zweifel an dieser „Zeitenwende" nie ein Hehl, da ich das Datum zwar für wichtig, aber völlig überschätzt erachte. Als viel weitreichender empfand ich die militärischen Abenteuer in Afghanistan und im Irak, die 2001 bzw. 2003 begannen. Die dort entstandenen Kriegskosten belasten unter anderem den US-Staatshaushalt, dessen Dauerkrise eine der vielen Ursachen für die langanhaltende Rezession ist.

Es wäre nicht das erste Mal in der jüngeren Geschichte, dass sich die internationalen Beziehungen auf der Gratwanderung zwischen Integration – ob in Gestalt der Globalisierung oder regionaler Verdichtung wie innerhalb der EU – und einer möglichen Fragmentierung neu formieren. Es sei an die Zeit nach 1920 erinnert, als mit dem Entstehen des Völkerbundes und dem Bemühen, ein System kollektiver Sicherheit in Europa neu aufzubauen, eine fruchtbare Phase multilateraler Diplomatie begann. Mit der Weltwirtschaftskrise ab 1929 und der Machtergreifung autoritärer Regime, die oft auf demokratischem Wege an die Macht gekommen waren, veränderte sich aber die Atmosphäre in den internationalen Beziehungen schlagartig. Wirtschaftliche Isolation und unilaterale Außenpolitik folgten und mündeten schließlich in ein neues Kriegsgeschehen.

Es stellt sich die Frage, ob wir die Zukunft durch die Zersplitterung weiterer Staaten und die Suche nach Ausgleich im Wege bilateraler Diplomatie bestimmen. Oder ob wir uns angesichts der gemeinsam erfahrenen Bedrohungen in Richtung stärkere Integration bewegen wollen. Die Existenz internationaler Organisationen, der Anstieg regionaler Bündnisse und die Globalisierung als technische und wirtschaftliche Klammer aller internationalen Beziehungen sprechen dafür. Die Tendenz zu mehr Integration lässt sich nicht leugnen. Institutionalisierte Kooperation scheint zur Bewältigung der Weltwirtschaftskrise, der Energieversorgung, des Klimawandels und der Bekämpfung des international organisierten Verbrechens und des Terrorismus unabdingbar zu sein. Gebetsmühlenartig bekennen sich Staats- und Regierungschefs, ob auf den Gipfeln der Gruppe der G-20, welche die führenden Industrienationen umfassen sollte, oder in der jährlichen UN-Generalversammlung, zu den Tugenden internationaler Kooperation und multilateraler Diplomatie, zumal all diese grenzüberschreitenden Probleme von keinem Staat im Alleingang gelöst werden könnten. Die Umsetzung dieser Bekenntnisse scheitert aber oft am Beharren auf nationalen Positionen.

Seit Beginn des 21. Jahrhunderts fällt in vielen Volkswirtschaften der Begriff des „ökonomischen Patriotismus", sei es nun in Frankreich, Russland oder in den USA. Paris will seine strategischen Konzerne schützen, Russland verstaatlicht seit 2003 konsequent die Erdöl- und Erdgaswirtschaft des Landes, eine wesentliche Einnahmequelle, und Washington wird immer dann protektionistisch, wenn die Stahl- oder Landwirtschaftsproduktion von unliebsamer Konkurrenz gefährdet scheint. Wenngleich das Prinzip des Freihandels der europäischen Integration zugrunde liegt, so greift der Protektionismus im Bereich strategischer Wirtschaftsgüter um sich. Mit einer Verschlechterung der wirtschaftlichen Rahmenbedingungen beschleunigt sich logischerweise der Wunsch, die nationalen Märkte zu schützen und wachsender Arbeitslosigkeit Einhalt zu gebieten. Wenn es kälter wird, greift auch der nationale Egoismus stärker um sich, und die Kooperation zwischen den Staaten, die Ideale des offenen Marktes, haben das Nachsehen.

Phasen der Öffnung, also einer Globalisierung der Wirtschaft, und Phasen des Abschottens der politischen und wirtschaftlichen Beziehungen wechseln einander regelmäßig ab. Oftmals handelt es sich nicht um eine chronologische Abfolge, vielmehr können diese einander entgegengesetzten Trends auch zeitgleich stattfinden, wie wir dies seit den 1990er Jahren erleben. Während die europäische Integration mittels Erweiterungen an Umfang und Umsatz zunahm, zerfielen zeitgleich Staaten, die einst gemeinsame Märkte gebildet hatten – etwa die Jugoslawische Föderation und die Sowjetunion.

Gewinne und Verluste scheinen sich in der Geschichte die Waage zu halten, wie der britische Moralist Tony Judt in seinen teils autobiografisch geprägten Überlegungen zum 20. Jahrhundert anmerkte.[4] Er fragt sich darin auch, was die Prämien sowie die Verluste durch die Globalisierung kennzeichnet, und kommentiert die Grundlagen und

Emotionen des Nationalismus. Judt befasst sich in dieser Rückschau mit den Energien, welche die Weltkriege entfesselten und totalitäre Ideologien ermöglichten. Dies mündet in den so entscheidenden Fragen, die sich alle denkenden Menschen immer schon gestellt haben: Was können und wollen wir aus der Geschichte lernen? Was ist das gute Leben?

Manchmal war es die Übersättigung einer verwöhnten Gesellschaft, die Arroganz infolge Expansion, dann wieder ein Aufstand aus wirtschaftlicher Not, der zum Niedergang führte. Auch die Natur griff mit Dürren oder Überschwemmungen ein. Früher verkündeten Propheten die Vernichtung der Welt, wie die Menschen sie kannten. Heute entwerfen Experten Untergangsszenarien. Diese können aus einer Währungskrise hergeleitet oder als in eine Klimakatastrophe mündend beschrieben werden. Der Mythos der Sintflut findet sich in beinahe allen Religionen, von Indien bis zu den Maya-Kulturen. Die zerstörerische Macht und reinigende Kraft des Wassers bestimmen diese bedeutsame Symbolik. Das Gilgamesch-Epos, das erste große literarische Werk der Menschheit, inspirierte in vielfacher Hinsicht die Autoren der Bibel. In diesem beeindruckenden Epos finden sich viele Episoden, von der Erschaffung eines Erdlings, also Menschen, bis hin zur Rache der Götter durch Naturgewalt, die viele Stellen in der Bibel geradezu als abgeschrieben erscheinen lassen. Die Idee der Apokalypse scheint so alt wie die Menschheit. Bestimmte Daten, wie Jahrtausendwenden, können zu kollektiven Ängsten, Pilgerreisen oder Hamsterkäufen führen.

Zeitzeugen, die zugleich große Schriftsteller waren, werde ich immer wieder zu Wort kommen lassen. Stefan Zweig beschwört in „Die Welt von gestern" eindringlich die Erinnerungen an ein Europa, das von gewaltigen Höhen geistiger und technischer Errungenschaften in bis dato unvorstellbare Abgründe stürzen sollte. Voller Passion beschreibt Zweig im Rückblick die Aufbruchsstimmung zu Beginn des 20. Jahrhunderts, die das neue Lebensgefühl vermittelte, dass letztlich dank Fortschritt alles machbar sei. Der Fortschrittsglaube verhalf zu ungeheurem Selbstbewusstsein. Skeptiker, die sich gegen diese gewaltige positive Aufbruchsstimmung stellten, wurden gleichsam des Verrats bezichtigt. Zu ihnen zählte Oswald Spengler, der mit seinem umfassenden Werk „Der Untergang des Abendlandes" 1920 einen vielzitierten Klassiker schuf. Spengler erklärte die Geschichte in Zyklen und versuchte daraus einen Erkenntnisgewinn für seine Zeit zu erzielen. Es war der gewaltige Umbruch zwischen dem langen 19. und dem kurzen 20. Jahrhundert, wie der britische Historiker Eric Hobsbawm überzeugend die Perioden bezeichnete. Demzufolge dauerte das 19. Jahrhundert von 1789 bis 1914, also von der Französischen Revolution bis zum Ausbruch des Ersten Weltkriegs. Das „Zeitalter der Extreme", jenes blutige 20. Jahrhundert, wie Hobsbawm es nannte, war hingegen ein kurzes. Er reduziert es auf den Zeitraum 1914 bis 1989, beendet es also mit dem Fall des Eisernen Vorhangs.

Die lange Epoche vor 1914 war neben all ihrer Dynamik zugleich ein Zeitalter der Sicherheit. Die Staatsbürokratie verkörperte sie, das Gefühl von Geborgenheit im Vielvölkerstaat dominierte. Dieses Gefühl der Sicherheit war das erstrebenswerte Ziel. Wer dies anzweifelte, war (und ist in unserer Zeit) nichts weniger als ein Kulturpessimist. Und dazu zählte in den Augen seiner Zeitgenossen und vieler späterer Leser Oswald Spengler. Dabei sah er nur um einiges klarer, wie es eben so mancher Kassandra zu eigen ist. Sie mag mit ihren Warnungen Recht behalten haben, auch wenn ihr niemand glaubte. So wie damals vor den Toren Trojas, als das Abschiedsgeschenk der Griechen, ein großes Holzpferd in die Stadt gezogen wurde. Die Trojaner öffneten die Schleusen für ihren Untergang selbst, wie viele einst als unbesiegbar wahrgenommene Mächte.

Versucht man sich einen Überblick zur aktuellen Literatur rund um die viel zitierte Zeitenwende, den Untergang des Westens, den Beginn des asiatischen Zeitalters und den Zerfall Europas zu schaffen, so kann man sich des Eindrucks einer neuen Weltuntergangsstimmung kaum erwehren. Die Globalisierung, gestern für manche noch die Antwort auf alle Probleme, scheint vorerst zu Ende zu gehen. Denn global vernetzt war unsere Welt schon mehrmals, wenn auch unter anderen technischen und kulturellen Möglichkeiten.

Eines darf hierbei nicht übersehen werden: Wirtschaftliche Verflechtung allein kann nicht die Garantie für friedliche Koexistenz sein. Nur vier Jahre vor dem Ausbruch des Ersten Weltkriegs, der

Urkatastrophe des 20. Jahrhunderts wie der US-Diplomat George F. Kennan einst meinte, veröffentlichte der britische Ökonom Norman Angell ein Buch mit dem Titel „The Grand Illusion".[5] Er erläutert darin, dass Krieg in Europa aufgrund der Tiefe der wirtschaftlichen Integration unvorstellbar geworden sei. Es sollte aber bekanntlich trotz einer damals bereits sehr fortgeschrittenen Globalisierung ganz anders kommen. Die alte europäische Ordnung, die den Welthandel dominierte, brach zusammen. Wirtschaftliche Verflechtung reicht also nicht aus, um Kriege zu verunmöglichen. Die Geschichte hat mehrfach das Gegenteil bewiesen.

Ähnlich wie vor einem Jahrhundert herrscht heute eine Vollkasko-Mentalität, die zumindest im angelsächsischen und deutschsprachigen Raum darauf beruht, dass alles versicherbar sei. In den 1990er Jahren machten Versicherungen das große Geschäft mit dem Produkt Lebensversicherungen und etablierten sich so immer stärker als Finanzakteure. Die meisten Renditen ließen sich indes infolge gesunkener Zinsen nicht einhalten. Dennoch genießen Versicherer vor allem im deutschsprachigen Raum weiterhin viel Vertrauen und Ansehen, während das Prestige der Banken tief gesunken ist. Weite Teile der Bevölkerung sind fest davon überzeugt, dass Hab und Gut sowie die Pensionen unverrückbar seien. Diese Gewissheiten könnten aber noch von Währungskrisen, Bankenpleiten oder gar Staatsbankrott erschüttert werden.

Historiker, Essayisten oder schlicht Menschen, die gerne das Wort ergreifen, haben einen besonderen Drang, für ihre Zeit eine Diagnose zu erstellen. Vielleicht leben wir bereits in einer Art Diagnosegesellschaft, in der findige Autoren für sämtliche Lebensbereiche neue Kapitel einläuten und so für einige Momente auch mediale Aufmerksamkeit erlangen.[6] Von den Ereignissen überholt erscheinen die Publikationen und Thesen dann etwas hohl. Denn das Ende der Geschichte fand nicht statt, auch brach der große Kulturkampf nicht aus, wie einige Historiker in vielbeachteten Büchern erklärten,[7] und ebenso wenig etablierte sich vor 20 Jahren eine neue friedliche Weltordnung, in der das internationale Recht fortan respektiert würde. Wir sind auch in keiner postindustriellen Gesellschaft angelangt, wie Soziologen Anfang der 1970er Jahre schrieben.

Von Chronos, dem griechischen Gott der Zeit, leitet sich das Wort Chronologie – also der Ablauf zeitlichen Geschehens, die Zeitmessung – ab. Seit jeher verspüren Geschichtsschreiber den Drang, diesen Ablauf zu bestimmen und in Abschnitte einzuteilen. Doch mit diesen willkürlichen Kategorien taten sie Chronos wohl oft Unrecht, denn die Epochen sollten vielleicht ganz anders bemessen werden. Allein die Einteilung unserer bisherigen Menschheitsgeschichte in Antike, Mittelalter, Neuzeit, Moderne et cetera mit all ihren Unterepochen weist so manches Hinkebein auf. Wer in Mitteleuropa die erste Hälfte des 17. Jahrhunderts zwischen Kriegen, Seuchen und Hunger zu überleben versuchte, wusste nicht, dass seine Epoche einst jene des Dreißigjährigen Kriegs genannt werden würde.

In welches Kapitel werden wir wohl einst fallen, wenn nachfolgende Generationen über unsere Zeit eine Überschrift setzen? Viele bewegt ein Unbehagen oder die Hoffnung, noch Umbrüche in Politik und Wirtschaft und damit gesellschaftliche Veränderungen raus aus Krise und Korruption zu erleben. Vielleicht nimmt alles noch eine lange Weile seinen bisherigen Verlauf trotz der massiven Ungerechtigkeit, der Verknappung wichtiger Rohstoffe und der Wut vieler Menschen ob ihrer schwierigen Lebenslage.

Warum also ein weiteres Buch zu der bereits so oft gestellten Frage, ob unsere Kultur dem Untergang geweiht ist, ob wir mitten in einer Zeitenwende weg von einem europäischen hin zu einem asiatischen oder bald afrikanischen Zeitalter stecken? Der Beweggrund für mich liegt in dem Wunsch, lange gewälzte Gedanken, Recherchen einiger Jahre und eine Portion Skepsis, wie es um unsere Zeit bestellt sein mag, zusammenzuführen. Ich möchte aktuelle Entwicklungen in Erfahrungen der Geschichte einbetten und zugleich das Wissen darum, dass das Leben voller Überraschungen ist, im Auge behalten. So können Erfindungen alles umdrehen und angesagte Katastrophen finden vielleicht nicht statt. Ende des 19. Jahrhunderts warnten Zeitgenossen davor, dass Paris in den folgenden Jahrzehnten im Pferdemist untergehen würde. Das Automobil ward erfunden, der noch übrige Pferdemist wurde zum Dünger. Im 14. Jahrhundert drohten infolge der massiven Abholzung in Mitteleuropa die Wälder zu verschwinden. Als man auf Steinbau umsattelte und 400 Jahre später

Kohle immer mehr Holz als Brennmaterial verdrängte, drehten sich die Prognosen. Ein schon etwas überstrapazierter Spruch in der Energiebranche lautet: „So wie die Steinzeit nicht mangels Steinen endete, wird das Ölzeitalter nicht mangels Öl enden." Wir sollten daher nicht zu starr an eine lineare Entwicklung glauben; Brüche ergeben sich aus vielen Gründen, ob von Menschenhand gemacht oder infolge einer höheren Naturgewalt. Denn auch die Natur hatte in der Geschichte stets ihr Wort mitzureden. Und schließlich sind es Menschen, die mit ihrem Wissen, ihrer Hoffnung oder letztlich ihrer Unerschrockenheit das Rad der Geschichte in oft ganz neue Richtungen drehen.

Weil es letztlich um das Ganze und die Teile in diesem Buch gehen soll, sei dieses eröffnende Kapitel mit einer Anekdote dekoriert. Wenn ich das Bild von der zerbrochenen Glasplatte auf dem Buchumschlag heranziehe, dann kommt mir folgende Geschichte in den Sinn, die mir ein Iraner berichtete: Als der persische Shah Nasr-Eddin Mitte des 19. Jahrhunderts in Europa zu Besuch weilte, soll er Dutzende von Spiegeln bestellt haben, da ihn der Spiegelsaal von Versailles offenbar schwer beeindruckt hatte. Bei der Ankunft der Kisten mit der fragilen Ware in Teheran waren nur mehr Scherben vorhanden. Die tüchtigen Handwerker am Hofe des Herrschers waren nicht verzagt, sondern nahmen die Glassplitter und schmückten so die vielen Hallen des weitläufigen Golestan-Palastes in Teheran. Die Splitter schufen etwas Neues, auch wenn es ganz anders war als ursprünglich geplant.

Möge es uns gelingen, aus diesen Turbulenzen und vielen territorialen Veränderungen etwas Neues zu schaffen, das auf seine Weise in die Geschichte hineinwirkt.

1. Eine instabile Welt mit vielen Zentren

„Die Barbarei kommt wieder, trotz Eisenbahnen,
elektrischen Drähten und Luftballons."
Arthur Schopenhauer

Wer Karten zeichnet, führt und verführt den Blick des Betrachters. Denn Karten sind auch nützliche Mittel der Propaganda, um territoriale Ansprüche zu erheben. Das Studium der vielen Karten, die im Nahen Osten zirkulieren und Grenzen entlang biblischer Verheißungen oder einstiger Großreiche, alter und neuer Kalifate, zeichnen, fasziniere und verstörte mich stets gleichermaßen. Findet sich doch in einer Landkarte mehr aufschlussreiche Information über Krieg und Frieden als in so mancher Abhandlung.

Die britisch-französische Geheimdiplomatie während des Ersten Weltkriegs zur Neuordnung des Orients bestand aus einer mehrteiligen Korrespondenz zwischen den Unterhändlern Mark Sykes in London und Georges Picot in Paris. Im Annex befand sich eine detaillierte Karte blauer und roter Zonen, auf welcher die Ziele eines weitreichenden französischen Asiens und britischer Handelsinteressen eingezeichnet waren. Wenn man im Archiv des französischen Außenministeriums die schon leicht vergilbte Karte betrachtet, erwacht die damit verbundene europäische Kolonialpolitik zu neuem Leben. So also wurden Völker verschoben und Einflusssphären geschaffen, um die Interessen der Großmächte zu bedienen. Nicht diese Karte von 1916 sollte die Konkursmasse des Osmanischen Reiches neu verteilen. Denn infolge des Kriegsverlaufs waren die britischen Truppen erfolgreicher und präsenter in der Region als die Franzosen, deren Ansprüche damit schwanden. Vielmehr gaben Erdölpipelines letztlich den Ausschlag, wo die zukünftigen mit dem Lineal gezogenen Grenzen zwischen den neuen arabischen Nationalstaaten verlaufen sollten. Frankreich und Großbritannien verwalteten diese Mandate in kolonialer Tradition, wobei die Interessen am neuen, strategisch so bedeutsamen Rohstoff Erdöl den Ausschlag über viele territoriale Details gaben. Im April 1920 kam es zu einem Treffen von Vertretern von Erdölkonzernen und der Außenministerien der beiden Länder im Hotel Londra im italienischen Badeort San Remo. Die Anekdote besagt, dass die Verhandler auf einem Tischtuch die Trasse der Pipeline skizzierten. Es ging um den Transport des Erdöls aus dem britisch kontrollierten Nord-Mesopotamien, der heute kurdischen Autonomiegebiete im Irak, via das von Frankreich kontrollierte Syrien in den Hafen Haifa im britischen Mandatsgebiet Palästina. Zuerst einigte man sich auf die Pipeline, dann wurden die Grenzen gezogen. Die Gefahr des Zerfalls von Irak und Syrien infolge der Kriege, die in die Region hineingetragen wurden, ergibt sich auch aus den Karten. Der Erste Weltkrieg dauert offensichtlich an.

Wenn die ideologisch beanspruchte Heimat und das eigentliche Staatsgebiet weit auseinander klaffen, werden die diesbezüglichen Landkarten umso brisanter. Die Karten deutscher Siedlungsgebiete aus den 1930er Jahren und die Politik des Dritten Reichs sind ein tragischer Beleg. Aufschlussreich sind auch die Karten diverser nationalistischer Bewegungen, ob es sich um ein Großalbanien, um ein Großisrael oder die Vorstellungen über ein souveränes Kurdistan oder ein Ungarn für alle in der Fremde verstreuten Ungarn handelt. Aus diesen politischen Landkarten ergibt sich Deutungshoheit über die Aufteilung einer Region und ihrer Ressourcen. Hier vermischen sich meist alte Komplexe ethnischer Überlegenheit mit den ebenso alten Interessen an strategischer Tiefe, Ackerland und Wasserquellen. Die Heimholung aller verstreuten Mitglieder einer Volksgemeinschaft wird dann zum Hauptmotiv für dauernde Expansion. Unter dem Schlagwort „Lebensraum" betrieb NS-Deutschland seine Aggressionspolitik und führte die Welt in weiteres Gemetzel.

Für permanente Instabilität sorgen in der Geschichte immer wieder aufs Neue unklare Grenzräume, wo mangels politischer Kontrolle oft militante Gruppen eine solche Zone auffüllen. Im Englischen existiert für solche Grenzräume der Begriff „frontier", der sich von der eigentlichen Grenzlinie, „border" bzw. „boundary", unterscheidet. Letztere steht für eine anerkannte Trennlinie zwischen souveränen Staaten und bedingt ein Einvernehmen zwischen den Nachbarn, ist also Ausdruck von Frieden. Der Grenzraum hingegen befindet sich in ständiger Bewegung, hier wird gekämpft und um Kontrolle gerungen. Die Ukraine war durch Jahrhunderte hindurch ein solcher Grenzraum, wie der Name des Landes illustriert. Denn das slawische Wort für Grenze steckt hier ebenso drinnen wie in der Krajina, dem von mehreren südslawischen Völkern beanspruchten Grenzraum zwischen Kroatien und Serbien. Wenn neue Staaten entstehen, wie dies im 20. Jahrhundert gleichsam in Wellen mehrmals der Fall war, werden diese Grenzgebiete rasch wieder zum Zankapfel. Menschen werden vertrieben, weil sie der falschen Ethnie angehören. Gewachsene Kulturen werden zerstört und städtisches Vielvölkergemisch verarmt zu provinzieller Fadesse. Die Chronologie des 20. Jahrhunderts listet viele solcher tragischer Beispiele auf. Man denke an die einst kosmopolitisch gestimmte Weltstadt Saloniki, die schon vor der großen Krise in Griechenland zur Kleinstadt Thessaloniki verkümmert war. Denn als es nach dem Ersten Weltkrieg zum großen Völkertausch zwischen Griechenland und der Türkei kam, brachen in der gesamten Levante gewachsene Strukturen zusammen. Dörfer und Familien wurden zerrissen, Kulturen verschwanden. Es galt, neue Grenzen zwischen all diesen neuen Nationalstaaten zu zeichnen. Doch viele dieser Grenzlinien, Ergebnisse des Ersten Weltkriegs, sind bis heute umstritten und sorgen für steten Zündstoff.

Im Nahen Osten finden sich derzeit ähnliche unendliche Geschichten um oft banal anmutende Gebietsansprüche. So wurde der Südlibanon Ende der 1960er Jahre zum Aufmarschgebiet palästinensischer Gruppen, die von dort aus ihre Angriffe gegen den jüdischen Staat unternahmen, worauf es zu Rachefeldzügen Israels gegen den Libanon kam. Der Südlibanon war und ist teils noch, trotz aller UN-Präsenz, ein solches Aufmarschgebiet, wo nicht nur der israelisch-palästinensische Konflikt ausgetragen wird. Ebenso mischen Regionalmächte wie Syrien und der Iran mit, um ihre Einflusszonen über diverse Stellvertreter geltend zu machen. Bereits das Schneiden eines Baumes an einer falschen Stelle kann hier leicht zum Kriegsgrund werden. Zwischen 2009 und 2011 reiste ich mehrmals in den Südlibanon, um die 2006 neu gestartete Mission der UN-Friedensmission UNIFIL II für eine Publikation zu studieren. In den Dokumentationen internationaler Beobachter finden sich dann allerhand bizarre Details infolge gemeldeter Grenzverletzungen, wie das Weiden von „zionistischen Kühen" auf arabischer Erde oder das Eindringen „terroristischer Schafe" zu jüdischen Wasserlöchern.[8] Kontrolle über Ressourcen und tiefsitzender Hass können aus scheinbar banalen Zwischenfällen irgendwo im Niemandsland rasch eine Krisensitzung des UN-Sicherheitsrates in New York machen. Geografie und Politik sind ein interessantes Paar, das in Gestalt der Geopolitik auf den Plan tritt. Der deutsche Staatsmann Otto von Bismarck pointierte es in der Aussage: „Die Geografie ist die Konstante der Geschichte."

Geografie und Politik treffen aufeinander

Es gab Zeiten, in denen mehrere Großreiche nebeneinander existierten, die in wechselseitigem Respekt einander begegneten. Dies war der Fall zwischen dem Frankenreich Karls des Großen und dem gerade aufsteigenden arabischen Reich der Omajaden-Dynastie. Korrespondenzen und wechselseitige Ehrerbietung erzählen von respektvoller Neugier für die Kultur des anderen. Von Vorteil ist zweifellos, nicht unmittelbar aneinander zu grenzen. Epochen gewisser Stabilität werden gerne als Zeitalter einer multipolaren Ordnung beschrieben, so in der Ära des Konzerts europäischer Mächte im 19. Jahrhundert, die über Bündnisse und wechselseitigen Respekt eine gewisse Balance und damit relativ kriegsfreie Periode ermöglichten.

Wir kennen aus jüngerer Vergangenheit die sogenannte bipolare Aufteilung der Welt während des Kalten Kriegs, der sich kaum eine Weltregion entziehen konnte. Man hörte auf Washington oder Moskau und wurde entsprechend unterstützt. Es folgte die unipolare Welt, deren Politik und Wirtschaft die USA von 1990 bis zu Beginn des 21. Jahrhunderts auch über die Globalisierung bestimmen sollten. Nun werden die Karten der neuen Machtverhältnisse bereits im Sinne einer zukünftigen multipolaren Welt gezeichnet. Demnach würden neue Machtblöcke vom asiatischen Raum bis nach Lateinamerika ein wirtschaftliches und politisches Gegengewicht zu den traditionellen

Mächten der nordwestlichen Hemisphäre bilden. Viele Szenarien inspirieren hierbei politische Strategen und Investoren, die meist im Tandem über die neuen Märkte und Mächte nachdenken. In welche Richtung uns diese Umbruchszeiten bewegen, ist schwer vorhersehbar. Selbst beim Blick in eine geopolitische Glaskugel würden wohl Karten und Grenzen im Nebel der vielen Unwägbarkeiten verschwimmen. Nicht viel anders erging es den Neugierigen bei der Wende in die Neuzeit am Ende des 15. Jahrhunderts. Niemand konnte erahnen, zu welchen Verschiebungen es im Machtgefüge kommen oder dass Erfindungen wie der Buchdruck die Welt bald umwälzen würden.

Bei Betrachtung der naiv anmutenden Karten des Seefahrers Christoph Columbus muss man über dessen geografische Erkenntnisse schmunzeln, denn wo er Japan ansiedelte, befanden sich karibische Inseln. Seine Erkundungsflotte reiste anhand der Karten von Henricus Martellus, wonach die Erde eine flache Scheibe war. Akribisch erstellte Columbus ab 1492 neue Karten und war bis zu seinem Tode davon überzeugt, den westlichen Seeweg nach China entdeckt zu haben. Aus jener Reise, die der spanischen Krone einen Seeweg für den Asienhandel erschließen und so den von den muslimischen Völkern dominierten Handel entlang der Seidenstraße umgehen helfen sollte, wurde das Zeitalter der Plünderungen und Raubzüge in der Neuen Welt. Es war der Beginn des Imperialismus, der Aufstieg der europäischen Machtzentren. Wer die Meere kontrollierte, schaffte sich durch Handel Reichtum. Das kleine Holland wurde über seine Handelskompagnie in Südasien zur Weltmacht wie zuvor das ebenso kleine Portugal, später sollte das nicht viel größere England die Meere regieren. Nicht mehr die militärische Eroberung ermöglichte den Aufstieg, sondern der Welthandel. All diese Großmächte sollten aber früher oder später wieder in Kleinstaaten zurückfallen, wenn neue Konkurrenten in der Weltgeschichte, diesem dauernden Auf und Ab von Kriegen, kultureller Blüte und Abstieg, auftauchten.

Staaten wurden geschaffen, weil Großmächte in kolonialer Manier zuerst auf dem Reißbrett die Karte schufen und später Völker hineinreklamierten. Die Briten sprachen von ihren arabischen Gründungen im Persischen Golf etwas ironisch als „tribes with flags", also Stämmen mit Flaggen, die sie auch nach der Entlassung in die Unabhängigkeit noch per Fernbedienung mitsteuerten. Das Risiko des Zerfalls dieser Staaten ist dann auch entsprechend groß, wenn gewisse Klammern des Zusammenhalts nicht mehr funktionieren. Es gibt in der Ölbranche einen Spruch im Sinne von „oil makes and breaks nations", also im Namen des Öls entstehen und zerbrechen Staaten. Man denke an den Irak. In US-Think Tanks kursieren diverse Karten, die sich mit der möglichen Neuordnung einer Region befassen, ob es nun um Bosnien, den Kaukasus oder den Hindukusch geht. Die Vorstellungen über solche Staatskonstrukte schwanken zwischen skurril und megaloman. Im National Defence College in Washington kam Ende der 1990er Jahre eine solche Karte zum Einsatz, die neben dem Irak auch für die Arabische Halbinsel neue mögliche Grenzziehungen vorsah. Die Arbeit mit der Karte ist das Handwerk der Strategen und sollte nicht zur Spielwiese von Kriegstreibern werden. Genau das war der Fall in Washington, als die Invasionen in Afghanistan und in den Irak teils schon in universitären Seminarräumen vorbereitet wurden. Denn wesentlicher Vordenker dieser Kriege sollte Paul Wolfowitz werden, in den 1990er Jahren noch Dekan der Johns Hopkins School in Washington, später stellvertretender Verteidigungsminister in der Regierung von Präsident George W. Bush.

Noch lange bevor eine Disziplin der Politischen Geografie bzw. der Geopolitik geschaffen war, handelten Regierungen auf der Suche nach Einfluss und Ressourcen geopolitisch. Wer sich als Macht versteht, spielt auch entsprechend auf dieser Klaviatur der Kategorien von Pufferstaaten, Hinterland oder Grenzräumen – Bauklötzen auf dem sogenannten Schachbrett der Interessen. Afghanistan und Zentralasien sollten in diesen Planspielen immer wieder eine Rolle spielen. Das britische Empire und das zaristische Russland pokerten um ihren Einfluss in diesem „Great Game". Ging es im 19. Jahrhundert noch um strategische Tiefe und Ackerland, so konzentriert sich der Wettlauf nun auf Rohstoffe, ob fossile wie Erdöl oder Lithium, das u. a. für die Herstellung von Hochleistungsbatterien von Elektroautos oder mobilen Elektrogeräten wichtig ist.

Karikaturen vor dem Ersten Weltkrieg zeigen den russischen Bären und den britischen Löwen im Zwist um die persische Katze, die sie untereinander aufteilen wollten. Im Iran wirkt diese Epoche bis in die Gegenwart nach. Die Erinnerung an die Interventionen ausländischer Mächte bestimmt die Politik des Landes, das nicht mehr Spielball sein will. Am neuen alten „Great Game" um Einfluss und den physischen Zugang zu wichtigen Rohstofflagern beteiligen sich nunmehr auch China und jene Konzerne, die über Rohstoffallianzen ihren Zugang zu Minen und Bergwerken absichern wollen. Auch die Mongolei wird angesichts ihrer Kohlevorkommen und anderer Bodenschätze hofiert und eingekauft. Geopolitik ist also ein Thema, das schon lange seinen Weg aus universitären Seminaren in die Entscheidungsfindung von Politik und Wirtschaft gefunden hat.

Die Briten und Deutschen förderten aus ihren imperialen Interessen heraus Forschung und Lehre der politischen Geografie. Nach 1945 übernahmen dann Institutionen in den USA jenes Wissen, um es für ihre Außen- und Handelspolitik umzusetzen. Die Karte war stets ein Mittel zum Zweck. Dies wussten Mächtige zu jeder Zeit zu nutzen. Als das arabische Reich der Abbassiden in Bagdad im zehnten Jahrhundert seinen Radius entfaltete, wurde sogleich der Auftrag erteilt, die Ausdehnung des Islams kartografisch festzuhalten. Es ist den wissenschaftlichen Leistungen der arabischen Mathematiker und Astronomen zu verdanken, dass der Erdumfang berechnet und sehr genaue Globen erstellt wurden.

Im christlichen Abendland hingegen musste 1633 noch ein Galileo Galilei von seinen Überzeugungen, dass die Erde sich um die Sonne drehe, vor dem Inquisitionsgericht abschwören, um sein Leben vor dem Scheiterhaufen zu bewahren. Das geozentrische Weltbild, also die Überzeugung, die Erde sei das Zentrum des göttlichen Universums, hatten bereits Nikolaus Kopernikus und Johannes Kepler mit ihren Berechnungen in Frage gestellt. Galilei erbrachte mit seinen Beobachtungen dank des von ihm erfundenen Fernrohrs den handfesten Beweis für ein heliozentrisches Weltbild, in welchem die Planeten die Sonne umkreisten. Die katholische Kirche beharrte auf ihrem Dogma eines von Gott gewollten Zentrums und widersetzte sich den Kenntnissen der Naturwissenschaften. Auf eigenständiges Denken stand die Todesstrafe. Erst 1992 wurde Galilei von der Kirche rehabilitiert. Diese Weltanschauung im eigentlichen Sinne dieses Wortes lässt tief blicken, da anderen Universen die Existenz abgesprochen wird.

Noch viel länger als das geozentrische Weltbild hat sich der Eurozentrismus gehalten. Es geht hierbei um die Bewertung anderer Kulturen nach europäischen Vorstellungen. Europa versteht sich als die Achse von Werten und Normen, um die sich die Welt zu drehen habe. Dies mündet in einer gewaltigen Selbstüberschätzung und Verkennung der Wirklichkeit. Sie mag zur Zeit der europäischen Großmächte noch zugetroffen haben. Der Rest der Welt wurde als Besitz europäischer Herrschaftshäuser behandelt, dies galt insbesondere für den amerikanischen und afrikanischen Kontinent. Ihre Grenzen fand diese Welt am Osmanischen und Chinesischen Reich. In der Auseinandersetzung mit dem Orient begann Europa sich zu definieren und abzugrenzen. Im technisch überlegenen Okzident herrschte die Überzeugung, das Monopol auf die Zivilisation zu haben; die religiöse Missionierung und Unterwerfung der eroberten Völker ergab sich daraus. Was als gewisser Fortschritt im Sprachgebrauch gewertet werden darf, ist die Tatsache, dass wir seit einigen Jahrzehnten Zivilisation nicht mehr im Singular, sondern im Plural verwenden. Es existieren also jenseits dieser abendländischen Zivilisation auch weitere Zivilisationen und nicht bloß Barbaren, wie die lange vorherrschende Überzeugung lautete. Dennoch vermittelt so manche extreme politische Gruppierung ihr Festhalten an der Polarisierung zwischen Zivilisierten und Barbaren. Die These vom „Clash of civilizations" des US-Politologen Samuel P. Huntington entzündete vor allem nach den Terroranschlägen vom 11. September 2001 eine intensive und oft irrige Debatte über diesen Kampf der Kulturen.

Nach der ersten Phase des Imperialismus im 16. Jahrhundert folgte im ausgehenden 19. Jahrhundert ein neues Kapitel des Kolonialismus. Mit dem Gedicht als Appell drängte der englische Schriftsteller Rudyard Kipling in „Take up the White Man's burden"[9] die USA, die Idee der europäischen Zivilisation zu verbreiten. Der erstarkende US-Imperialismus sollte das alte und selbstgefällige britische Empire ablösen. Kiplings zynische Verse auf die Überlegenheit der weißen Rasse wurden als typischer Spiegel eines solchen ethnozentrischen Weltbildes gelesen. Und dennoch hätten US-Entscheidungsträger gut daran getan, jenseits des Jugendromans „Das Dschungelbuch" mehr von Kipling zu lesen. Denn er wusste, wovon er sprach, wenn er die Folgen imperialer Politik beschrieb. Die Erfahrungen der USA in Afghanistan und auch im Irak fügen sich in dieses Bild eines Imperiums wider Willen, das meist naiv und oft auch arrogant meinte, dem Rest der Welt erklären zu können, wie er sein Heil zu finden habe. Ähnlich verhält es sich mit der diplomatisch-humanitären Dimension als Kehrseite aller Interventionspolitik unserer Zeit. Der Begriff des „nation-building" respektive des „state-building" ist seit den 1990er Jahren Teil aller sogenannten post-conflict Engagements der UNO, der EU und vieler mehr. Es geht um die Schaffung staatlicher Strukturen von Polizei bis Justiz, Organisation von Wahlen sowie Ausbildung staatlicher Beamter et cetera. Auch hier wird oft eurozentrisch gehandelt, da mit fremden Normen und Werten gewachsene Strukturen in ein europäisch inspiriertes Korsett von Demokratie, Rechtsstaat und Parteien gezwängt werden. Historisch betrachtet sind leistungsfähige Staaten mit funktionierendem Gewaltmonopol eher ein junges Phänomen. Von der Westfälischen Ordnung, die Mitte des 17. Jahrhunderts das Konzept gleichberechtigter souveräner Territorialstaaten schuf, über die Aufklärung, der Umsetzung der Bürger- und Menschenrechte bis hin zur Demokratisierung benötigten viele westeuropäische Staaten rund 400 Jahre. Heute wird ein solcher Prozess binnen weniger Jahre eingefordert, wenn es um den Wiederaufbau eines kriegszerstörten Landes wie Afghanistan oder Kongo geht.

Weltpolitik als Nabelschau hat Tradition

Wenn wir von einem eurozentrischen Weltbild sprechen, dann hat dies auch mit der Kartografie zu tun. Denn wie Landkarten über Jahrhunderte gezeichnet wurden, hat sich tief in unser Gedächtnis eingegraben. Die runde Erde auf eine flache Karte zu setzen, ohne die Proportionen zu verzerren, ist eine zeichnerische Herausforderung mit politischer Dimension. Die traditionellen Karten des Gerhard Mercator von 1569 sollten sich über Jahrhunderte durchsetzen. Sie spiegelten das koloniale Weltbild seit der Entdeckung Amerikas.

Europa befindet sich demnach im Zentrum und wirkt viel größer als es tatsächlich ist. Denn blickt man mit ein wenig Abstand auf den Planeten Erde, dann wird deutlich, dass Europa nur ein Annex der eurasischen Landmasse ist. Daher wird seit Menschengedenken trefflich über Anfang und Ende dieses Kontinents gestritten. Geht Europa also bis zum Ural oder doch nur bis zum Schwarzen Meer? Erst mit der neuen Darstellung der Kontinente durch den Historiker Arno Peters kam es 1974 zu einem korrigierten und neuen Blick auf die Landmassen.[10] Maßgetreu in Fläche, Achse und Position gibt sie das Verhältnis zwischen den Erdteilen wieder. Die Peters-Weltkarte bildet die Abkehr von der veralteten eurozentrischen Sichtweise, welche den Blick auf die Welt über mehr als vier Jahrhunderte bestimmt hat. Und dennoch findet sich weiterhin vielerorts die alte Vorstellung von Europa als Zentrum der Karte. Gerne arbeite ich in Vorträgen mit den Karten des französischen Geografen Philippe Rekacewicz, der für die Monatszeitschrift „Le Monde Diplomatique" interessante geopolitische Ansätze liefert. Andere Blickwinkel ermöglichen neue Einsichten und damit einen Erkenntnisgewinn. Indem dieser kreative Kartograf einen erfrischenden Blick auf die Geografie wirft, erscheinen bekannte Muster internationaler Beziehungen in einem anderen Licht, was vieles klarer macht.[11]

Der Eitelkeit des Eurozentrismus steht ein nicht unähnliches Weltbild gegenüber, das China als „Reich der Mitte" vielsagend ins kartografische Zentrum stellt. Wir sprechen daher auch vom Sinozentrismus. Lange noch bevor nationalistische Konzepte geboren waren, verstand sich diese Haltung als universeller Absolutheitsanspruch Chinas. Für den chinesischen Kaiser schufen 1623 jesuitische Missionare einen Globus, auf welchem sie China größer machten, ins Zentrum setzten und die Welt rundum gleichsam als Ansammlung von Inselgruppen erscheinen ließen.[12] Bis ins 19. Jahrhundert sah sich China als der einzige zivilisierte Staat, verachtete andere Völker als Barbaren.[13] China lebte eine „Splendid Isolation", wie sie in der Menschheitsgeschichte wohl einmalig ist. Zheng He, der sagenumwobene Admiral der Ming-Dynastie unternahm zwischen 1405 und 1433 weite Entdeckungsreisen im Namen des kaiserlichen Hofes. Diese wurden aber unverzüglich eingestellt, als an der nördlichen Landesgrenze Chinas

Gefahr drohte. Die Flotte wurde aufgelöst, Peking tüftelte erst in den 1990er Jahren wieder an Plänen für eine Präsenz zur See. Das Kaiserreich suchte keinen Kontakt zum Ausland. Fremde Missionen wurden eher harsch behandelt und bis auf wenige Ausnahmen rasch wieder ausgewiesen. Die chinesischen Eliten gewöhnten sich an die Vorstellung, dass China einzigartig sei, nicht nur „eine großartige Zivilisation" unter anderen, sondern die Zivilisation schlechthin. China war in Kontakt mit Korea, Vietnam, Birma und anderen Gesellschaften an seiner Peripherie. Aber in der chinesischen Wahrnehmung war China das Zentrum der Welt, das „Reich der Mitte". Die Grenzen zwischen China und den anderen Völkern Ostasiens waren weniger territorial oder politisch bestimmt, sondern kulturell definiert.[14]

Es waren die europäischen Interventionen in den Opiumkriegen der 1850er Jahre, die das einst selbstbewusste Reich in wirtschaftliche und politische Abhängigkeiten zu Europa zwang. Kurioserweise förderten die Europäer damals den Opiumhandel, während die chinesischen Behörden ihn zu verbieten versuchten. Es folgte eine Serie von Erniedrigungen in Kriegen und Knebelverträgen, den sogenannten „Ungleichen Verträgen", um ausländische Enklaven im Land zu ermöglichen. Viele dieser Demütigungen stecken noch im kollektiven Gedächtnis der Menschen und werden teils auch kultiviert wie die Ruinen im Sommerpalast zu Peking. Bewusst sollen die Zerstörungen, welche die „barbarischen" Truppen der Europäer anrichteten, indem sie auf ihren Pferden durch die Hallen ritten und die wertvolle Einrichtung demolierten, erhalten bleiben. Über das chinesische Selbstverständnis als Zivilisation sagt die diplomatische Korrespondenz des 19. Jahrhunderts viel aus. Die Depeschen sind reich an Zurechtweisungen, deren Adressat auch Königin Viktoria ist. Danach setzte Peking auf das gute alte Instrument von „divide et impera" („teile und herrsche") und versuchte die Barbaren durch Barbaren zu entzweien. Karikaturen aus englischen Zeitungen illustrieren den überzogenen Kniefall des britischen Empire am Hofe des Kaisers von China. Diese Anbiederung findet in der Gegenwart wieder neue Nachahmer. „Vormittags kommen die Diplomaten mit Verbalnoten zu Menschenrechtsverletzungen in unsere Büros, erklären uns, was wir alles falsch machen und welche Folgen dies noch haben wird; nachmittags klingeln die Handelsvertreter aus diesen Staaten, um mit uns Geschäfte zu machen," beschrieb zu Beginn der 1990er Jahre ein Funktionär der chinesischen Kommunistischen Partei die tägliche Praxis.[15] Die Chinesen verfügen landläufig über ein gutes Gedächtnis, sie haben zudem gelernt, mit den Wechselbädern aus Zuneigung und Vorwürfen, die ihnen regelmäßig bei starkem Westwind entgegenschlagen, umzugehen.

Ähnlich verhält es sich mit Japan, das als Insel seine Isolation und Überlegenheit der japanischen Rasse gerne zelebrierte. Auch Japan lehnte es ab, Fremde in das Land zu lassen. Eine Haltung, die übrigens fortdauert und Zuwanderung verunmöglicht, was die demografische Entwicklung der fortschreitenden Überalterung der japanischen Gesellschaft zur wachsenden sozialen und wirtschaftlichen Herausforderung macht. Wie die Chinesen kamen auch die Japaner um 1850 mit westlichen Schiffen und einer überlegenen Technik in Kontakt. Anders als die Chinesen verstanden aber die Japaner ziemlich rasch, dass man sich diesen neuen Ideen öffnen könnte, um durch Studium und viel Beobachtung technische Überlegenheit zu erlangen. Japan war im 20. Jahrhundert den Chinesen zu mehreren Zeitpunkten um Jahrzehnte an Wissen und Investitionen voraus.

Karten und Globen verraten einiges über das jeweilige Selbstverständnis einer Kultur. Diese Verschmelzung von Geografie und Politik ist ein wesentliches Scharnier aller internationalen Politik. Wir sind gegenwärtig Zeitzeugen globaler Umwälzungen, die letztlich auch in neuen Karten enden werden. Russland ließ im August 2007 mit einem U-Boot seine Flagge am arktischen Meeresgrund hissen, um hier Ansprüche auf Basis der UN-Seerechtskonvention anzumelden, wobei es v. a. um die beste Pole-Position im Wettlauf um die arktischen Ressourcen ging. Weitere Anrainer der arktischen Region, so Kanada und Dänemark, mischten sich bald ein, um bei einer zukünftigen Vergabe von Konzessionen zwecks Ausbeutung der Ressourcen mitnaschen zu können. Indem geologische Beweise, wie etwa Gesteinsproben, vorgelegt werden, sollen die Ausläufer des jeweiligen Festlandsockels die Wirtschaftszonen so weit als möglich ins Meer erstrecken. Ähnlich wird in der Antarktis vorgegangen, womit der völkerrechtliche Schutzstatus, nämlich die Region des Südpols als allgemeines Erbe der Menschheit anzusehen, aufs Spiel gesetzt wird. Eine Fragmentierung dieser Regionen infolge der vielen Einmischungen und geplanten Explorationen könnte daher die Folge sein. Dies wird letztlich nicht nur Auswirkungen auf die Umwelt haben und den Lebensraum der Tiere und Pflanzen dieser sensiblen arktischen Zonen betreffen. Alte Territorialkonflikte brechen wieder auf. Staaten, die über Außenposten im südlichen Atlantik verfügen, wie beispielsweise Großbritannien mit der Insel St. Helena, wollen über die jeweiligen Wirtschaftszonen ihre Fischerei- und Bergbauaktivitäten ausdehnen. Dass Napoleon 1821 hier in der Verbannung verstarb, interessiert keinen mehr. Wichtiger ist es, an der Verteilung von Konzessionen in der offshore-Exploration mitwirken zu können.

In welchem Verhältnis und entlang welcher Spielregeln die neu entstehenden Machtblöcke zwischen Lateinamerika, Afrika und Asien miteinander umgehen werden, ist angesichts der Umbrüche unabsehbar. Doch der Abstieg der eurozentrisch geprägten Weltregionen ist im Gange. Dies gilt für Europa und die USA gleichermaßen. Hohe Verschuldung, vergreisende Bevölkerung und fehlende Dynamik stehen einer aufstrebenden jungen Bevölkerung in Asien gegenüber. Doch auch diese Staaten sind mit großen sozialen Problemen konfrontiert. Turbulenzen in einer Weltecke wirken sich in dieser interdependenten Welt auf das gesamte Gefüge aus. Der alte Spruch „Wenn die USA niesen, bekommt Europa eine Grippe" müsste eigentlich aktualisiert werden in Bezug auf die neuen globalen Machtverhältnisse. Es gibt meines Erachtens keine Garantie, dass die Umbruchszeiten geordnet und friedlich verlaufen.

Bipolar, unipolar, multipolar – Ordnung oder Unordnung?

In seinem Buch „Der Aufstieg des Geldes"[16] argumentiert der schottische Historiker Niall Ferguson, die Beziehung zwischen den USA und China sei mittlerweile so eng verflochten, dass die beiden Länder ein eigenes Schachtelwort verdient hätten: Chimerika. Eine Zeitlang sah es nach einer im Himmel geschlossenen Verbindung aus, so Ferguson, denn „die Ost-Chimerikaner erledigten das Sparen, die West-Chimerikaner das Ausgeben". Es stellt sich bereits seit geraumer Zeit die große Frage, ob Chimerika zusammenbleibt oder wegen der Krise auseinanderdriftet. „Bleibt es zusammen, kommen wir aus dem Gröbsten heraus. Driftet es auseinander, können wir uns von der Globalisierung verabschieden", so Ferguson.

Ambitionen für eine Ausrichtung Richtung Pazifik anstelle des Atlantiks hatte bereits Ende der 1980er Jahre US-Präsident George H. Bush gehegt. Diese Pläne zerschlugen sich 1989 mit der Implosion des Kommunismus in Europa und den nachfolgenden Umwälzungen. Doch könnte aus einer als Partnerschaft angepeilten Neuordnung der Verhältnisse bald eine gefährliche Rivalität werden. Eine solche ergibt sich nicht nur aus dem gewaltigen Handelsbilanzdefizit der USA gegenüber China, sondern auch aus den unterschiedlichen Allianzen in der Region, die China als seinen Hinterhof beansprucht.

Die Spannungen im pazifischen Raum zwischen China und Japan, aber auch die vielen Grenzstreitigkeiten Chinas mit den Philippinen oder Vietnam sorgen seit bald einer Dekade für Konfliktstoff. Es wiederholen sich Zwiste zwischen den Staaten, die Jahrhunderte zurückreichen, doch heute mit einer zusätzlichen Agenda jenseits der alten Nationalismen und der Erinnerungen an erlittenes Unrecht. Es geht nämlich meist auch um Rohstoffinteressen, wie die japanischen und chinesischen Ansprüche auf Erdgasfelder rund um die von China als Diaoyu und von Japan als Senkaku bezeichneten Inseln von ganzen sieben Quadratkilometern im Südchinesischen Meer zeigen. Man darf insofern bereits von latenten Stellvertreterkriegen sprechen, als die USA als Verbündete eben dieser Staaten in eine mögliche offene Konfrontation mit China hineingezogen werden könnten. Dass die USA sich Schritt für Schritt aus einer transatlantischen Gemeinschaft in den pazifisch-asiatischen Raum bewegen, beunruhigt die Europäer und irritiert China.

Was sich abzeichnet, ist die allmähliche Neuordnung, die sich aber nicht in allen Phasen managen lässt, wie dies manche Strategen gerne hätten. Die Niederlagen im Irak und in Afghanistan sowie der damit verbundene Anstieg der internationalen Kriminalität vor allem in Gestalt des Terrorismus und zahlreicher neuer Splittergruppen haben die politisch-militärische Führungsrolle der USA untergraben. Die Finanzkrise entzog schließlich ab 2007 der Wirtschaftsmacht USA die Legitimation. Die Rolle des US-Dollars als Weltleitwährung wird vor allem von China immer lauter hinterfragt und offen kritisiert. Es wird hiervon noch die Rede sein. Gegenüber den USA, dem größten Schuldner der chinesischen Zentralbank, verhält sich China vorerst noch relativ freundlich.[17] Man ist zweifellos auf Gedeih und Verderb aneinander gebunden. China verfügt über die größten US-Dollarreserven. Geschätzt werden sie derzeit auf rund 1,5 Billionen. China rechnet damit, dass die USA ihren Schuldenberg durch Aufweichung des US-Dollars inflationär abschmelzen wollen. Jede Abschwächung des US-Dollars würde auch die chinesische Wirtschaftskraft nachhaltig beeinflussen. China schichtet daher systematisch seine vielen Reserven in US-Dollar um, indem es sich auch in Euro-Staaten engagiert und deren Staatsanleihen kauft oder gar Infrastruktur erwirbt. Angesichts der Schleuderpreise von Häfen und Flughäfen, die von Griechenland bis Portugal privatisiert werden, sind chinesische Käufer geradezu auf Schnäppchentour. Blickt man auf die Karte der Einkäufe in Europa, gewinnt man den Eindruck, dass der Mittelmeerraum von Ost und West gleichermaßen zügig auf dem Geschäftswege erworben wird. Wie war das noch vor rund 200 Jahren, als die Briten einen kargen Felsen namens Hongkong kauften? Die britischen wie holländischen Handelskompanien erwarben Eigentum an Terra, also ein privatrechtlicher Vorgang, wobei zugleich öffentlich-rechtliche Aspekte mitschwangen. Denn der Kauf erfolgte mit der Absicht, hier ein Territorium zu errichten. Aus einem mit Kaufvertrag erworbenen Stück Land sollte langfristig Territorium werden. Eine Vorgehensweise kolonialer Politik, die zu vielen späteren Zeitpunkten ihre Nachahmer finden sollte.[18]

Vor einigen Jahren begann ich während meines Aufenthalts im winterlichen Peking abends im Hotel intensiv CCTV, den mehrsprachigen chinesischen Satellitensender, zu schauen. Wenn nun EU-Krisengipfel gleichsam als TV-Abendserie stattfinden, schalte ich weiter neugierig auf die chinesische Berichterstattung, um ihre Sicht zu erfahren. Eventuell werden wir uns langfristig mit dieser Sichtweise konkreter auseinandersetzen müssen. Schwierig zu sagen, wie sich die Pole neu positionieren, aber Bewegung findet statt. Aus wirtschaftlicher Macht wird sich politische Macht mit einem entsprechenden militärischen Arm ergeben. Dies ist eine Konstante im sonst so verwirrten Weltgeschehen.

Viel mehr Augenmerk schenken die chinesischen Entscheidungsträger ihrem wesentlichen Schuldner, den USA. Die US-Regierung, sprich die Zentralbank, konnte trotz fragwürdiger Defizitpolitik die Inflation niedrig halten. Hierbei half auch der Billigimport aus China. Die chinesische Zentralbank kaufte Staatsanleihen in US-Dollar und ermöglichte derart den Konsum auf Pump. Von 2007 bis Mitte 2011 hatten sich die Bestände an US-Dollar-Investments verdoppelt. Seitdem China im Zuge der Finanzkrise ab 2010 beschloss, solche Schuldscheine nicht mehr zu erwerben, sprang die US-Notenbank, die Federal Reserve, ein und begann US-Staatsanleihen zu erwerben. Die Inflation, weniger als Ausdruck von Teuerung, sondern als Aufblähung der Geldmengen, wird von vielen Ökonomen immer mehr ins Treffen geführt. Betrachtet man die Methoden und Ziele des sogenannten „quantative easing", also den Aufkauf von Staatsanleihen durch die jeweilige Notenbank, so läuft dies konkret gesprochen auf Gelddrucken hinaus. In den USA und auch in Großbritannien wurden diese rein monetären Instrumente des Finanzsektors intensiv ausgereizt, ohne die Konjunktur nachhaltig zu beleben.[19] Die Gefahren einer Geldentwertung durch aufgeblähte Geldmengen und auch eines Währungskriegs angesichts stark schwankender Wechselkurse beschäftigen die Politik gleichermaßen wie eine besorgte öffentliche Meinung.

Diese engen finanziellen Verschlingungen zwischen Peking und den USA schlagen sich auch in einer intensiven Besuchsdiplomatie nieder. Als kuriose Zahl sei angemerkt: Hank Paulson, zuletzt Finanzminister in der zweiten Bush-Regierung, zuvor über 20 Jahre Vorstandschef der Bank Goldman & Sachs, war zwischen 2006 und 2008 rund 80 Mal offiziell zu Besuch in Peking. Zu erfahren, in welcher Atmosphäre diese Gespräche stattfanden, erscheint mir noch viel interessanter als die Tagesordnungspunkte zu studieren. Da sich gegenwärtig manche weltwirtschaftliche Entwicklung vor allem auf das bilaterale Verhältnis zwischen Washington und Peking herunterbrechen lässt, könnte man statt der G-8- oder G-20-Gipfel, welche die wichtigsten Wirtschaftsmächte vereinen, schlicht ein G-2 mit China und den USA veranstalten. Die beiden Staaten konnten bei aller historischen und ideologischen Verschiedenheit bereits in Zeiten des Kalten Kriegs recht gut miteinander. Vertrat doch China mit seinem kommunistischen Programm die Konkurrenzversion zu jener der Sowjetunion. China trat auch nicht gegen die USA im Vietnamkrieg auf, vielmehr unterstützten beide ab 1975 das Terrorregime von Pol Pot in Kambodscha, dessen Völkermord an der eigenen Bevölkerung erst die vietnamesische Armee ein Ende bereitete.

Noch ist vieles im Fluss. Seit dem Zusammenbruch der bipolaren Ordnung ist allerhand in Unordnung geraten, wobei die Revolten und Kriege in der arabischen Welt sowie das hörbare Kriegsgetrommel im Chinesischen Meer nur die jüngsten Signale sind. Die Veränderungen im Machtgefüge ziehen sich schon seit über 20 Jahren hin. Und sie verlaufen alles andere als geordnet. Die 1990er Jahre markieren Kriege, ethnische Säuberungen, also Vertreibung und Ermordung von Volksgruppen im Namen eines ethnischen Fanatismus, ob im Balkan oder im Kaukasus. Aus Kommunisten wurden Nationalisten, wie im Falle des serbischen Politikers Slobodan Milošević und aller seiner Amtskollegen in der zerbrechenden jugoslawischen Föderation. Ähnliches war von Georgien bis Tadschikistan zu beobachten. Alte ethnische Konfrontationen brachen in dem Vakuum, welches das Ende der UdSSR hinterlassen hatte, auf. Viele bis dato inexistente souveräne Staaten entstanden und stritten um Grenzen, Rohstoffe sowie die Kontrolle über ihre Volksgruppen im benachbarten Ausland. Die Minderheitenforschung, bis Ende der 1980er Jahre noch ein etwas verstaubtes Fach einiger eingeweihter Akademiker, gewann mit der Zersplitterung kommunistischer Staaten in multiethnische neue Länder einen starken tagespolitischen Bezug. So wie mit dem Ersten Weltkrieg die neue Staatlichkeit in den gestürzten Vielvölkerreichen wie Österreich-Ungarn oder dem Osmanischen Reich dazu führte, dass Völker geteilt wurden und nun Minderheiten auf dem Staatsgebiet eines anderen neuen Nationalstaates waren, so waren nun Russen die neuen Minderheiten im Baltikum oder in den zentralasiatischen Republiken. Ähnlich erging es Usbeken, die sich in Kasachstan wiederfanden und vielen anderen. Die internationale Gemeinschaft, ein weiter und vager Begriff veröffentlicher Meinung, versuchte mit vielen gut gemeinten, doch oft fehlerhaften Projekten zum Schutz dieser Minderheiten aktiv zu werden. Viele dieser Konflikte schwelen aber weiter.

Mit dem Sturz säkularer Diktatoren in der arabischen Welt, ob im Irak 2003 durch einen Krieg oder 2011 in Ägypten und vielen anderen Staaten, die anfänglich die Hoffnung eines arabischen Frühlings in sich trugen, wurde wie zuletzt 1989, dem europäischen „annus mirabilis", ein neues Kapitel in den internationalen Beziehungen eröffnet. Es herrscht Chaos, nicht nur in den postrevolutionären Ländern, sondern in ihrem gesamten Umfeld. Dies zeigt sich insbesondere in der Sahelzone Nordwestafrikas, wohin Gotteskrieger mit dem Zusammenbruch des libyschen Regimes im Sommer 2011 gezogen sind. Frankreich intervenierte zu Jahresbeginn 2013 in seiner ehemaligen Kolonie Mali, um die Islamisten, die einige Teile des Landes unter ihre Kontrolle gebracht hatten, zu verjagen. Doch mit der einstweiligen Vertreibung ist das Problem nicht gelöst. Schwarzafrika wird in das nordafrikanische Chaos jedenfalls auf längere Sicht hineingezogen. Ebenso sorgt sich Russland um neue islamistische Bewegungen im Kaukasus, die durch einen Zerfall Syriens in ihren separatistischen Kämpfen bestärkt würden. Ähnlich stellt sich die Situation in China dar, wo in den Westprovinzen, vor allem im autonomen Gebiet Xinjiang, seit Jahrzehnten die muslimischen Uiguren gegen die Zentralmacht den Aufstand proben. Die Idee einer „Jasmin-Revolution", wie die Tunesier ihre Revolte gegen den Autokraten nannten, reiste sehr rasch weiter ostwärts. Der Jasmin duftet am intensivsten, wenn die Nacht am schwärzesten ist. Diese Hoffnung tragen all jene mutigen Revolutionäre, die sich der Repression zum Trotz erheben.

Ob aus diesen Turbulenzen etwas Neues entsteht, das eine höhere Qualität an Politik und vor allem Perspektiven für die betroffenen Menschen bringt, ist noch unklar. Auf lange Sicht könnte das der Fall sein, wie wir es aus der Geschichte vieler anderer Revolutionen her kennen. Sie scheiterten zwar anfänglich, doch weil es sich um Prozesse handelt, darf man die Diagnose nicht auf einen Zeitpunkt reduzieren. Forderungen nach mehr Gerechtigkeit und Würde wurden auch 1848 in Europa laut, es folgte der Neoabsolutismus. Doch 1867 wurden die Staatsgrundgesetze für Österreich-Ungarn in Kraft gesetzt. Sie verbrieften bürgerliche Freiheiten, wie jene auf Meinung, Presse, Eigentum etc. und legten die Grundlage für ein neues Verhältnis zwischen Staatsmacht und Bürger. Diese Grundrechte wurden mit Gründung der Republik Österreich 1920 in die Bundesverfassung aufgenommen. Will man also mit Zuversicht auf die arabischen Revolutionen blicken, kann man davon ausgehen, dass die Forderungen nach Würde und Gerechtigkeit, nach kontrollierter Staatsmacht und Freiheit weitergehen werden. Skepsis ist aber angesagt angesichts der dominanten Rolle radikaler religiöser Überzeugungen, die Gesellschaft und Staat in düstere Zeiten schicken könnten. Hinzu kommt die Tendenz ausländischer Einmischungen angesichts der bedeutsamen Bodenschätze in einigen dieser Staaten. Die Umbrüche verschärfen sich nun vor dem Hintergrund der vielen Auswüchse einer Weltwirtschaftskrise.

Wie viel politischer Wille und finanzielle Mittel für diplomatische, also friedliche Lösungen bleiben, ist fraglich. Die Ziele der Vereinten Nationen sind laut Artikel 1, Absatz 1, der UN-Charta, unter anderen: „den Weltfrieden und die internationale Sicherheit zu wahren und zu diesem Zweck wirksame Kollektivmaßnahmen zu treffen, um Bedrohungen des Friedens zu verhüten und zu beseitigen, Angriffshandlungen und andere Friedensbrüche zu unterdrücken und internationale Streitigkeiten oder Situationen, die zu einem Friedensbruch führen könnten, durch friedliche Mittel nach den Grundsätzen der Gerechtigkeit und des Völkerrechts zu bereinigen oder beizulegen." Das Prinzip kollektiver Außenpolitik mittels diplomatischer Abstimmung und gemeinsamen Vorgehens gegenüber Drittstaaten wurde in der Geschichte mehrfach praktiziert. Ein solches Unterfangen war u. a. die Heilige Allianz, die 1815 als Koalition der Großmächte dem Wiener Kongress folgte. Architekt dieses Planes war der britische Staatsmann William Pitt der Jüngere. Ziel war die Stabilisierung eines von Revolutionen und Kriegen gebeutelten Europas. Diese Idee kollektiver Sicherheit zerbrach aber, als sich die Interessenlage verschob.

Zum Scheitern der Versuche, Systeme kollektiver Sicherheit zu errichten, schreibt Henry Kissinger in seinem Buch „Diplomacy": „Members of a general system of collective security are therefore more likely to agree on inaction than on joint action; they either will be held together by glittering generalities, or may witness the defection of the most powerful member, who feels the most secure and therefore the least needs the system."[20] Diese Einsicht, dass derartige Bündnisse sich in Allgemeinheiten und Nichtstun anstelle gemeinsamer Aktion verlieren können bzw. nur durch eine Führungsmacht zusammengehalten werden, die aufgrund ihrer Stärke diesen Schutz der kollektiven Sicherheit gar nicht nötig hat, ist auch für unsere Zeit gültig. Kissinger dachte bei dieser Einschätzung in erster Linie an die Heilige Allianz des 19. Jahrhunderts und den Völkerbund. Doch die Tendenz, eher nicht zu handeln, lässt sich auch für regionale Bündnisse des späten 20. Jahrhunderts und unserer Zeit feststellen. Anhand der vielen Pattsituationen in diesem transatlantischen Bündnis, die sich vom Irak-Krieg 2003 bis zur Libyen-Intervention 2011 hinziehen, lässt sich auch nachzeichnen, wie dieses oft als vorbildlich gelobte System kollektiver Sicherheit trotz aller Erweiterung und Attraktivität für weitere Kandidaten nicht funktioniert und sich selbst wohl auch überschätzt. Deutlich wurde dies in der erfolglosen Nato-Operation gegen Serbien im Kosovo-Krieg zwischen März und Juni 1999. Erst ein von Russland vermittelter Waffenstillstand ermöglichte den Abzug serbischer Einheiten aus dem Kosovo.

Als der Warschauer Pakt, das Pendant auf kommunistischer Seite, mit dem Zusammenbruch des Kommunismus aufgelöst wurde, war in den Augen vieler Zeitgenossen auch die Nato ihrer Legitimität verlustig gegangen. Doch das transatlantische Bündnis gewann an Zulauf. All jene Staaten Mittel- und Osteuropas, die sich um einen EU-Beitritt bemühten, wurden noch vor ihrer Aufnahme als oft nicht völlig gleichberechtigtes EU-Mitglied in die Nato aufgenommen. Das Bündnis erweiterte seine Einflusszone und schob sich im Baltikum nahe an den russischen Orbit heran. Dies provozierte wiederum neue Spannungen zwischen Moskau und Washington, die Erinnerungen an den Kalten Krieg wachriefen. Mit dem Wegfall jener bipolaren Ordnung war vieles in Unordnung geraten, wie Serien von Bürgerkriegen von Zentralasien über den Kaukasus bis in den Balkan zeigten. All diese Brandherde konnten durch Waffenstillstandsabkommen und internationales Engagement auf einem bestimmten Niveau „eingefroren" werden. Doch als solche „frozen conflicts" harren sie einer Lösung. Eine weitere Fragmentierung ist jederzeit möglich. Dies zeigte sich im August 2008, als zwischen Georgien und Russland ein fünftägiger Krieg tobte, der letztlich zwei neue Staaten, nämlich Abchasien und Süd-Ossetien, als Enklaven auf dem georgischen Staatsgebiet hinterließ. Ähnlich unbefriedigend ist die Lage im Kosovo, auf dessen Unabhängigkeit viele Europäer und die USA bestanden, womit aber die verworrene Lage neuer Souveräne auf dem Gebiet des ehemaligen Jugoslawiens nicht einfacher wurde. Im Gegenteil, die Unabhängigkeit des Kosovo im Februar 2008 motivierte sowohl Separatisten im Kaukasus als auch in Westeuropa, ihre Forderungen weiter emsig zu verfolgen. So hielt die baskische Untergrundorganisation ETA im Februar 2008 eine ihrer berüchtigten Videokonferenzen mit vermummten Gestalten mit Maschinengewehren ab, in der unter Hinweis auf die Unabhängigkeitserklärung des Kosovo der Fortgang des bewaffneten Kampfes für ein souveränes Baskenland bekräftigt wurde. Spanien weigerte sich wie eine Reihe anderer EU-Staaten, die starke Minderheiten auf ihren Staatsgebieten haben, den Kosovo anzuerkennen, da die Ansteckungsgefahr an Separatismus für die betroffenen Regierungen allzu deutlich und gefährlich erschien.

Die unipolare Phase, in welcher die USA aus dem Vollen schöpfen konnten, die Globalisierung über neue Kommunikationstechnologien mitgestalteten und Kriege, wie die Befreiung Kuwaits 1991, noch mit großen Koalitionen und internationaler Unterstützung führen konnten, neigt sich nach 20 Jahren ihrem Ende zu. Die USA stehen vielleicht nicht kurz vor dem Untergang, um durch ein einziges anderes Land als Hegemon ersetzt zu werden. Es könnten sich aber neue „Freiwillige" melden, die Initiativen in Regionen setzen, in denen die USA es nicht können oder wollen. Während des russisch-georgischen Konflikts im Sommer 2008 reiste der damalige EU-Ratsvorsitzende Nicolas Sarkozy nach Moskau, um einen Waffenstillstand zwischen der georgischen Regierung, die den USA nahe stand, und Russland zu ermöglichen. Als Israel und Syrien im Sommer 2008 in Gespräche eintraten, wirkte die Türkei als Vermittler, nicht Washington. Und als libanesische Gruppierungen im Mai 2008 mit Waffengewalt übereinander herfielen, konnte nur der Emir Al-Thani von Katar sie an den Verhandlungstisch bringen. In keinem dieser Fälle spielten die Vereinigten Staaten die Hauptrolle. Zehn Jahre zuvor wäre dies noch undenkbar gewesen. Es darf daran erinnert werden, dass 2008 in Washington mit George W. Bush noch ein sehr interventionsfreudiger Präsident amtierte. Es zeichnete sich aber infolge Niederlagen und knapper werdender Finanzen ab, dass die USA die zuvor zitierte „white man's burden" nicht mehr tragen wollten. Vielmehr begann man die eigenen Wunden zu lecken und zog sich schmollend zurück. Die USA befinden sich also teils auf Rückzug und Neuausrichtung, die EU ist wieder einmal sehr mit sich selbst beschäftigt und Russland oder China verfolgen mangels eigener Kapazitäten nicht jene imperiale Politik, welche die USA als unipolare Macht praktizierte. Was wir gegenwärtig beobachten können, ist das oft sehr forsche Auftreten von Regionalmächten. Diese Tendenz zeichnet sich seit dem Beginn der Umstürze in der arabischen Welt noch klarer ab.

Vom Arabischen Frühling zu Bürgerkrieg und Staatenzerfall: die vielen Stellvertreterkriege

Große Hoffnungen setzten die Menschen in den ersten Monaten von 2011 in den Arabischen Frühling als Beendigung von Diktaturen. Doch viele Machtwechsel mündeten in Bürgerkrieg und andere Formen der Gewalt. Diese ergeben sich nicht nur aus dem Kampf der etablierten Machtapparate um ihren Einfluss und der Wut der jungen Menschen, die sich um ihre Revolution betrogen fühlen. Von Syrien über Ägypten bis Libyen kam es zur massiven Einmischung dieser neuen und alten Regionalmächte, die über Geld, Waffen und auch ein so mächtiges Instrument wie populäre Satellitensender verfügt. Das Emirat Katar gelangte dank des frühzeitigen und klugen

Einstiegs in das teure Geschäft mit verflüssigtem Erdgas, das sogenannte LNG, zu ungeahnter Machtentfaltung. Der Reichtum floss nicht nur an den Herrscherhof, um in Autos und Immobilien zu versickern. Vielmehr baute Emir Hamad Al-Thani mit der Gründung des Satellitensenders Al-Jazira ab 1995 einen mächtigen Radius für Katar auf. Al-Jazira leitete zu seinen besten Zeiten dank der hohen Qualität der teils von der BBC rekrutierten Mitarbeiter eine Revolution in der arabischen Medienlandschaft ein. Aus der arabischen Haus- und Hofberichterstattung wurde eine völlig neue Form der offenen Debatte und des Investigationsjournalismus. Der Sender war meines Erachtens ein wichtigerer Faktor in den Revolutionen als die sozialen Netzwerke. Die Redaktionen wurden jedoch ab Juni 2011 mit neuen Weisungen aus dem Palast zurechtgestutzt, Profis wurden durch Parteigänger ersetzt. Al-Jazira degenerierte sowohl in seiner arabischen als auch in seiner englischsprachigen Version immer mehr zum Kommunikationsinstrument Katars. Dies wurde in der Berichterstattung über den syrischen Bürgerkrieg sehr bald deutlich.

Die kleine Halbinsel Katar mit knapp 400.000 Staatsbürgern und rund drei Millionen Fremdarbeitern mischt inzwischen in allen arabischen Konfliktherden mit. Der umtriebige und stets jovial auftretende Emir engagiert sich für die innerpalästinensische Versöhnung ebenso wie mit Waffen in Syrien und in Libyen, finanziert gemeinsam mit Saudi-Arabien die salafistischen Parteien in Ägypten und Tunesien. Darüber hinaus investiert der Staatsfonds „Qatar Investment Authority" weltweit, wirkt in vielen europäischen Unternehmen als Aktionär mit und springt als Financier ein, wenn die Kassen knapp sind. So konnte das neue Wahrzeichen Londons, das Hochhaus „The Shard" („Die Scherbe"), dank des spendablen Emirs fertiggebaut werden, wie auch der ägyptische Staatshaushalt mangels Einnahmen durch Katar am Leben erhalten wird. In den französischen Vororten greifen die finanzschwachen Kommunen auf katarische Hilfe zu. All diese Unterstützung erfordert Gegengeschäfte, die vor allem in den arabischen Staaten langfristig den Einfluss Katars festigen könnten. Das Erdgasgeschäft hat das relativ kleine Land zweifellos sehr reich gemacht. Dennoch fragen sich einige Kenner Katars, ob Emir Al-Thani nicht auch Teile seiner kostenintensiven Außenpolitik auf Kredit finanziert.[21] Meine persönliche These läuft darauf hinaus, dass Katar früher oder später die Regionalmacht Saudi-Arabien beerben könnte, wenn dieses Land mit Nachfolgezwisten im Hause Saud außenpolitisch blockiert sein wird. Der syrische Bürgerkrieg ist auch der Kampf um Damaskus, jene legendäre Hauptstadt des arabischen Reiches, die unter der Dynastie der Omayaden nach dem Tod des Propheten 632 zum Zentrum der arabischen Kultur und Macht wurde. Als die arabische Revolte im Ersten Weltkrieg von der Arabischen Halbinsel ihren Ausgang nahm, versprachen die Briten den arabischen Stämmen unter Führung der Haschemiten ein arabisches Königreich mit der Hauptstadt Damaskus. Doch zugleich hatten Briten und Franzosen den Raum schon unter sich aufgeteilt. Aus einem großen, wiedervereinten arabischen Reich sollte nichts werden. Wer Damaskus kontrolliert, kann sich eines Platzes in den Geschichtsbüchern sicher sein. Das Engagement Katars gegen die Assad-Regierung entspringt meines Erachtens auch dieser Ambition, abgesehen von der Unterstützung des wahren Glaubens – in dem Fall die wahabitische Version des Islams.

Neben Katar treten in Syrien auch die Türkei, der Iran und der Irak mit Geld und Logistik auf den Plan. Das Land wird zum Schlachtfeld diverser Milizen, denen sich junge muslimische Gotteskrieger aus anderen Teilen der arabischen Welt anschließen, wobei aufgrund der unterschiedlichen Dialekte im Arabischen die Kommunikation oft genug problematisch ist. Radikale Muslime aus Indien oder Pakistan gesellen sich an die Seite der einen oder anderen Splittergruppe und wähnen sich in Palästina, um Israel, nicht die syrische Armee zu bekämpfen. Was dem Libanon in den 1970er und 1980er Jahren widerfuhr, dann im Irak ab 2003 zu neuer Gewalt führte, ereignet sich nunmehr in Syrien. Ob es hierbei noch irgendwelche politischen Programme gibt, erscheint völlig zweitrangig. Es geht um die Verherrlichung von Gewalt um ihrer selbst willen. Wer hier auf welche Gruppen noch Einfluss nehmen kann, ist fraglich. Die Kriegsherren außerhalb Syriens werden ihre Kampfbrigaden auch nicht auf Dauer fernsteuern können. Von arabischer Revolution spricht seit dem Sommer 2011 in Syrien niemand mehr, vielmehr herrscht Krieg. Die Sorge, dass Syrien implodieren könnte, wächst.

Die Kurdenfrage beherrscht seit bald zehn Jahren immer stärker die Agenda. Im Irak verfügen die Kurden seit 2003 über eine sehr weitreichende Autonomie, die Provinzregierung Kurdistan verhält sich bei Erdöl- und Erdgasverträgen teils wie ein Souverän. Sehr zum Missfallen der Zentralregierung in Bagdad behandeln viele Regierungen und Erdölkonzerne die kurdische Nordprovinz gleichsam als unabhängigen Staat. Die Gefahr einer Teilung des Iraks lauert nicht nur angesichts dieser möglichen kurdischen Staatlichkeit, sondern auch infolge der vielen tiefsitzenden Klüfte zwischen Schiiten und Sunniten, den beiden großen islamischen Strömungen. Auch im nördlichen Syrien ist die Kurdenfrage eine der vielen blutigen Facetten des Kriegs. Bei fortdauernder Anarchie ist der Zerfall dieser Region wohl nicht aufzuhalten. Dieser Krieg ist vielleicht insofern von weitreichender geopolitischer Bedeutung, als sich hier entscheiden könnte, ob und unter welchen Bedingungen der Westen noch eine Rolle im Nahen Osten spielt. Oder ob man eben den Regionalmächten das Schlachtfeld für ihre Stellvertreterkriege überlässt. Dabei hatte alles als ein großer Traum der arabischen Jugend begonnen. Im Jänner 2011 schien die arabische Welt aus ihrem Komaschlaf, aus Jahrzehnten politischer Stagnation, zu erwachen.

Die 18 Tage des ägyptischen Aufstands konnten dank der intensiven Berichterstattung durch Al-Jazira weltweit und zeitgleich mitverfolgt werden. Auch wenn der Aufstand in einem Provinznest im südlichen Tunesien ihren Anfang genommen hatte, wurde der Arabische Frühling mit dem Übergreifen der Unruhen auf Ägypten und schließlich mit dem Rücktritt Mubaraks am 12. Februar zum historischen Ereignis. Rasch waren die Vergleiche mit einem 14. Juli 1789, dem Beginn der Französischen Revolution, oder mit einem 9. November 1989, dem Fall der Berliner Mauer, bei der Hand. All diese Daten haben ihre Relevanz, doch möchte man die Geschichte bemühen, so wäre eventuell ein Hinweis auf 1848 noch viel interessanter.[22]

Denn ebenso wie in Paris, Wien, Frankfurt und vielen anderen europäischen Städten die Studenten auf die Barrikaden gingen, um Verfassungen einzufordern, waren es in den arabischen Staaten zunächst die jungen Universitären, die das jeweilige Regime herausforderten. Ihnen schlossen sich dann viele Teile der Bevölkerung an, sodass echte Volksaufstände entstanden. „Würde und Gerechtigkeit" waren die Hauptlosungen der Demonstranten. Nur in Libyen bewaffnete sich die Opposition binnen der ersten Tage des Aufstands, der weitere Verlauf der libyschen Revolte war dann auch von militärischer Gewalt geprägt. Im Jemen entschlossen sich die Demonstranten zum friedlichen Widerstand trotz der hohen Dichte an Waffen im Land.

Die Emanzipation vom Untertan zum Bürger ist auf der politischen Agenda der jungen arabischen Revolutionäre, wie es die Einforderung von Verfassungen 1848 war. So wie durch Europa damals ein politisches Beben ging, schlagen die nordafrikanischen und nahöstlichen Bewegungen Wellen weit über die Region hinaus. Dort wo Geografie und Geschichte bzw. die Politik aufeinander treffen, tritt die Geopolitik auf den Plan. Die aktuellen geopolitischen Dimensionen sind jenen von 1989 teils vergleichbar, auch wenn damals, anders als heute, zusätzlich ein militärischer Block zerbrach. Die aktuellen Veränderungen erfassen aber aufgrund der energiepolitischen Bedeutung der Region das Interesse der restlichen Welt. So stieg zwischen Februar und März 2011 binnen Tagen der durchschnittliche Weltmarktpreis für ein Fass Erdöl um bis zu 15 US-Dollar, da die Märkte mit einem Übergreifen der Unruhen auf die erdölreichen Golfstaaten rechneten.

Jedes Land verdient seine eigene spezifische Untersuchung, doch was die 22 arabischen Staaten eint, ist die Sprache – ein nicht zu unterschätzendes Bindeglied. Schon bei der letzten arabischen Renaissance zu Beginn des 20. Jahrhunderts spielte die Modernisierung der arabischen Sprache eine wichtige Rolle, da wie in allen Nationalbewegungen erst so eine Wiedererweckung der Literatur und des politischen Denkens möglich wurde. Losgetreten wurden die Proteste von der bürgerlichen Mitte, die sich als säkular bezeichnet. Nicht die Muslimbrüder in Ägypten oder die oppositionellen Berber in Tunesien gingen als Erste auf die Straße, vielmehr setzte eine teils nichtreligiöse Jugend, die von Bevormundung und wirtschaftlicher Perspektivlosigkeit die Nase voll hatte, die Initialzündung. Die zornigen jungen Männer, die zu fast allen revolutionären Wendepunkten in vorderster Front gingen, waren und sind weiterhin die Vorhut. Unter Ausblendung aller Risiken liefern sie sich Gefechte mit den Sicherheitskräften.[23]

Als der Funke von Tunis auf Kairo übersprang, war die internationale Aufmerksamkeit umso intensiver, als Ägypten das bevölkerungsreichste arabische Land ist. Argwöhnisch beäugt man in Kairo auch das Streben der Türkei nach einer regionalen Vormachtstellung. Mit der oft als „neo-ottomanisch"[24] bezeichneten Außenpolitik unter Premier Erdogan und seinem Außenminister Davutoglu wollen die Ägypter sich nicht befassen, ebenso wenig erscheint ihnen das von den USA oft gepriesene Vorbild des „gemäßigten politischen Islam" in Ankara relevant. Wenn man ein wenig die tiefe Abneigung kennt, die sowohl von türkischer als auch arabischer Seite dem anderen entgegenschlägt, so versteht man das Misstrauen gegenüber aller intensiven Besuchsdiplomatie der Türken. Auch der Islam als Bindeglied einer weiteren Gemeinschaft, also der Umma, kann offenbar nationale und ethnische Gräben nicht überspringen.

Der Kampf um knappe Ressourcen – ob fruchtbarer Boden, Wasser oder wie im Nahen Osten seit 60 Jahren der Zugang zu Energieträgern – bestimmt seit jeher die Geopolitik. Will man das Engagement der Staatengemeinschaft in der Region verstehen, muss man stets den Faktor Rohstoffe einbeziehen. Zwischen Nordafrika und der Arabischen Halbinsel lagern wesentliche Erdölfelder, die einen wichtigen Teil der bekannten Reserven der OPEC, der Organisation Erdöl exportierender Länder, ausmachen.[25] Humanitäre Interventionen im Sinne von Regimewechseln, ob im Irak 2003 oder in Libyen 2011, sind von Energieinteressen getragen. Am Tag der Eröffnung der Libyenkonferenz am 1. September 2011 wurde bekannt, dass die französische Regierung zu Beginn ihrer militärischen Intervention, die libysche Opposition in Benghazi aufforderte, 35 Prozent aller zukünftigen Erdölförderverträge an Paris zu vergeben.[26] Für den Irakfeldzug der USA war das Interesse an einer Privatisierung des nationalen irakischen Erdölkonzerns INOC ein wesentliches Motiv.[27] Die Neuordnung regionaler und auch internationaler Interessen wird sich an der Bedeutung fossiler Rohstoffe orientieren. Die wachsenden Spannungen zwischen der Türkei und Israel können unter anderem auch im Lichte von Grenzdisputen und Erdgasfeldern interpretiert werden, da die offenbar vielversprechenden Erdgasvorkommen im östlichen Mittelmeer für zunehmendes Säbelrasseln sorgen.[28] China und Russland, die mit diplomatischer Zurückhaltung die definitive Machtaufteilung im Irak und Iran abwarten, werden angesichts ihrer bestehenden Explorationsverträge und sonstiger wirtschaftlicher Kooperationen jedenfalls langfristig wieder im Geschäft sein. Dass die Karten in der Region nun neu gemischt werden, ist daher über die veränderte innenpolitische Situation hinaus unter dem Aspekt der Rohstoffe zu beurteilen. Hierbei handelt es sich um sogenanntes konventionelles Erdöl und Erdgas, das zu relativ niedrigen Kosten und mit konventioneller Bohrtechnik gefördert werden kann. Durch den selbst laut der internationalen Energieagentur IEA bereits überschrittenen Peak Oil, also das globale Fördermaximum an konventionellem Erdöl, besteht wachsender Bedarf an sogenannten unkonventionellen fossilen Energieträgern.

Mit dem Anstieg der US-Investitionen in die als Schiefergas und Schieferöl landläufig bezeichneten unkonventionellen Energieträger zeichnet sich eine interessante geopolitische Veränderung ab. Autoren und Kommentatoren aus den USA stellen in großen europäischen Medien immer lauter die Forderung: „Vergessen wir den Nahen Osten, dank Schiefergas sind wir nicht mehr vom arabischen Erdöl abhängig." Neben der Tatsache, dass Schiefergas flüssiges Erdöl nicht ersetzen kann, könnten sich diese Visionen in einigen Jahren als Chimäre erweisen, wenn die Förderkosten für Schiefergas zu hoch, der Preis für Gas zu tief oder die ökologischen Folgen zu dramatisch werden. Indes könnte die kriegsgebeutelte Region des Nahen Ostens in viele neue Einflusszonen unter den Regionalmächten zerfallen. China als wesentlicher Energieimporteur wird wohl auch in einer möglichen Neugestaltung eines völlig fragmentierten Nahen Ostens mitwirken. Wo einst pro-britische, später pro-amerikanische Offiziere oder Könige wirkten, könnte zukünftig ein pro-chinesischer Emir eine Art neu vermessenes „Petrolistan" am Golf regieren. Aufgrund ihrer reichen Bodenschätze konnten die Menschen in dieser Weltecke bislang noch zu keinem Zeitpunkt der jüngeren Geschichte ihr Recht auf Selbstbestimmung ausüben.

Schiefergas-Revolution –
ein brisanter Hype mit geopolitischen Folgen

Auf einer Energiekonferenz in Turkmenistan im Frühjahr 2010[29] wurde ich erstmals hellhörig, als ein hochrangiger Beamter des US-Energieministeriums dem versammelten internationalen Auditorium sehr selbstbewusst verkündete: „Die USA werden dank ihrer Exploration von Schieferöl und Schiefergas auf ihrem Staatsgebiet von Energieimporten langfristig unabhängig werden". Der Referent ging noch weiter. Die USA würden all jene jüngst erbauten Import-Terminals für verflüssigtes Erdgas bald in Export-Terminals umwandeln, da die USA vom Gasimporteur zum Gasexporteur würden. Eine detaillierte PowerPoint-Präsentation zeigte die vielen neuen alten Erdöl- und Erdgasfelder in den USA. Hierbei ging es auch um alte, einst wichtige Fördergebiete in den USA. Mit neuen Fördermethoden will man diese alten Felder zu „neuem Leben erwecken".[30] Angesichts der Tatsache, dass bei konventioneller Förderung oft weniger als 30 Prozent der in den Feldern gespeicherten Kohlenwasserstoffe ausgebeutet wurden, birgt diese Rückkehr zu den alten Bohrlöchern eine gewisse Logik. Gleichzeitig will man an Schieferöl und Schiefergas gelangen, welches in bisher unwirtschaftlichen Lagerstätten eingeschlossen ist, deren Durchlässigkeit sehr viel geringer ist als ein Dachziegel – sogenannte „unkonventionelle" Lagerstätten. Durch eine Kombination von horizontalem Bohren und hydraulischem „Fracking" kann in diesen sogenannten „Muttergesteinen" das in ihnen eingeschlossene Öl und Gas gefördert werden. Beide Technologien sind aber keineswegs neu, sondern deren Kombination ist es. Erst durch hohe Preise für Erdöl und Erdgas in den letzten Jahren ist diese Form der Energiegewinnung überhaupt erst rentabel geworden.

Mit Interesse verfolge ich die Berichterstattung in Fachpublikationen und die Debatte auf Energietagungen. Dennoch hege ich aus vielen Gründen meine Zweifel an der als „Schiefergas-Revolution" bezeichneten Wende in der globalen Energieversorgung, wie dies von Pennsylvania bis Polen gegenwärtig laut bekundet wird. Der mediale Hype rund um dieses nicht nur bei Umweltbewegten umstrittene Thema steuerte im November 2012 auf neue Höhen zu, als die Internationale Energie Agentur in ihrem Jahresbericht, dem World Energy Outlook, sowie in einer zuvor erschienenen Sonderausgabe dem Schiefergas viel Platz widmete. Seither wird dieser unkonventionellen Ressource sogar zugetraut, die Wirtschaftskrise in den USA zu lösen, da viele neue Arbeitsplätze entstünden.

Die USA waren immerhin zu Beginn des 20. Jahrhunderts, als die Energieversorgung im Transport von Kohle auf Erdöl umsattelte, weltweit führend in der Erdölproduktion. Die USA deckten rund 90 Prozent der Erdölversorgung der Alliierten im Zweiten Weltkrieg ab. 1945 entschloss sich Washington, die nationalen Reserven dieses strategisch, also für die Kriegsführung so entscheidenden Rohstoffes zu schonen, zumal sie nicht erneuerbar sind. Vielmehr wandte man sich von nun an den eben erkundeten Lagerstätten auf der Arabischen Halbinsel zu. So wurde das „cheap Arab oil" importiert, zugleich wurden die arabischen Förderländer, allen voran Saudi-Arabien, zu einem wesentlichen Verbündeten und Absatzmarkt.[31] Vor dem Hintergrund des Kalten Kriegs war der Gottesstaat Saudi-Arabien der ideale Stellvertreter in der Region zur Eindämmung möglicher kommunistischer Einflüsse, die Washington auch dort witterte, wo Nationalisten Diktatoren stürzten, so in Ägypten 1952, oder demokratisch gewählte Präsidenten wie 1951 im Iran. Der ehemalige saudische Erdölminister Zaki Yamani brachte diese Allianz, die auch viele Zerwürfnisse seit 1947 durchmachte, einst ironisch auf den Punkt: „Ölallianzen sind stärker als katholische Ehen." Sie werden eben nicht im Himmel gemacht, sondern sind das Ergebnis handfester realpolitischer Argumente; anders als im Fall der Annullierung kann nicht einmal der Papst in seinem Anspruch auf Unfehlbarkeit rückwirkend solche Allianzen auflösen.

Die Erdölkrise von 1973 erschütterte die Weltwirtschaft, ihre Folgen schwingen teils bis heute nach. Infolge eines Exportstopps der arabischen OPEC-Mitglieder an einige westliche Staaten vervierfachte sich der Preis für ein Fass Erdöl binnen weniger Wochen. Diese Maßnahme erfolgte in Reaktion auf die Unterstützung der USA für Israel im Oktoberkrieg 1973, als eine Koalition arabischer Staaten, geführt von Syrien und Ägypten, in einer konzertierten Operation Israel am Jom-Kippur-Feiertag überraschend angriff. Die israelische

Armee, die 1967 noch binnen sechs Tagen mit einem Blitzkrieg das Territorium verdreifacht hatte, stand nun mit dem Rücken zur Wand. Die USA sprangen mit Treibstoff und Waffen ein. Der Krieg, einer von vielen im israelisch-arabischen Konflikt seit 1948, wurde mit einer Feuerpause beendet. Doch der hohe Erdölpreis bewegte für die kommenden Jahre die westliche Welt. Die Erschließung teurerer Erdölfelder in der Nordsee und mehr Energieeffizienz waren die Folge. Es blieb bis heute die Wahrnehmung westlicher Redaktionen, Rohstoffanalysten in Banken und Politiker, dass der Westen in seiner Erdölabhängigkeit von den arabischen Scheichs erpresst werde. Karikaturen, Sachbücher und politische Sonntagsreden illustrieren dies zur Genüge. Der Wunsch nach sogenannter Energieunabhängigkeit, welche in der Form nicht existiert, wurde spätestens seit 1973 zur politischen Lösung. US-Präsident George W. Bush bediente sich dieser in seiner Rede zur Nation 2004 erneut, als er sich für die damals heftig propagierten „Biotreibstoffe" stark machte. Die EU folgte in ihrer Energiestrategie von 2007 diesem Boom, der sich bald als Fehlkalkulation auf vielen Ebenen herausstellte. Agrartreibstoffe sorgen für mehr Emissionen, wirken als Preistreiber für Nahrungsmittelpreise, fördern die Abholzung von Wäldern, um Plantagen von Energiepflanzen an ihrer Stelle zu errichten, und rechnen sich im Energiewert nicht – bzw. haben im Fall von Biotreibstoffen auf Maisbasis sogar eine negative Energiebilanz. Einen ähnlichen fehlgeleiteten Hype vermute ich in dem gegenwärtigen Bonanza rund um die Investitionen und die allgemeine Erwartungshaltung in die vermeintliche „Lösung" Schieferöl und Schiefergas.

Geologen sind präziser in ihrer Interpretation der physischen Voraussetzungen und damit auch der vielen Begriffe, die herumgeistern.[32] Jene Geologen, die nicht im Dienste der Gasindustrien stehen, sehen die Erwartungen als völlig überzogen. Ihre auf geologischen Argumenten basierende Kritik richtet sich unter anderem gegen die Fehleinschätzungen bzw. Unkenntnis der Ressourcen.[33] Hinzu kommen die sehr hohen Kosten für die Erschließung unkonventioneller Lagerstätten, die teilweise das Zehnfache der konventionellen Erdgasförderung betragen. Ob die Investitionen sich langfristig rechnen, wird in der Branche sehr unterschiedlich beurteilt. Die Frage ist für wen. Ein Hinweis darauf, dass auch Befürworter des aktuellen Booms ihre Zweifel hegen, mag im geplanten Abtransport von Öl und Gas aus so mancher US-Förderstätte liegen. Anstatt nämlich Pipelines als langfristige Lösung zu bauen, soll das kostbare Gut auch weiterhin per Lastwagen und Eisenbahn transportiert werden. So der Fall in den Bakken Shales in North Dakota. Gegenwärtig beträgt der Anteil von Schiefergas im gesamten Energiemix der USA um die acht Prozent. Der Anteil von Tight Oil an der US-Gesamtproduktion beträgt aktuell 33 Prozent und soll laut EIA bis 2040 auf 51 Prozent der Onshore-Produktion (mit Ausnahme von Alaska) wachsen.[34] Aktuell produzieren die USA knapp sechs Millionen Fass Öl pro Tag, so auch offshore im Golf von Mexiko. Die USA verbrauchen aber täglich mehr als das Dreifache. Von hier bis zur Selbstversorgung mit Energie oder gar zum Gasexport, wie es die USA proklamieren, ist es noch ein weiter Weg. Diese Zahlen übersehen aber Kommentatoren und Analysten in diversen Finanzhäusern offensichtlich aus Unkenntnis oder anderen Gründen.

Bürgerinitiativen, die sich den Bohrprojekten in den USA oder in Europa widersetzen, sind vor allem wegen der Auswirkungen auf die Umwelt besorgt. In Zeiten hoher Arbeitslosigkeit scheitern solche Bemühungen aber oft schon auf kommunaler Ebene, wo sich Gegner und Profiteure streiten. Das „Fracking" fordert in erster Linie einen hohen Preis für die Umwelt, die Verschmutzung von Trinkwasser und die Langzeitfolgen einer Landschaft, die vom Tagebau zerschnitten wird. Es wird ein Gemisch aus Wasser, Sand und Chemikalien mit Hochdruck ins Gestein gepumpt. Damit soll die Zielformation künstlich geklüftet werden, um an die Einlagerungen der eingeschlossenen Kohlenwasserstoffe zu gelangen. Verschmutzungen des Grundwassers können in der gefrackten Formation selbst, entlang der Bohrung sowie an der Oberfläche entstehen. („Fracking" lässt sich ins Deutsche mit „Aufreißen" übersetzen.)

Dies führt mich zum Generalthema der zersplitterten Welt zurück. Ohne nun pathetisch wirken zu wollen, so ist die Fragmentierung eine Metapher, die weit über Staatenzerfall und Zusammenbruch gewachsener Systeme hinausreicht. Wir erleben gegenwärtig in der Energiebranche viele kuriose Entwicklungen, die auf eine Zersplitterung deuten. Dies illustriert sehr gut der Begriff des „Frackings". Auch in der von Deutschland derzeit betriebenen Energiewende, also dem schrittweisen Ausstieg aus der Nuklearenergie und der Steigerung erneuerbarer Energien, lässt sich eine Spaltung vor allem im Strommarkt feststellen. Unerbetene Windstromexporte aus Deutschland nach Polen und Tschechien sollen künftig gestoppt werden. Die Sorge der Netzbetreiber vor einer Überlastung der Netze aufgrund der Überproduktion von Strom an sonnen- bzw. windreichen Tagen wächst. Gleichzeitig ist das Problem der Stromspeicherung nach wie vor nicht gelöst und man ist noch weit entfernt vom sogenannten „Smart Grid", also dem schlauen Netz, das energieeffizient arbeitet und ungenutzte Kapazitäten zwischenspeichert und bei Bedarf wieder abgibt. Im überregionalen Verbund der Stromnetze findet also überspitzt gesprochen auch schon eine Art Balkanisierung, also ein Zerfall des Netzes statt.

Der fragmentierte Feind

Als der israelische Premier Itzhak Rabin 1993 PLO-Chef Jassir Arafat die Hand reichte, begann für zwei knappe Jahre eine israelisch-palästinensische Aussöhnung, die als Oslo-Prozess in die Geschichte einging. Nach der Hauptstadt Norwegens wurde dieser detaillierte Kalender für einen israelischen Rückzug aus den besetzten palästinensischen Gebieten und die Schaffung eines unabhängigen Palästina neben Israel in sicheren Grenzen benannt. Denn es war das Verdienst eines professionell und vor allem äußerst diskret arbeitenden Teams von Diplomaten und Nahostexperten in Norwegen, das erstmals direkte Kontakte zwischen der israelischen Regierung und der PLO zu einem handfesten Verhandlungsergebnis führte. Israelis, die zuvor Geheimtreffen mit PLO-Mitgliedern besucht hatten, wurden in Israel des Hochverrats beschuldigt. Kaum anders ging es Palästinensern, die der Kollaboration mit der Besatzungsmacht beschuldigt und oft in Lynchjustiz ermordet wurden. Im Fall der Verhandlungen in Norwegen wurden aus mutigen

Geheimkontakten klare wechselseitige Zusagen für einen umfassenden Friedensprozess.

Erinnert man sich der Bilder vom 13. September 1993 im Rosengarten vor dem Weißen Haus, wo ein strahlender Bill Clinton zwischen PLO-Chef Arafat und Premier Rabin die Unterschriften überwacht, dann lässt sich auch an der Körpersprache Rabins ein wenig erkennen, wie delikat die gesamte Situation war. Denn für den Soldaten Rabin, der sein gesamtes Leben lang die PLO bekämpft hatte, war dieser Schritt nicht leicht. Folgender Ausspruch wird aber Rabin zugeschrieben, den ich von Weggefährten des Politikers gehört habe. Demnach soll sich Rabin zu diesem Handschlag mit dem Erzfeind durchgerungen haben, weil er sich sagte: „Wenn ich heute nicht Arafat die Hand reiche, so muss ich morgen mit einem Dutzend Hamas-Führern verhandeln." Als Militär war Rabin eben ein pragmatischer und nicht ideologischer Politiker. Mit seiner Ermordung durch einen fanatischen Israeli im November 1995 bewegte Israel sich von den ursprünglichen Zusagen immer weiter weg. Der neue Premier war damals erstmals Benjamin Netanyahu. Es begann dann in der Folge eine neue Etappe der sogenannten Terrorismusbekämpfung, die unter Premier Ariel Scharon an zusätzlicher Brisanz gewann. Im Sinne präventiver Kriegsführung sollten Terroristen liquidiert werden. Die USA sollten dieses fragwürdige Konzept im Zuge des Einsatzes von Drohnen ab 2010 bald übernehmen. Abgesehen von all den rechtlichen Fragen, die diese Vorgehensweise überschatten, stelle ich mir stets die banalere Frage: Wer wird dann übrig bleiben, um eine Lösung zu verhandeln? Wer wird über die entsprechende Autorität verfügen, eine solche Lösung unter seiner Gefolgschaft umzusetzen? Aus diesem Dilemma erklärt sich so manches Patt, ob in Afghanistan oder in Gaza.

Mit der Bibel als Grundbuch in der Hand melden national-religiöse Sieder in Israel ihre Ansprüche auf palästinensisches Eigentum als göttliche Verheißung an. Andererseits strömen radikale Islamisten über die durchlässig gewordenen Grenzen, ob in Syrien oder auf dem Sinai und im gesamten nordafrikanischen Raum. Ihr Kampf gilt allen Ungläubigen, dazu zählen all jene Muslime, die anders denken und ihren Islam bunter, freier und vielfältiger leben wollen. Diese

Extremisten gruppieren sich einerseits in den vielen islamistischen Parteien, die mit der arabischen Revolution neu begründet wurden. Andererseits tauchen fast im Wochenintervall neue Splittergruppen in der islamischen Welt auf, was eine korrekte Zuordnung vieler dieser Bewegungen verunmöglicht. Deserteure, Arbeitslose, junge Muslime aus den Vororten europäischer Städte oder schlicht Kriminelle scharen sich um einen selbsternannten spirituellen und militärischen Führer, um in den Kampf zu ziehen. Angesichts ihrer Fundraisingmethoden – von Drogenhandel über Entführungen bis zu Piraterie – entwickelt sich hier zusehends ein Banditen-Dschihadismus. Weder konventionelle Kriegsführung noch geheimdienstliche Liquidationen kommen mit diesen neuen religiösen Ideologien zurande.

Jede Einmischung von außen, sei sie noch so behutsam und gut vorbereitet, verändert die Lage im Land, das Gleichgewicht der Akteure. Wie soll die intervenierende Macht mit den vielen Beteiligten – einer schwachen Regierung, rebellischen Kriegsherren und Aufständischen – umgehen? Soll man Rebellen militärisch niederschlagen oder diplomatische Kanäle zu allen Beteiligten aufbauen? Dass Besatzungsarmeen Guerillakriege gegen einen quasi unsichtbaren Feind, der sein Terrain perfekt kennt und von der Bevölkerung geschützt wird, militärisch nicht gewinnen können, wurde der Deutschen Wehrmacht auf dem Balkan klar, manifestierte sich in der Niederlage der USA in Vietnam, der Franzosen in Algerien und schließlich im Nahen Osten in mehreren Konfliktherden. So wie Israel keine militärische Lösung in den besetzten palästinensischen Gebieten seit 1967 durchsetzen kann, gelang den USA und ihren Verbündeten weder im Irak noch in Afghanistan eine militärische Lösung.

Der Krieg sollte vielmehr die Ausnahme, nicht der zentrale Hebel aller Aktivitäten einer internationalen Terrorismusbekämpfung sein. Da dieser Krieg gegen den Terror, der typische Fall einer asymmetrischen Konfrontation zwischen staatlichen und nichtstaatlichen Akteuren, nicht zu gewinnen ist, setzte sich in der US-Diplomatie ab 2009 ein neuer Begriff durch. Es ist von „Global Counter-Insurgency", also umfassender Bekämpfung des Aufstandes, die Rede. Wenn es um den Umgang mit Terrorismus geht, zeichnet sich zudem im Sprachgebrauch einiger europäischer Regierungen der Wunsch ab, eher von Kriminellen zu sprechen. Denn einen Feind ohne Territorium mit einer konventionellen Armee bekämpfen zu wollen, wird sich neuerlich als auswegloses Unterfangen erweisen. Dass die Terroranschläge seit dem offiziellen Beginn des „war on terror" um ein Vielfaches zugenommen haben, ist jeder diesbezüglichen Statistik zu entnehmen. Schaden nimmt zudem das humanitäre Völkerrecht, da mit der teilweisen Aberkennung der Anwendbarkeit der Genfer Konventionen von 1949, die u. a. den Status von Kriegsgefangenen regeln, und mit der Aufweichung des Folterverbots, das als zwingendes Völkerrecht einen besonderen Schutz genießt, Tür und Tor für weiteren Rechtsbruch geöffnet wurden.

Als einzige verbliebene Weltmacht und im Gefolge des 11. September 2001 hatten die USA sich immer stärker unilateraler Außenpolitik verschrieben. Nachzulesen ist diese Haltung in der Sicherheitsdoktrin, die die Bush-Regierung am 20. September 2002 publizierte. Die Folge war eine völlige Aushöhlung des schwachen, aber zumindest teilweise funktionierenden Systems internationaler Beziehungen, das auf der Satzung der Vereinten Nationen beruht. Diese UN-Charta normiert den UN-Sicherheitsrat als zentrales Gremium zwecks Bewertung und Verfolgung von Brüchen des Völkerrechts. Diplomatie als Mittel friedlicher Streitbeilegung war das hehre Ziel, das die Autoren der UN-Charta im Auge hatten. Dieses System ist in Auflösung begriffen. Denn nicht nur die USA nehmen sich das exklusive Recht unilateraler militärischer „Lösungen" heraus. Was Israel bereits am 5. Juni 1967 unternahm, nämlich die ägyptische Luftwaffe am Boden zu zerstören – im Sinne einer Präventivnotwehr –, findet immer mehr Nachahmung. Russland geht so im Kaukasus vor. Der Iran seinerseits findet, dass Präventivschläge kein Monopol der USA seien und droht mit solchen auf israelische Atomkraftwerke, falls sich Teheran bedroht fühlt. Wir sind in jener anarchischen Situation der internationalen Beziehungen gelandet, die mit der Aushebelung wesentlicher Prinzipien seit dem 11. September 2001 absehbar war.

Historiker sahen so manches kommen

Als der US-Historiker Paul Kennedy sein Buch „Aufstieg und Fall der großen Mächte" 1987 verfasste, ahnte er bereits, dass die westliche Welt von neuen Weltmächten im asiatischen Raum abgelöst würde. Kennedy legt das Jahr 1500 als Geburtsstunde westlicher Macht fest. Also den Beginn jener Epoche, die wir schlechthin als Neuzeit bezeichnen. Paul Kennedy erwartete ein asiatisches Zeitalter, das er vor allem vom aufstrebenden Japan dominiert sah. Die lange Krise Japans infolge Überalterung, asiatischer Finanzprobleme ab 1997 und all der nachfolgenden Probleme bis zum Atomunfall 2011 konnte er nicht voraussehen. Sein Buch erschien wohl 20 Jahre zu früh, denn ein recht erfolgreiches Zeitalter unipolarer Machtfülle Washingtons begann mit dem Fall kommunistischer Regierungen in Europa 1989 sowie dem Ende der Sowjetunion 1991. Erst die militärischen Abenteuer in Afghanistan und im Irak sowie die wachsende Finanzkrise ab Sommer 2007 setzten den USA verstärkt zu. Was der Historiker bereits in den frühen 1980er Jahren präzise als imperiale Schwäche analysierte, nämlich den „imperial overstretch", also die imperiale Überdehnung infolge militärischer Einsätze, erweist sich als völlig zutreffend. Die Rückzüge der USA aus dem Irak, aus Afghanistan, die Reduzierung ihrer Truppen in Europa, das Schließen von Militärbasen und nicht zuletzt die massiven Budgetkürzungen für das Verteidigungsministerium illustrieren die Müdigkeit der Supermacht. Die USA befinden sich nach der Einschätzung von Paul Kennedy und vieler seiner Zunftkollegen wie Charles Kupchan in relativem Niedergang.[35] Wie sich dieser Rückzug aus der Rolle des Hegemons auf den Weltmeeren abspielen wird, hängt vor allem davon ab, wie intelligent die USA ihren relativen Niedergang managen. Es muss sich nicht um eine Katastrophe handeln, wie am Ende des Römischen Reiches. Einen solchen relativen Niedergang durchlebten gewissermaßen auch die europäischen Kolonialreiche Großbritannien und Frankreich. Für die Briten war der Verlust Indiens der Schock, den sie nicht zu überleben meinten. Doch ihr Kolonialreich dauerte noch eine Weile fort. Ähnlich verhielt es sich mit Frankreich, das 1962 die Unabhängigkeit Algeriens anerkennen musste. Algerien war aber über ein Jahrhundert lang nicht französische Kolonie, sondern Teil des französischen Staatsgebiets und als solches in zwei Departements eingeteilt. Sowohl in Frankreich als auch in Großbritannien war der Niedergang ein relativer. Andere wurden im Verhältnis zu ihnen produktiver und einflussreicher, wie die Verlierer des Zweiten Weltkriegs Deutschland und Japan, die viel weniger in ihren Militärhaushalt investierten und stattdessen auf Autoindustrie und Forschung setzten.

Kupchan verweist darauf, dass diese Veränderung in Richtung einer multipolaren Weltordnung nicht auf militärische Perspektiven zu reduzieren ist. Denn der Westen verliert nicht nur an materiellem Einfluss, sondern ideologischer Dominanz. Statt blind dem Weg des Westens zu folgen und sich mit einem Plätzchen in den G-20 oder mehr Stimmrechten im Weltwährungsfonds abzufinden, werden die aufstrebenden Industriemächte ihre eigenen Versionen der Moderne mitbringen. Wie viel Raum hier dem Individuum und seiner „pursuit of happiness"[36], wie es die US-Unabhängigkeitserklärung normiert, eingeräumt wird, frage ich mich bei jeder Begegnung mit asiatischer Wirtschaftskraft. Europa und die USA sind in völliger Verkennung der Fakten davon ausgegangen, dass die Demokratien dieser Welt sich selbstverständlich auf die Seite des Westens schlagen würden. Denn gemeinsame Werte würden automatisch gleiche Interessen bedeuten. Der eigenständige Kurs Brasiliens und auch Indiens, die gerne als die erfolgreichen Demokratien versus China und Russland hingestellt werden, zeigt die Unsinnigkeit dieser These.

Den Anspruch auf Führung wollen die USA aber vorerst nicht aufgeben. Die Tatsache, dass der US-Dollar immer noch Weltleitwährung ist, hilft dem Land, seine massiven Schulden zu finanzieren. Denn anders als der Rest der Welt müssen die USA nicht Devisen teuer kaufen, um Rohstoffe wie Erdöl, Kupfer oder Nahrungsmittel zu erwerben. Dennoch ist die Führungsrolle umkämpft. Und dies gilt für die westliche Hemisphäre in ihrer Gesamtheit. US-Präsident Bill Clinton hielt 2006 an der Universität Yale einen Vortrag, dessen Kernaussage war: „Wir sollten uns aktiv auf eine Welt vorbereiten, in der die USA nicht mehr die Nummer eins sein werden". Die USA und die Europäer haben schon vor einiger Zeit begriffen, dass globale Machtverschiebungen stattfinden. Es bahnte sich die Krise der Vorherrschaft der G-8, eines westlichen Clubs der mächtigsten Volkswirtschaften, an. Die Erweiterung auf die G-20 war ein gemeinsamer Versuch der USA und der wichtigeren europäischen Staaten, den Umbruch mitzugestalten. Manche Politiker wiegen sich hierbei in der Illusion, dass infolge globalisierter Handelsströme, dem Internet als Kommunikation und der standardisierten Vermittlung von Wissen und Technologie durch westlich geprägte Lehrpläne ohnehin eine harmonische Welt entstünde, die begierig alle als westlich deklarierten Werte übernehmen würde. Dem ist aber nicht so. Aus der wachsenden Frustration der US-Amerikaner mit ihrem ökonomischen und politischen System wurde die Occupy-Wall-Street-Bewegung geboren. Es handelt sich um den ersten anhaltenden öffentlichen Protest in den USA seit dem Vietnamkrieg. Die Entfremdung zwischen politischen Parteien und ihrer Wählerschaft wächst bedenklich in vielen als gefestigt scheinenden Demokratien.

Unsere Welt entwickelt sich nicht nur in eine multipolare, es werden auch unterschiedliche Versionen von Völkerrecht und Wirtschaftskonzepten nebeneinander existieren. Der Universalismus, der sich seit dem ausgehenden 18. Jahrhundert als westeuropäisches Konzept aus Aufklärung und Humanismus den Weg durch die Welt bahnte, verliert zusehends an Zuspruch. Und dies nicht nur, wenn es um die ideologisch zersplitterte Debatte um Menschenrechte geht. Aus völkerrechtlicher und diplomatischer Perspektive betrachtet, war die Zeit kurz vor Ausbruch des Ersten Weltkriegs eine sehr fruchtbare Phase. Liest man die Akten der Haager Konferenzen zum Kriegsvölkerrecht, so gewinnt man den Eindruck, dass die Staatengemeinschaft damals einen Grad an Kohäsion und rechtlichem Weitblick aufwies, wie er seither nicht mehr spürbar war. Einer der Gründe liegt wohl auch in der geringen Zahl der damaligen Entscheidungsträger, die von absolutistischen Monarchien bestimmt waren. Es war die Epoche der Großreiche, noch waren in Europa nicht alle Nationalstaaten entstanden. Der überwiegende Teil der Welt war kolonialisiert und hatte an diesen Entscheidungen keinen Anteil.

Bereits vor rund einem Jahrhundert beschrieb ein Autor detailliert eine historische Epochenwende. Der deutsche Philosoph Oswald

Spengler publizierte 1918 sein Werk „Der Untergang des Abendlandes".[37] Recherchiert und geschrieben hatte er es bereits Jahre vor dem Ausbruch des „Großen Kriegs", wie die Zeitgenossen das Schlachten in Europa von 1914 bis 1918 bezeichneten. Während Spengler dem Fortschrittsglauben seiner Epoche vor Kriegsausbruch misstraute, war dem Buch dank des Erscheinungsdatums am Ende des Kriegs ein Erfolg beschert. Denn auf dem Trümmerfeld der geschlagenen Achsenmächte fühlten wohl viele Leser eine solche Untergangsstimmung.

Während ich an diesem Buch schreibe, scheinen die Weltnachrichten zerrissen zwischen Zweckoptimismus und der Sorge um ein neues Chaos, ob in der Politik oder Finanzwelt. Verzweifeln darf man nicht am Verlauf der Weltgeschichte. In gewisser Weise wiederholt sich so manches Kapitel von Aufstieg und Fall. Nur wähnen wir uns gegenwärtig in einer behaglich anmutenden Welt namens Global Village. Doch das Leben im Dorf kann hinterhältig sein.

2. Zu Besuch im vermeintlich globalen Dorf

„Der Handel, Bildung und die rasche Übertragung von Gedanken und Dingen, ob mit dem Telegrafen oder mit der Dampfkraft, haben alles verändert; ich glaube, dass der große Schöpfer […] die Welt darauf vorbereitet, eine Nation zu werden, eine Sprache zu sprechen, eine Vollendung, welche Waffen und Flotten überflüssig machen wird."
US-Präsident Ulysses S. Grant in seiner zweiten Antrittsrede am 4. März 1873

Das Eingangszitat könnte aus einer Rede von US-Präsident Bill Clinton stammen. Während seiner Administration von 1993 bis 2000 feierte die Globalisierung als weltweite Verflechtung von Warenaustausch, Geldströmen und neuen Abhängigkeiten, wie der Auslagerung von Produktion, ihren eigentlichen Aufstieg. Clinton verwies gerne auf die massive Verbreitung der Internetanschlüsse in den USA während seiner Amtszeit. Die digitale Kommunikation revolutionierte die Verbreitung von Ideen vielleicht ähnlich, wie es zuvor die Telegrafen ermöglicht hatten, ist aber in den Augen vieler mehr noch der Erfindung des Buchdrucks einige Jahrhunderte früher vergleichbar. Der fröhliche Clinton vermittelte mit seinem burschikosen Auftreten den USA und dem Rest der Welt die Illusion, dass nun die Menschheit friedlichen und prosperierenden Zeiten entgegengehen würde und dies mit Gottes Segen, wie die traditionelle Beschwörungsformel in der US-Politik lautet. Sein Optimismus war vielleicht noch ansteckender als die Zuversicht seines Vorgängers Grant.

Das Gemetzel auf dem Balkan schien den meisten Europäern weit weg. Die Apartheid fand ihr Ende in Südafrika, Israelis und Palästinenser schlossen vermeintlichen Frieden und vieles deutete auf einen neuen Respekt für internationales Recht hin. Die ehemaligen kommunistischen Staaten Europas brachen voller Zuversicht zu neuen Ufern auf, in Moskau herrschte kreatives Chaos und in China wollte und konnte jeder Business machen. Start-up-Unternehmen boomten, alles schien zu wachsen. Und der Erdölpreis stand auf rund zehn

US-Dollar pro Fass. Geländeautos begannen durch Stadtzentren zu rollen, weil die Tankfüllung so billig war. Die Autoindustrie blühte ebenso wie die Immobilien, die sich nun jeder leisten wollte. Bis dann im Sommer 2000 die Internetblase platzte. Doch die US-Entscheidungsträger, allen voran die FED, die (private) Notenbank unter ihrem Vorsitzenden Alan Greenspan, übertauchten diesen Warnschuss und machten einfach weiter wie bisher. Kredite wurden dank niedriger Zinsen noch billiger und Probleme vielerorts mit viel Geld zugekleistert. Wer Bedenken über diesen Boom auf Pump äußerte, wurde als mieselsüchtiger Spielverderber des Platzes verwiesen.

Blickt man zurück in die 1990er, kann man den Eindruck gewinnen, damals seien alle jung, schön und erfolgreich gewesen. Es gab keine Arbeitslosigkeit, das Wort Krise reduzierte sich auf eine Ehekrise im Weißen Haus. In unseren Breiten wurde Design betrieben, die dreckigen Jobs, wurden ausgelagert, am besten weit weg in Billiglohnländer. Der Finanzmarkt gewann durch massive Deregulierung gerade unter Clinton an ungeahnter Dominanz und begleitete bzw. förderte diese Globalisierung. Die eine Nation, von der Präsident Grant 1873 sprach, schien als Internet Community mit Englisch als „lingua franca" neu erfunden. Der Begriff des globalen Dorfs ist das gern verwendete Bild, um diese Wahrnehmung zu erklären. Die Umwandlung der Produktionsprozesse durch Auslagerung auf mehrere Standorte, stets mit dem Ziel der Billiglöhne, und die Einführung der „just in time"-Lieferung anstelle von Lagerhaltung, vernetzte die Welt im Zuge der 1980er Jahre zusätzlich. Diese Intensität an Frachtverkehr ermöglichte niedrige Energiepreise, die dann ab 2004 infolge des Erreichens des Fördermaximums an konventionellem Erdöl, geopolitischer Probleme, Engpässen in Raffinerien und wachsender Spekulation mit Rohstoffen massiv zu steigen begannen. Die Öffnung der Märkte in den postkommunistischen Staaten nach 1989 und der Volksrepublik China, Massentourismus und die Migration taten das ihrige, die Welt immer kleiner werden zu lassen – bzw. dessen Anschein zu erwecken. Das globale Dorf versteht sich als die Möglichkeit, über das Internet mit Menschen weltweit in Verbindung zu treten, ohne hierbei den Standort zu ändern.

Doch rasch kann alles ganz anders sein. Die USA verstrickten sich in irriger Reaktion auf die Anschläge vom 11. September 2001 – wohlgemerkt auf das World Trade Center, das Welthandelszentrum – in eine Serie völlig sinnloser und teurer Kriege. Das Defizit und die Staatsverschuldung wuchsen und das Bild des globalen Dorfs bekam Risse. Die Menschheit verschmolz nicht dank all der Kommunikation und globalen Handelsketten zu froher Eintracht. Zu groß ist das Wohlstandsgefälle auf diesem Planeten, wo über eine Milliarde Menschen keinen Zugang zu sauberem Wasser hat und alle fünf Sekunden ein Kind unter zehn Jahren an den Folgen des Hungers stirbt. Dies bedeutet 17.000 Kinder, die täglich weltweit an Unterernährung sterben. Der Schweizer Jean Ziegler, UN-Sonderberichterstatter für das Recht auf Nahrung, spricht angesichts der Lebensmittelverschwendung von Mord: „Ein Kind, das heute an Hunger stirbt, wird ermordet." Diese tiefe Ungerechtigkeit zwischen Nord und Süd, der alte Antagonismus zwischen Ost und West, dies alles verschärfte sich mit der Globalisierung, die in Asien und Lateinamerika ihre Schattenseiten für die dortigen Volkswirtschaften und die Menschen hatte.[38]

Im Frühjahr 1996 unternahm ich eine mehrwöchige Reise nach Südamerika. Ohne damals noch den Begriff des globalen Dorfs reflektiert zu haben, vermeinte ich dieses Phänomen auf jener Reise erstmals wahrzunehmen. Die Innenstädte begannen mit ihren Geschäftszeilen einander zu gleichen, die Kleidung, das Essen erschien mir zum Langweilen ähnlich jener Welt, aus der ich aufgebrochen war. Jene Menschen, die ihr spezielles Kunsthandwerk zu bewahren suchten, wie die Mapuche-Indianer im südlichen Chile, die ich während eines Aufenthalts in der Nähe von Valdivia kennenlernte, hatten meist nicht die Mittel, ihre Kultur an die nächste Generation weiterzugeben. Die neuen Reichen in den Großstädten waren bereits Teil eines globalisierten Lebensstils geworden, der sich in Gestik und Mimik an bestimmte Vorbilder aus den Medien anlehnte. Die Art und Weise, wie Menschen heute gleich einem Fetisch ihr Mobiltelefon vor sich her tragen, ist eine solche Gestik, die wahrlich weltweit fast uniform erscheint.

Eine besonders kuriose Variante globalisierter Riten erlebte ich zu Weihnachten 2008 in Peking. Ich suchte eine der vier großen Kirchen auf, die sich nach den Himmelsrichtungen benennen. In der Nord-Kirche wurde gegen 17 Uhr eine Weihnachtsmesse gefeiert, bei welcher ich die einzige Nichtchinesin war. Das Kirchenschiff war zum Bersten voll, alle Altersgruppen und Milieus schienen sich hier andächtig zu versammeln. Als ich Tags darauf einem deutschen Journalisten, der seit Jahrzehnten in China lebt, von dieser Feier berichtete, die mich ob der Menge schwer beeindruckt hatte, erhielt ich die etwas ernüchternde Richtigstellung: „Die große Mehrheit waren keine Christen, sondern sie besuchten diese Feier schlicht aus dem Verlangen heraus, auch hierin den westlichen Lebensstil ein wenig zu imitieren." Wenig überrascht hatte mich all der Weihnachtsschmuck in den riesigen Einkaufszentren und auf den Straßen. Aber der Besuch der Weihnachtsmette aus Gründen der Imitation des Westens machte mich dann doch sprachlos. Indes feiern bereits Millionen Chinesen zwei Mal Neujahr, einmal den 1. Jänner unseres Sonnenkalenders und dann das Chinesische Neujahr des Mondkalenders wenige Wochen darauf. Letzteres ist und bleibt das wichtigste Fest für das chinesische Volk.

In Reaktion auf diesen weltweit gelebten „Western way of life" und seinen Konsum, also diesen vielfach kritisierten Kulturimperialismus, entwickelten sich nicht zuletzt unter den Verlierern der Globalisierung Gegenbewegungen. Es entstand aus dem französischen Begriff der „altermondialisation" eine soziale Bewegung für alternative Globalisierung unter dem Motto „Eine andere Welt für alle ist möglich". Dies war der Slogan des ersten Weltsozialforums in Porto Alegre 2001. Konstruktiv wollten hier diverse Graswurzel-Bewegungen andere Wirtschaftsmodelle dem Neoliberalismus entgegenstellen. Globalisierung hat nicht nur vereinheitlichende Wirkung, sondern schafft auch Widerstand. Alte und neue Unterschiede wurden im Zuge dieser gewünschten Uniformität reproduziert.[39]

Der politische Islam wurde für junge Muslime zur Alternative. Es wäre verkürzt, den rasanten Anstieg des Islamismus von Pakistan bis Marokko und in den muslimischen Gemeinschaften der Diaspora auf eine Globalisierungskritik herunterzubrechen. Das Versagen der säkularen Ideologien wie Panarabismus und Sozialismus sowie die militärischen Niederlagen gegen Israel – insbesondere im Hinblick auf besetzte palästinensische Gebiete – spielen neben der repressiven Staatsmacht und einigen anderen Ursachen ebenso eine Rolle.

Religion als neue Heimat, die Sinn und Identität stiftet. Als Symbole nach außen fanden Schleier, Barttracht und das Einhalten von Fastenregeln viel Zuspruch, auch um sich von der restlichen Gesellschaft abzugrenzen. Die Renaissance eines neuen Konservativismus, ob auf religiöser oder sozialer Ebene, ist indes auch in der nicht-islamischen Welt zu beobachten.

Man kann die Globalisierung als eine Variante des Universalismus interpretieren. Allerdings wird dieser seit einiger Zeit in internationalen Gremien immer lauter in Frage gestellt. Der Universalismus geht davon aus, dass es allgemein gültige Normen und Prinzipien gibt. Seine Entstehungsgeschichte lässt sich im Zeitalter der Aufklärung einordnen. Die großen Vordenker dieser Geistesrichtung, die den Weg in die Moderne ebnete, plädierten für universell geltende Grundsätze in Philosophie, Recht und anderen Disziplinen. Hierzu zählen Menschenwürde, die Trennung von Religion und Politik und vor allem die Bedeutung der menschlichen Vernunft. Oft wird der Universalismus dafür kritisiert, eine Form des Eurozentrismus zu sein und westliche Werte zu verallgemeinern. In Fragen des Menschenrechtsschutzes entbrennt in fast regelmäßigen Intervallen eine Grundsatzdebatte über die Rechte von Individuum und Kollektiv. Wer zählt mehr: der Einzelne oder die Gruppe, sprich der Stamm, das Staatsvolk? Die ersten großen Menschenrechtserklärungen, ob jene der neugegründeten USA oder des revolutionären Frankreichs nach 1789, betonen das Individuum. Ein solches Konzept stößt auf Widerspruch in östlichen Gesellschaften, wo die Gruppe Vorrang vor dem Einzelnen hat.

In den frühen 1990er Jahren wirkte ich in der Menschenrechtsabteilung des österreichischen Außenministeriums und war auch in die UN-Weltkonferenz für Menschenrechte im Juni 1993 in Wien eingebunden. Was damals in den langatmigen Debatten spürbar wurde, war der erstarkende kulturelle Relativismus. Unter Berufung auf Religion, traditionelle Kultur und Gewohnheitsrecht wurde lange gestritten, ob man sich überhaupt auf die Allgemeine Erklärung der Menschenrechte von 1948 verständigen konnte. Jene Erklärung der Vereinten Nationen ist das erste internationale Dokument, das in Reaktion auf die Völkermorde und schweren Menschenrechtsverletzungen während des Zweiten Weltkriegs Grundrechte aller Menschen normierte und internationalisierte. (Der Vollständigkeit halber sei angemerkt, dass es auch in den Arbeitsgruppen von 1946 und 1947 in New York nicht so leicht war, die damals rund 50 Delegationen zur Annahme eines Dokuments solcher universell gültiger Grundrechte zu bewegen.) Doch 45 Jahre nach diesem Konsens stritten sich die nun auf fast 190 Staaten gewachsenen Delegationen sehr heftig zu Themen, von denen man annehmen wollte, dass es sich um universell akzeptiertes Völkerrecht handelt. So wie sich der Universalismus aus dem internationalen Recht allmählich verabschiedet, da er als „westeuropäisches Diktat einer Weltanschauung" von selbstbewusster auftretenden Asiaten, Afrikanern etc. immer heftiger kritisiert wird, reibt sich Globalisierung an kulturellen und nun verstärkt politischen Schranken. Die Globalisierung mündet allmählich in eine Entglobalisierung. Ihre Kritiker sind nicht mehr in erster Linie Umweltschützer, Menschenrechtsaktivisten, entlassene Arbeiter u. a. Die Entglobalisierung findet heute in Kabinettssitzungen statt, wo auf den Schutz der nationalen Wirtschaft gepocht wird.

Die Welt von gestern war schon einmal globaler

Die Globalisierung ist kein neues Phänomen, denn internationaler Handel und Verbreitung von Sprache, Normen und Ideen existierten zu verschiedenen Epochen der Geschichte immer wieder in unterschiedlicher Form. Bereits das Seefahrervolk der Phönizier wirkte vor über 3000 Jahren mit seinen Niederlassungen von Karthago in Nordafrika über die spanische Küste bis hin zu westafrikanischen Handelscomptoirs. Die umtriebigen Händler der Antike besuchten regelmäßig ihre Umschlagplätze und verkauften Ersatzteile im Sinne effizienter Kundenbetreuung, so wie es die Winde und die Meeresströmung erlaubten.

Als allgemein verwendeten Begriff führten wir die Globalisierung Mitte der 1990er Jahre in unsere Wörterbücher ein. Doch als allumfassendes Phänomen bestand sie bereits im ausgehenden 19. Jahrhundert, als der industrielle Kapitalismus, technische Errungenschaften und ein schier grenzenloser Optimismus so manche Gesellschaftsschicht erfasst hatten.[40] Das Zitat des 18. US-Präsidenten zu Beginn dieses Kapitels spiegelt jenen Zeitgeist wider. Ein einziger globaler Handelsraum mit einer lingua franca, in welchem keine Armeen mehr nötig sind – das war die Illusion, der man damals anhing und die heute wieder auftaucht. Aber von einem weltweiten Handels- und damit Friedensraum sind wir weit entfernt. Es war ein Trugschluss damals und ist es auch heute zu glauben, je mehr Handel wir treiben, umso unwahrscheinlicher würden Kriege und Aufstände. Das aufstrebende Bürgertum des 19. Jahrhunderts, das die feudalen Wirtschafts- und Gesellschaftsstrukturen immer mehr in die Schranken wies, wog sich in der festen Überzeugung, dass eine mehr oder weniger standardisierte Welt möglich wäre. Es galt nur die Welt mit den Glaubensbekenntnissen der politischen Ökonomie und des Freihandels zu missionieren, wie der kritische Kopf Eric Hobsbawm sarkastisch meinte.[41] Internationale Organisationen entstanden, die wir bis heute wie Pilze aus dem Boden wachsen sehen. Die internationale Arbeiterbewegung formierte sich. Die Welt war vernetzt, vielleicht sogar intensiver und dank direkter menschlicher Kontakte noch viel mehr, als dies heute der Fall ist.

In Berlin den Zug besteigen und im Zentrum von Bagdad ankommen: Kurz vor dem Ausbruch des Ersten Weltkriegs im Sommer 1914 wäre eine solche Eisenbahnverbindung fast vollendet worden. Deutsche Ingenieure bauten an diesem großen Infrastrukturprojekt namens Bagdadbahn.[42] Sie wurde bald zum Zankapfel der Orientpolitik. Argwöhnisch beäugten Briten, Russen und Franzosen diese deutsche Expansion im zerfallenden Osmanischen Reich. Ein anderer Strang der Bahn sollte auf die Arabische Halbinsel führen und muslimische Pilger an die heiligen Stätten von Mekka und Medina bringen. Einige Streckenteile funktionieren, anderen fielen den nahöstlichen Kriegen und neuen Staatsgründungen zum Opfer. Teile der Trassen kann man heute noch erkennen, so etwa einen Seitenstrang im libanesisch-israelischen Grenzgebiet, wo die Gleise an der Mittelmeerküste vor sich hin rosten. Wie leicht wäre es damals gewesen, diese Region zu bereisen.

Wie weit weg sind das im Krieg und Chaos versunkene Bagdad und viele andere Teile der Region. Es war aber vor rund 100 Jahren – von wenigen abenteuerlustigen Reisenden abgesehen – eine Frage des Geldes und des sozialen Standes, um solche Reisen zu unternehmen. Wie klein oder groß war wohl die Welt um 1900, als ein Besuch Ägyptens neben Italien zur Bildungsreise der gehobenen Gesellschaft gehörte. Durch einen verklärten Blick in den Rückspiegel der Geschichte mag so mancher Teilzeit-Orientalist der Faszination der Welt der arabischen, türkischen und persischen Kulturen erlegen sein. Neben diesem Schwelgen für das Exotische ermöglichte aber auch ein praktischer Grund das Reisen. Denn Großreiche wie das Osmanische Reich oder das britische Kolonialreich ließen sich leichter bereisen als dies heute auf in Bürgerkriegen versunkene Länder zutrifft. Ohne Visum, ohne Checkpoints und mit einer einzigen Währung, dem britischen Pfund oder Golddukaten, kam man wahrlich durch die Welt.

Der Zweite Weltkrieg ging meines Erachtens mit dem Fall der Berliner Mauer im November 1989 definitiv zu Ende. Kein Friedensvertrag hatte ihn 1945 oder danach für beendet erklärt. Die Epoche des Kalten Kriegs folgte dem Massensterben gleichsam auf dem Fuß. Mit dem Ersten Weltkrieg, „la Grande Guerre", wie ihn die Zeitgenossen ehrfürchtig nannten, traten neue Grenzverträge in Kraft, welche die politischen Landkarten bis in unsere Zeit bestimmen. Dies gilt für die Karte des Nahen Ostens ebenso wie für jene Mittel- und Osteuropas. Wie sehr in unseren Breiten Nationalisten diese Kapitel der Geschichte instrumentalisieren, zeigten die Politiker fast aller jugoslawischen Nachfolgestaaten sowie heute die populären Regierungschefs von Ungarn, Viktor Orbán, und Rumänien, Victor Ponta. Orbán weiß alle Register des ungarischen Nationalismus zu bedienen. Eine seiner ersten Amtshandlungen als wiedergewählter Premier im Jahre 2010 war, den Tag der Unterzeichnung des Vertrags von Trianon 1919, der zur Aufteilung Ungarns führte, 90 Jahre später zum nationalen Trauertag zu erklären. Er traf damit die ungarische Seele und hob die Pflege des kollektiven Selbstmitleids auf eine neue Ebene. Sein rumänischer Amtskollege setzt sich ähnlich wie Orbán im Bereich Gewaltentrennung über Verfassungsrecht hinweg und agiert vor allem als Populist, indem er rückwärtsgewandt die rumänische Politik an den Folgen des Ersten Weltkriegs ausrichtet.

Dabei herrschte damals kurz vor dem Attentat von Sarajewo am 28. Juni 1914, dem riskante Ultimaten und der vielleicht ungewollte Waffengang in die große Katastrophe folgten, unter der Jugend Europas eine ansteckende Aufbruchsstimmung. Der Schriftsteller Stefan Zweig unternahm 1942 mit seinen im Exil geschriebenen Erinnerungen eines Europäers eine nostalgische Reise zurück in eine großbürgerliche Atmosphäre im kosmopolitischen Wien um 1900.[43] Das Reisen war damals breiteren Gesellschaftsschichten möglich, der Sieg über Krankheiten, die Verwirklichung aller Aufklärung schien vielen Menschen zum Greifen nahe. Eine grenzenlose Neugier, Triebfeder allen Forschens und Reisens, spornte die jungen Uni-Absolventen an. In vielfacher Hinsicht war die damalige Globalisierung, die Durchdringung von Kulturen und neuen Ideen vielleicht sogar tiefer reichend als heute.

Wir bilden uns etwas darauf ein, in einer globalisierten Gesellschaft zu leben. In Realzeit können wir seit über zwei Jahrzehnten dank 24-Stunden-Satellitenfernsehen Kriege, Gipfel, Sportereignisse und die vielen kleinen Geschichten zwischen Alltagsdramen und Prominentenskandalen „hautnah" mitverfolgen. Die digitale Nachrichtenwelt hat die Berichterstattung nochmals revolutioniert. Während der professionelle Journalismus in der Krise ist, da Werbeeinschaltungen in Print- und TV-Medien sinken bzw. die alten Riten von Nachrichten-Schauen und Zeitung-Lesen neuen Informationsgewohnheiten weichen, wächst die Blogger- und Twittersphäre. Jeder kommentiert, doch kaum einer recherchiert noch. Wir meinen, die Welt sei infolge permanenter Kommunikation kleiner geworden, doch die wechselseitige korrekte Information bleibt hierbei oft auf der Strecke. Der französische Journalist Ignacio Ramonet, ehemaliger Chefredakteur von „Le Monde Diplomatique", schrieb Ende der 1990er Jahre mit seinem Buch „Die Tyrannei der Kommunikation" eine treffliche Diagnose.[44] Denn die permanente Kommunikation habe laut Ramonet die Information ersetzt. Demnach wird sowohl seitens der Journalisten als auch der wachsenden Kohorten von Regierungssprechern und Agenturen der Public Relations, die ihre Dienste öffentlichen wie privaten Klienten anbieten, nicht mehr informiert, sondern nur mehr kommuniziert. Die Bezeichnung Kommunikation mag neutraler erscheinen als jene der Propaganda. Die Übermittlung von entsprechend geschickt aufbereiteter Information steht im Vordergrund, doch geht es zusätzlich darum, die Adressaten von der Richtigkeit bestimmter Positionen zu überzeugen.

Mit der Allgegenwärtigkeit sozialer Netzwerke hat dieser Missstand einen neuen Höhepunkt erreicht. In den Medien endete die Vermengung der Arbeit von Pressesprechern und anderen Kommunikationsexperten mit der journalistischen Berichterstattung, die eigentlich hinterfragen, untersuchen und analysieren, nicht bloß Presseaussendungen kopieren sollte, fatal. Ich würde so weit gehen, von der teilweisen Lähmung einer unabhängigen Presse zu sprechen. Es ist einfacher, günstiger und schneller, den Pressesprecher einer Partei, die Kommunikationsabteilung eines Unternehmens zu treffen, als eigenständig eine Geschichte zu recherchieren. In welchem Umfang ein unabhängiger Journalismus wirtschaftlich überleben wird, entscheidet sich letztlich mit der Nachfrage und den Kosten. Da ich meine Recherche auch meist auf eigene Rechnung und Risiko unternehme, sind mir diese Handicaps – und Vorteile – gut bekannt. Gegenwärtig kann man sich kaum des Eindrucks erwehren, dass die permanente Aktualisierung in Online-Redaktionen kaum noch Raum für eigene Berichte mit Hintergrund, ausgewählte Interviews und harte Analyse lässt. Zudem verselbstständigt sich über die Bloggersphäre und YouTube-Videos die Berichterstattung vor allem aus Krisengebieten zu schwer überprüfbaren Informationen. Es lassen sich heute Gerüchte und Fehlinformationen in einer Weise verbreiten bzw. platzieren, die als globales Risiko bezeichnet werden darf.

Der digitale Flächenbrand in einer hypervernetzten Welt

Es war ein Ausbruch an vermeintlich religiös motivierter Gewalt unter vielen anderen, die Verbreitung des Anti-Islam-Films „Die

Unschuld der Muslime" im Sommer 2012 in den USA. Anstatt anzuerkennen, dass es sich um eine dümmliche Produktion handelte, die in den USA keinen Kinosaal füllte, wurde das Video dank Verbreitung über YouTube gleichsam zum Kriegsgrund. Ein aus Ägypten stammender Kopte und einige radikal-christliche US-Amerikaner hatten den Film produziert, um Muslime zu provozieren. Und diese tappten schnurstracks in die Falle. Noch vor zehn Jahren hätte diese Filmproduktion nach einigen halbleeren Vorstellungen in der Provinz geendet. Dank der Internetplattform YouTube war aber die weltweite Verbreitung als Video möglich und sorgte wie schon der Streit um die Mohammed-Karikaturen im Jahr 2006 für neue Konfrontationen in der islamischen Welt. Völlig unbeteiligte Menschen müssen mit ihrem Leben bezahlen, weil eine Gruppe sich in ihren religiösen Gefühlen verletzt wähnt. Es geht um zwei wichtige Themen, nämlich um die Fragen, worin eigentlich Gotteslästerung besteht und wie weit künstlerische Freiheit, Pressefreiheit oder eben auch nur ein Witz gehen dürfen. In einer Ära, die im Namen politischer Korrektheit neue Verbote schafft, ist der Schritt zur Selbstzensur nicht weit. Dann werden Ausstellungen abgesagt, weil ein seinem Selbstverständnis nach frommer Mensch sich in seiner Weltanschauung verletzt fühlen könnte. Das weltweite Netz ermöglicht erst recht die Weitergabe von Bildern. Was aber viel bedrohlicher ist: die Diffamierung von unliebsamen Menschen und eine globale Gerüchteküche. In dieser brodelt es, in den sogenannten sozialen Netzwerken wird heftig polemisiert. Jeder glaubt eine Meinung zu haben, die es zu verkünden gilt. Hauptsache, man ist bei der Dauerkommunikation dabei und heult mit den Hyänen, die sich gierig auf ihre Beute werfen. Wer je einem Rudel von Hyänen in der afrikanischen Steppe lauschte, meint eine Masse von Menschen boshaft lachen zu hören.

Der indisch-britische Schriftsteller Salman Rushdie, der 1989 zum Symbol für Kritik am Islam wurde, sagte in einem Interview im September 2012: „Hätte es damals bereits Google gegeben, so wäre ich wohl bald ein toter Mann gewesen." Rushdie war von der iranischen Führung unter Ayatollah Khomeini zum Tode verurteilt worden, da er mit seinem Roman „Satanische Verse" so manchen Muslimen verstörte. Rushdie lebte Jahrzehnte unter Polizeischutz und gleichsam auf der Flucht. Ebenso können Twitter und andere spontan verbreitete Meldungen, ob nun über soziale Netzwerke oder andere Kanäle, für rasche mediale Multiplikation sorgen. In diesem Dorf gibt es aber wie früher am alten Dorfbrunnen böse Gerüchte, die in Verleumdung und Menschenjagd ausarten können. In sozialen Netzwerken werden ungeprüft Meldungen übernommen, die Menschenleben per Mausklick und Re-tweet sehr rasch zerstören können. Ein Beispiel unter vielen ist das Schicksal der Iranerin Neda Soltani. Infolge einer Verwechslung ging ihr Gesicht 2009 über Facebook um die Welt und brachte sie, die nicht die tote Ikone des Aufstands gegen das iranische Regime war, in Lebensgefahr.[45] Während der wochenlangen Demonstrationen gegen die Wiederwahl von Präsident Mahmud Ahmadinedschad im Sommer 2009 wurde eine junge Frau getötet. Das Bild jener Neda wurde zum Symbol der Opposition und ebenso der Medien. Doch die besagte Neda Soltani, Universitätslektorin, lebte noch. Sie wehrte sich gegen die Vereinnahmung ihrer Person, ihres Gesichtes und der Verzerrung ihrer Lebensgeschichte. Was folgte, war ein Gang durch die Hölle. Die Iranerin wurde nunmehr von allen Seiten angefeindet und konnte sich nur durch eine abenteuerliche Flucht retten. In ihrem Buch „Mein verlorenes Gesicht" beschreibt sie eindrucksvoll die Maschinerie der in den sozialen Netzwerken brodelnden Gerüchteküche, die über sie und ihre Familie hinwegrollte. Werden Prominente Opfer dieser zeitgenössischen Menschenhatz, dann treten eventuell Kohorten von Rechtsanwälten zum Gegenangriff an, um Schadenersatz einzufordern. Die vielen unbekannten Opfer von Cybermobbing, so in wachsender Zahl unter Schülern und Lehrenden, finden sich oft nicht einmal mehr in der Chronik.

Der Bericht zu den globalen Risiken, der für das Weltwirtschaftsforum Ende Jänner 2013 in Davos vorgelegt wurde, spricht in diesem Zusammenhang von den Gefahren digitaler Flächenbrände in einer so hypervernetzten Welt.[46] Die Autoren fragen sich in dem Zusammenhang, ob die Erzeuger und Konsumenten der sozialen Netzwerke zu gesunder Skepsis und Verantwortung fähig sind, um diese Risiken abzuschwächen. Solches Wunschdenken erscheint naiv, denn die Motive und Folgen bewusst gestreuter Fehlinformation sind ebenso zahlreich wie Chatrooms als Foren ähnlich Denkender und ähnlicher Gerüchteküchen im Netz wachsen. Eingeschworene Gruppen erweisen sich oft als recht resistent, ihre Fehlinformationen wieder zurückzunehmen. Twitter- und Facebook-Konten können bei fehlender Sicherung mittlerweile genauso leicht gehackt werden, wie dies für E-Mails gilt. Wenn dann der Vorstandschef des Energiekonzerns BP inmitten der von BP verursachten Ölkatastrophe im Golf von Mexiko 2010 auch noch großen Unfug twittert, dann wurde wohl sein Konto entführt. Aktienkurse können einbrechen, Rohstoffpreise Achterbahn fahren, Menschen kollektiv angegriffen werden, weil diese Form der „Desinformacija", ein Propagandainstrument aus Tagen des Kalten Kriegs, heute gleichsam jedem zur Verfügung steht. Lenin hatte diesen Begriff als „Verbreitung von falschen und provozierenden Informationen" geschaffen. Die kommunistische Partei der Sowjetunion definierte ihn in der Großen Sowjet-Enzyklopädie 1972 als „Verbreitung entstellter oder bewusst unwahrer Informationen. In den bürgerlichen Staaten wird Desinformation breit eingesetzt als eines der Mittel der politischen Propaganda mit dem Ziel, die öffentliche Meinung irrezuführen".

Grundzüge solcher Desinformation sollten sich in Vorbereitung des Irak-Kriegs 2003 auf US-amerikanischer Seite systematisch wiederfinden. In welchem Umfang US-Behörden auch ihre Verbündeten über die wahren Kriegsgründe bewusst falsch informiert hatten, um die öffentliche Meinung für einen solchen Waffengang zu gewinnen, sickerte erst ab 2004 allmählich durch. Autoritäre Regierungen wiederum greifen unter Berufung auf Moral, Schutz der Jugend und ähnliche Vorwände zur Sperre des weltweiten Netzes bzw. zu perfiden Kontrollmechanismen. Das Netz zerreißt entlang solcher Maßnahmen und pervertiert dadurch zu einem überwachten Glashaus im Namen von Staatssicherheit, dem Kampf gegen den internationalen Terrorismus oder dem Schutz der Religionen.

Einige beharrliche Datenschützer versuchen weiterhin, dieser Datenflut und ihrem Missbrauch Grenzen zu setzen, indem sie die Umsetzung bestehender Normen zum Schutz der Privatsphäre einfordern. Allein das Recht auf die Löschung einmal im Netz erschienener Aussagen, Kommentare etc. scheint nur allmählich an Konturen zu gewinnen. Anders als in der Vergangenheit ist es aber heute nicht mehr möglich, der Enge des Dorfs und der eigenen Lebensgeschichte zu entkommen, indem man auswandert, die nächstgrößere Stadt aufsucht und dort ein neues Leben aufbaut. Auf kuriose Weise gewinnt ein alter Spruch brisante Aktualität: „Man kann den Bauern aus dem Dorf jagen, nicht aber das Dorf aus dem Bauern." Die für alle Welt zugänglichen Daten, Bilder und Legenden wandern mit. Keine Regierung, keine Firma und andere größere Einheit lässt das Terrain der Kontrolle des Netzes außer Acht. Die Gefahr der absoluten Kontrolle durch staatliche Überwachungssysteme – und dies unabhängig vom politischen System – liegt auf der Hand. „Stadtluft macht frei" – so beschrieb man in Anlehnung an einen mittelalterlichen Rechtsgrundsatz einst die Möglichkeit für Leibeigene in Städten frei zu werden. Doch wo befindet sich gegenwärtig noch ein solcher Freiraum? Bewusste Indiskretion hat die Unkultur des Waschens privater Schmutzwäsche in aller TV-, Facebook- oder Twitter-Öffentlichkeit hervorgebracht. In diesem globalen Dorf ergeht es uns ähnlich wie jenen, die in tatsächlichen Dörfern leben. Man lebt unter ständiger Beobachtung, Nachbarn nehmen jeden Klatsch auf und spinnen ihn weiter. Die Verständigungseuphorie übersieht die vielen Missverständnisse, die auch in einer globalisierten Welt nicht kleiner werden. Eigentlich sollte das Geschäft mit den Übersetzungen florieren, da die Welt virtuell zusammenzurücken scheint. Diverse Suchmaschinen probieren automatische Übersetzungen, die oft in kuriosen Textmonstern enden. Dolmetscher und Übersetzer leisten entscheidende Arbeit. Ihre Arbeit wird aber oft unterschätzt. Denn nur wenige Sachverhalte lassen sich eins zu eins übersetzen, oft ist eine Umschreibung erforderlich, die auch sämtliche kulturelle Schwingungen erfasst.

Der ehemalige passionierte Cybernaut Evgeny Morozow ist zum Mahner der Illusion von der unbeschränkten Freiheit des Netzes geworden.[47] Vielmehr ortet er neue zentralistische Tendenzen, die den meisten Nutzern in all ihren möglichen Folgen nicht so bewusst sind. Morozow bricht damit eine Lanze gegen die in unseren Breiten noch vorherrschende romantische Gläubigkeit an die „Google-Doktrin", wonach diese befreienden Technologien Demokratie verbreiten und das Leben der Menschen verbessern. Autoritäre Systeme wissen sehr wohl mit diesen neuen Möglichkeiten der absoluten Kontrolle des Menschen ihre eigenen Trümpfe auszuspielen. Die Werbewirtschaft bedient sich der Daten aus Abfragen über Suchmaschinen bzw. Bestellungen via Internet schon lange, um Kundenprofile zu erstellen. Auch Personalabteilungen wissen um diesen wertvollen Datenpool, wenn sie Mitarbeiter rekrutieren. Auf Grundlage automatischer Protokolle der Online-Aktivitäten in Form von „Cookies", „Flash-Cookies" oder sogenannten „Referern" lassen sich ganze Biografien schreiben, die sehr nahe an die tatsächlichen Personenprofile herankommen, in vielen Fällen diese sogar übertreffen. Was also einst neugierige Nachbarn beim Blick über den Zaun oder Horchen an der Schlafzimmerwand aufschnappten und zwecks Sensationslust noch aufbauschten, lässt sich heute allein schon dank der frei zugänglichen Daten wie ein Puzzle zusammensetzen. Wenn Morozow daher vom „KGB auf freiwilliger Basis" spricht, wenn die Nutzer sozialer Netzwerke sämtliche privaten und beruflichen Details bekanntmachen, dann offenbart sich die andere, die dunkle Seite der virtuellen Freiheiten und Kontakte.

Noch lange vor dem Boom dieser Netzwerke begann die Erfassung elektronischer Daten über Kreditkarten, Versicherungsdateien und der Speicherung von Telefonaten. Das Konzept des gläsernen Menschen, dessen Daten im Namen der Terrorismusbekämpfung oder sonstiger oft fragwürdiger staatlicher Notwendigkeit auf Vorrat gespeichert werden, ist Wirklichkeit geworden. Was der britische Autor George Orwell in seinem Roman „1984" in einem seiner vielen literarischen Geniestreiche vorwegnahm, betrifft uns nun alle.[48] Der wachsame „Big Brother" ist nicht mehr Teil des von Orwell 1948 scharf kritisierten stalinistischen Systems. Dank technischen Fortschritts ist heute Überwachung Teil jeder Kommunikationsform, ob per E-Mail, Nutzung der Mobiltelefonie sowie Ortung durch Navigationssysteme – alles nun vereint in Form sogenannter „Smartphones". Das globale Dorf hat uns mit ungeahnten Möglichkeiten fast kostenloser Kontaktpflege verwöhnt, aber zugleich sitzen wir nun wieder wie in alten Zeiten in Dörfern, wo alle alles mitbekommen. Die Privatsphäre ist von der Krankengeschichte bis zum Kontostand jederzeit abrufbar, der Handel mit Daten floriert in legaler wie in illegaler Form. Leicht kann jeder noch so unbedeutende Mensch in dieser durchleuchteten und verbundenen globalen Gesellschaft zum Gegenstand von Tratsch und Klatsch werden. Was der Pop-Art-Künstler Andy Warhol in den 1970er Jahren prophezeite, gilt: „In der Zukunft wird jeder für 15 Minuten weltberühmt sein."

Zweifellos ermöglichen verantwortungsvoll genutzte digitale Instrumente Fortschritte beim Aufdecken von staatlichen und firmeninternen Missständen. „Whistleblowing" kann zur Bekämpfung von Korruption einen wesentlichen Beitrag leisten. Wer auch immer die Zivilcourage hat, in seinem Tätigkeitsbereich korrupte Praktiken aufzudecken, muss oft mit Schikanen bis hin zum Verlust des Arbeitsplatzes oder gar langen Gefängnisstrafen rechnen. Mittels einer Art Kronzeugenschutz kann aber bei Vorliegen konkreter Tatbestände der Hinweisgeber anonym bleiben. Hier sollte eine entsprechende Software zwecks anonymisierten Aufdeckens den theoretischen Schutz bieten, wie es bereits in einigen Firmen praktiziert wird. Die von der Enthüllungsplattform Wikileaks in Abstimmung mit ausgewählten Medien veröffentlichten Dokumente der US-Kriegsführung im Irak und in der Folge der diplomatischen Berichte von US-Botschaften im Dezember 2010 sorgten für sehr unterschiedliche Reaktionen. Befürworter dieser Vorgehensweise begrüßten den Zugang zu Originaldokumenten, wie auch Videomaterial samt Funkgesprächen aus US-Kampfhubschraubern beim Angriff auf Zivilisten. Kritiker sorgten sich um den Schutz der Informanten, deren Namen in vielen diplomatischen Depeschen auftauchten. Diese Enthüllungen ermöglichten ein neues Kapitel in der Kontrolle der traditionellen Staatsgewalten. Persönliche Eitelkeiten beteiligter Akteure und fehlende professionelle Aufbereitung wesentlicher Dokumente resultierten mehr in Sensationsberichterstattung als in der Aufdeckung der wahren Skandale. Bradley Manning, jener US-Soldat, der die Dateien auf einem USB-Stick sicherte und dann bei Wikileaks hochlud, wird seit 2010 ohne Verurteilung in den USA in Isolationshaft gehalten. Der Begründer der Plattform, der Australier Julian Assange, riskiert im Falle einer Auslieferung an die USA die Todesstrafe. Sein Wahlspruch ist aber nicht von der Hand zu weisen: „Alleine offenbartes Unrecht kann bekämpft werden."

Globalisierte Kriminalität und neue alte Kriege

Es gibt wohl keine Erfindung, die nicht auch binnen kurzer Zeit für kriminelle Zwecke instrumentalisiert wird. Das Netz ermöglicht völlig neue Formen des Raubs, des illegalen Handels, des Missbrauchs und letztlich auch der Kriegsführung. Cyber-crime und Cyber-war rücken immer mehr in den Fokus der Sicherheitsapparate weltweit. Ein Computervirus kann eine Supermacht ebenso aus dem Ring schlagen, wie ein Angriff auf die Stromversorgung Chaos und Anarchie verbreiten könnte oder Geldtransaktionen im Netz den Fahndern große Rätsel aufgeben.

Im Gleichschritt mit dem Terrorismus haben sich auch die illegalen Netze organisierten Verbrechens, Wirtschaftskriminalität und Korruption ausgebreitet. Die Finanzierung terroristischer Operationen ist ohne das organisierte Verbrechen undenkbar.[49] Dieses Netzwerk ist nicht isoliert aus dem Zusammenspiel von bewaffneten Gruppen und organisiertem Verbrechen entstanden. Vielmehr handelt es sich um ein weltumspannendes Wirtschaftssystem, das sowohl mit den legalen als auch illegalen Sektoren traditioneller Wirtschaft verknüpft ist. In diesem Zusammenhang war die Affäre rund um die Bank of Credit and Commerce International BCCI ein markantes Beispiel, da sie in den späten 1970er Jahren die Politik der Blankokredite einführte. Sie galt bis zu ihrem Zusammenbruch 1991 als wichtigste Bank der Dritten Welt, ermöglichte sie doch internationale Geschäfte wichtiger Kunden insbesondere aus dem Umfeld saudischer und pakistanischer Geheimdienste, die zur Bekämpfung der sowjetischen Truppen in Afghanistan involviert waren. Zu ihren Kunden gehörten das britische Königshaus ebenso wie Saddam Hussein, der ehemalige Staatschef des Irak.

Die internationale Kriminalität beruht auf den gleichen Mechanismen wie die Globalisierung, was ihre Bekämpfung in Zeiten liberalisierter Finanzströme fast verunmöglicht. Der Internationale Währungsfonds schätzt den aktuellen Jahresumsatz, den kriminelle Organisationen weltweit machen, auf 1500 Milliarden US-Dollar. Die Hälfte des Umsatzes macht der Drogenhandel, dessen Ertrag dem Bruttoinlandsprodukt Spaniens von 2006, also vor der Krise, entspricht. Als das UNODC, das United Office on Drugs and Crime, für das Jahr 2006 den steilen Wiederanstieg der Opiumproduktion in Afghanistan dokumentierte und die westlichen Staaten vor weiter ansteigendem Heroinkonsum warnte,[50] war klar, dass der Wiederaufbau Afghanistans in vielen Bereichen gescheitert war. Denn unter den Taliban, die im Oktober 2001 infolge des Einmarsches der US-Truppen und ihrer Verbündeten gestürzt wurden, war der Drogenanbau drastisch reduziert worden. An zweiter Stelle folgt der Waffenhandel. Nur drei Prozent der weltweit insgesamt 550 Millionen Waffen befinden sich in den Händen staatlicher Streitkräfte. Die UNO und andere internationale Organisationen bemühen sich zwar mit entsprechenden Konventionen, Assistenzprogrammen zur Umsetzung der Waffenkontrolle, Ausbildung der Zollwache, wie dies die OSZE in Ost- und Südosteuropa tut, dieser Form organisierten Verbrechens Einhalt zu gebieten. Doch hier ist ebenso viel Geld zu verdienen wie im Menschenhandel.

Die bedeutende Rolle von organisiertem Verbrechen für die Finanzierung terroristischer und kriegerischer Handlungen fördert die Entstaatlichung von Kriegen. Der herkömmliche Kriegsbegriff ist in Auflösung begriffen, wie hier bereits zu Beginn kurz dargestellt wurde. Krieg ist nicht mehr die Fortsetzung von Politik mit anderen Mitteln, wie die berühmte Definition des preußischen Generals von Clausewitz lautete, sondern Zustand und Geschäft an sich geworden. Ein Rückfall in das Zeitalter vor der Schaffung stehender Heere, welchen wir unter anderem die Westfälische Ordnung nach dem Dreißigjährigen Krieg verdanken, macht sich seit den 1950er Jahren verstärkt in vielen Konflikten bemerkbar. Milizen, welche das staatliche Gewaltmonopol auflösen und an die Stelle von Armeen treten, sind spätestens seit den Kriegen am Balkan kein Phänomen fragiler Drittweltstaaten mehr.

Ende des 19. Jahrhunderts stellt der deutsche Offizier und Militärschriftsteller Max Jähns folgende interessante Rechnung auf: In dem Zeitraum zwischen 1496 v. Chr. und 1861, also einer Periode von 3358 Jahren, waren 3130 Kriegsjahre und 277 Friedensjahre auf der jeweils bekannten Welt zu verzeichnen. Auf 13 Kriegsjahre kommt somit ein Friedensjahr. Phasen des Friedens sind auf globalem Niveau seit Jähns' noch kürzer geworden. In einer völlig interdependenten Weltwirtschaft des 21. Jahrhunderts kann man kaum mehr von Regionalkonflikten sprechen. Denn ein Bürgerkrieg in Westafrika hat Auswirkungen auf den Rest der Welt, und sei es infolge des Ausfalls von Diamantenlieferungen oder steigender Kakaopreise. Das menschliche Elend taucht auf all diesen grotesken Barometern unserer Epoche gar nicht mehr auf.

Noch viel deutlicher wird diese Wechselwirkung zwischen Nord-Süd oder Ost-West im Spiegelbild der brisanten Konflikte im Persischen Golf oder der Turbulenzen auf den Finanzmärkten. Die Abschottung in eine „splendid isolation" ist angesichts der Abhängigkeiten heute kaum vorstellbar. Das Kriegsgeschehen ist ein Aspekt dieser globalisierten Welt, in der eben alles mit allem zusammenhängt. Kriege sind schon lange nicht mehr lokale Ereignisse, sie verändern und beeinflussen das politische Geschehen weit über den regionalen Rahmen hinaus. Klar lässt sich dies am israelisch-palästinensischen Konflikt ablesen, der seit seinem offiziellen Beginn 1948 nie ein bloß regionaler war. Ebenso können Kampfhandlungen im Kaukasus oder im Südchinesischen Meer infolge eines Stellvertreter-Kriegs zu einem größeren internationalen Waffengang heranwachsen. Man erinnere sich der tragischen Verkettung eines Attentates im Juni 1914. Seither ist trotz aller Bemühungen, ein System kollektiver Kontrolle bzw. Sicherheit zu schaffen, das Gleichgewicht von Krieg und Frieden viel fragiler geworden.

Die Utopie einer Weltregierung

Die Agenda allen politischen und wirtschaftlichen Handelns ist infolge der Globalisierung komplexer geworden. Dieser hinlänglich bekannte Gemeinplatz hat auch die Politik und staatliche Verwaltung umgreifend verändert. Entscheidungen zu den vielen asymmetrischen Konflikten, in welchen Armeen kleineren Kampfverbänden und nicht mehr einem gegnerischen Heer gegenüberstehen, zur

Begegnung der Folgen des Klimawandels oder der Nahrungsmittel- und Ölverknappung, werden von sogenannten Wissensträgern mitbestimmt. Hierbei kann es sich um Forschungseinrichtungen von Universitäten, Denkfabriken, Nichtregierungsorganisationen im Menschenrechtssektor oder Interessenvertretungen wie Lobbys handeln. Dahinter stehen aber meist Geldgeber, die wiederum auf diesem Wege die politische Entscheidungsfindung mitgestalten wollen. Korruption und Einflussnahme gehen hier allzu oft Hand in Hand. Dem Generalisten in der Verwaltung fehlt es schlicht an Expertise, das Wissen wird zugekauft. Äußerst problematisch erscheint mir, dass Politiker als willfährige Abnehmer dieser Entscheidungshilfen die Zusammenhänge und Folgen kaum umfassend einschätzen können.

Die Idee einer „Global Governance" ist in diesem Zusammenhang bedeutsam. Übersetzen lässt sich dieser englische Fachbegriff eventuell mit „Weltinnenpolitik". Der Grundgedanke besagt, dass globale Prozesse so gelenkt werden müssen und können, dass sie eine möglichst positive Wirkung entfalten und negative Auswirkungen eingeschränkt werden können. Es geht also um eine Form internationaler Politik, die über multilaterale Kooperation zwischen Regierungen, der Zivilgesellschaft, internationalen Organisationen und auch durch Akteure der Lokalpolitik weltumspannende Lösungen finden will. Auf die sympathische Kurzformel gebracht sprechen wir wieder seit einigen Jahrzehnten von „think globally, act locally" – also „denke global, handle lokal". Findige Kommunikationsexperten haben daraus dann das Schachtelwort „glokal" gemacht. Global Governance versteht sich demnach als dynamischer Prozess, der von den jeweiligen Interessen, Werten und Ideen beeinflusst wird. Das Konzept mutet sehr theoretisch an, zumal die nationalen Interessen souveräner Staaten untereinander und gegenüber Nichtregierungsorganisationen oftmals entgegengerichtet sein können. Hinzu kommt die Frage der demokratischen Legitimität einzelner wichtiger Akteure, wie eben der Nichtregierungsorganisationen (NGOs). Gegenwärtig werden zudem die noch vor rund 20 Jahren „neuen Akteure" wie die NGOs von sogenannten „Flashmobs" verdrängt. Darunter versteht man einen kurzen und scheinbar spontanen Menschenauflauf

auf meist öffentlichen Plätzen. Handelte es sich anfänglich um unpolitische und oftmals sehr banal-groteske gemeinsame Kundgebungen, wie eine Kissenschlacht, wächst nun offensichtlich die Zahl solcher Aktionen mit politischem oder wirtschaftlichem Bezug, daraus wird dann ein „Smart Mob". Der Aufruf erfolgt über Blogs, SMS und andere Kanäle der Online-Communities.

Zu den Zielen der recht verstaubt wirkenden Global Governance zählen u.a. eine neue Wirtschafts-, Sozial- und Friedensordnung. Bereits in den frühen 1970er Jahren gab es einerseits im Rahmen der UN-Kulturorganisation UNESCO Versuche, eine neue Weltinformationsordnung zu schaffen; die UNCTAD, die UN-Kommission für Handel und Entwicklung, wollte dazu beitragen, die Grundlagen einer neuen Weltwirtschaftsordnung zu legen. Die Vereinten Nationen konnten diese Aufgaben nicht erfüllen, da die Interessen der Mitgliedsstaaten oftmals diametral entgegengesetzt sind. Waren die Ideologien während des Kalten Kriegs ein nicht überbrückbares Hindernis, so sind es gegenwärtig die nationalen Interessen zur Sicherung der jeweiligen Rohstoffinteressen und darüber hinaus alte kulturelle Klüfte, welche das Interesse einzelner Akteure über das der Weltgemeinschaft stellen. Die Versuche, einen echten Multilateralismus auf dem gemeinsamen Wohl einer Weltgemeinschaft aufzubauen, wie es die Satzung der Vereinten Nationen in ihrer Präambel so fest entschlossen beschreibt, sind gescheitert. Die von der Global Governance angestrebten Institutionen und Mechanismen, mit denen unterschiedliche Akteure globale Herausforderungen diskutieren und entscheiden können, wurden auf vielfältige Weise schon erprobt. Die Ergebnisse stehen aus. Als US-Präsident George H. Bush 1990 eine neue Weltordnung verkündete, veränderte dies nichts an den alten Konstanten der Politik wie etwa am Kampf um Ressourcen.

Die Globalisierung in vielen Bereichen der Kommunikation und auch des Warenverkehrs wird sich kaum umkehren lassen, doch trotz aller Globalität sind die Menschen nicht in der Lage, sich auf den anderen einzulassen. Es sind viele symbolische Grenzen vor allem innerhalb der Nationalstaaten entstanden. Kategorien der Kultur, Sprache, Religion, Ethnie gewinnen an Bedeutung, insbesondere in Europa. In dieser globalisierten Welt ist bedauerlicherweise eine große Errungenschaft europäischer Aufklärung indes zerbrochen: die Idee des Universalismus, die allen Menschen unabhängig von ihrer Herkunft gleiche Rechte zuerkennt. Was noch 1945 mit der Verfassung der Satzung der Vereinten Nationen, 1948 mit der Allgemeinen Erklärung der Menschenrechte oder auch inmitten des Kalten Kriegs 1975 mit der Schlussakte von Helsinki gelang, nämlich sich auf wichtige Prinzipien zur friedlichen Streitbeilegung, zur Würde des Menschen und gemeinsame Werte zu einigen, erscheint im 21. Jahrhundert viel problematischer. Trotz aller gebotenen Dringlichkeit, globale Probleme gemeinsam zu lösen, sind die Klüfte größer als je zuvor. Zweifellos benötigen globale Probleme globale Antworten, auch das ist ein Gemeinplatz. Aber die Interessenkonflikte wachsen in Zeiten verknappter Ressourcen, seien es Energieträger, Nahrungsmittel oder schlicht Territorium. Vor dem Hintergrund fortschreitender Umweltzerstörung wird dieser Kampf vielleicht noch schärfer geführt werden. Mehr noch als die Machtverhältnisse in dieser Weltgemeinschaft mit ihren unterschiedlichen Akteuren zu verstehen, geht es vielleicht wieder darum, düstere Aspekte der Natur des Menschen, also auch Gier und Angst, zu studieren. In der politischen Analyse kommt der Mensch, wie er ist, indes nicht vor, vielmehr wird der Markt akribisch erforscht. Die Marktforschung arbeitet mit einem vertrackten Menschenmodell, bei dem z. B. ein bestimmtes, unethisches Verhalten als vernünftig dargestellt wird. Während des Besuchs im vermeintlich globalen Dorf fällt dem aufmerksamen Beobachter auf, wie weit wir in all dieser technischen und wirtschaftlichen Durchdringung von einem friedlichen Zusammenleben entfernt sind.

Kriege trotz Kriegsverbot

Krieg ist der Ausbruch primitiver Gewalt, wenn Staaten ihre Differenzen auf friedlichem Wege durch Verhandlungen nicht lösen können oder gar nicht lösen wollen. Das moderne Völkerrecht nach 1945 normiert ein umfassendes Gewaltverbot, denn die Charta der Vereinten Nationen verbietet schon die Androhung von Gewalt gegen die territoriale Unversehrtheit und die politische Unabhängigkeit eines Staates. Die Charta erlaubt aber die Ausübung des Rechts auf Selbstverteidigung, das manche Staaten sehr weit interpretieren und damit auch Angriffskriege rechtfertigen. Wenn ein Staat sein Recht auf Selbstverteidigung ausübt, so muss er doch unmittelbar den UN-Sicherheitsrat einschalten. Dahinter steht der Versuch, einen Ausgleich zwischen dem inhärenten Recht auf Selbstverteidigung und dem Versuch, ein kollektives System friedlicher Streitbeilegung zu schaffen, zu ermöglichen. Die Bush-Doktrin, im September 2002 in der „National Security Strategy of the United States" veröffentlicht, sprach davon, dass „die Vereinigten Staaten, wenn nötig, präventiv handeln werden, um ihr inhärentes Selbstverteidigungsrecht auszuüben". Dieses sehr weit gefasste Verständnis der Selbstverteidigung in Gestalt von „pre-emptive wars" wird nicht ganz korrekt mit „Präventivkrieg" übersetzt. Es wird zum Selbstverteidigungsschlag ausgeholt, noch bevor es zu einem tatsächlichen Angriff oder Vorbereitungen eines solchen gekommen ist. Auf dieser äußerst zweifelhaften Basis erfolgte der Einmarsch im Irak im März 2003. Auch wenn US-Präsident Barack Obama von mancher gescheiterten Strategie seines Amtsvorgängers Abstand nahm, im Bereich der sogenannten „gezielten Tötungen" hat diese Politik an Umfang und Gewalt zugenommen. Die Kriegsführung mittels Drohnen, also unbemannten ferngesteuerten Flugkörpern, ist ein wesentliches Instrument dieser sehr umstrittenen Terrorbekämpfung. Wer immer als Mann im wehrfähigen Alter bei einem Drohnenangriff zu Tode kommt, gilt dann auch posthum als Kombattant. Die vom humanitären Völkerrecht klar gezogenen Grenzen zwischen Zivilbevölkerung und Kombattanten ist somit hinfällig geworden. Wer tot ist, kann sich bekanntlich nicht mehr wehren. Die US-Regierung setzte vor über zehn Jahren wesentliche Teile des Kriegsvölkerrechts außer Kraft, indem sie den Status des Kriegsgefangenen gleichsam abschaffte. Vielmehr sollten die „feindlichen Elemente" nun für endlose Verhöre festgehalten werden, wie dies auf dem exterritorialen Lager von Guantánamo auf Kuba der Fall ist. Unter Präsident Obama wird erst gar niemand gefangen genommen, es wird gleich „eliminiert".[51]

Damit wird also in unserer Zeit das Konzept des Kriegsverbots, das sich seit Ende des Ersten Weltkriegs allmählich über die Kriegsächtung entwickelt hatte, völlig auf den Kopf gestellt. Nicht nur, dass Kriege als probates Mittel der Willensdurchsetzung wieder akzeptiert werden. Die Idee des „gerechten Kriegs" hat ebenso Eingang in das politische Vokabular gefunden. Was für die Glaubenskriege des Mittelalters galt, nämlich die Idee des Kirchenlehrers Augustinus, dass kein Christ ein Unrecht begeht, wenn er sich an einem „bellum iustum" beteiligt, hat sich mit dem „just war on terror", wie es die US-Regierung seit der Bush-Cheney-Administration 2001 formulierte, in den internationalen Beziehungen neu verankert. Das 21. Jahrhundert hat mit dem Antagonismus zwischen einem heiligen Krieg, dem „Dschihad", einerseits und andererseits ebenso religiös verbrämter Terrorbekämpfung in Gestalt von „gerechten" Kriegen begonnen. Kriege sind für viele der in Afghanistan oder im Irak oder nunmehr in Syrien und Nordwestafrika involvierten Staaten Teil der alltäglichen politischen Entscheidungsfindung. Ob man diese Kriege nun als Teil einer weit interpretierten Selbstverteidigung sieht, als Ressourcenkonflikte oder schlicht Angriffskriege, die Beschäftigung mit dem Krieg ist im 21. Jahrhundert wieder auf der Agenda. Eine Entwicklung, die manche Optimisten im Jahr 1990, als noch von der Schaffung einer neuen Weltordnung – einer „New World Order" – auf Basis des Völkerrechts die Rede war, für sehr unwahrscheinlich gehalten hatten.

Kriege sind zwar verboten, wenn man das Gewaltverbot der UN-Charta entsprechend ernst nimmt, doch auch das Völkerrecht sieht Ausnahmen vor. Die UNO ihrerseits kann durch eine vom UN-Sicherheitsrat genehmigte Zwangsmaßnahme einen Akt kollektiver Sicherheit setzen und mittels nichtmilitärischer oder militärischer Mittel einen Friedenszustand wiederherstellen. Die im Kapitel VII der Charta vorgesehenen Sanktionen sind ein solcher Weg. Nur selten gelang es, mit derartigen Maßnahmen den gewünschten Erfolg zu erzielen. Ein Beispiel mag die als „Wüstensturm" bezeichnete Operation mit Mandat der UNO vom Jänner/Februar 1991 sein. Unter militärischer Führung der USA wurde eine umfassende Koalition errichtet. Ihr Ziel war, die Unabhängigkeit von Kuwait, das im

August 1990 von irakischen Truppen besetzt und als 19. Provinz des Irak annektiert worden war, wiederherzustellen. Dieser Golfkrieg war daher völkerrechtlich betrachtet kein Krieg, sondern eine legitime und durch den UN-Sicherheitsrat genehmigte Zwangsmaßnahme.

Die Anwendung wirtschaftlicher, kultureller und sportlicher Sanktionen hatte sich hingegen in der Vergangenheit immer wieder als stumpfe Waffe mit meist negativen Folgen für die Zivilbevölkerung, nicht aber für die politische Führung, die man damit treffen wollte, erwiesen. Weder haben jahrzehntelange Sanktionen zu politischen Veränderungen auf Kuba geführt, noch erreichte die Boykottpolitik gegenüber dem Irak von 1990 bis 2003 eine Schwächung der autoritären Regierung unter Saddam Hussein. Auch die vom UN-Sicherheitsrat und von den USA und der EU verhängten Sanktionen gegen den Iran wegen dessen Nuklearprogramms – wobei der Iran den Atomwaffensperrvertrag unterzeichnet und ratifiziert hat, und dadurch das explizite Recht der zivilen Nutzung von Kernenergie hat – konnten die Urananreicherung nicht stoppen, doch eine Wirtschaftskrise wurde im Land ausgelöst. Einmischung aus dem Ausland kann oftmals zum nationalen Schulterschluss führen. Dies galt einige Jahre lang für Ex-Jugoslawien, wo sich die Bevölkerung allen Divergenzen zum Trotz hinter Präsident Slobodan Milošević stellte. Als erfolgreiche Sanktionsmaßnahme wird von den USA gern die Boykottierung des südafrikanischen Apartheidstaats vor 1991 angeführt. Gerade US-Unternehmen unterliefen regelmäßig diese Sanktionen und das damit einhergehende Waffenembargo. Die Sanktionen, vor allem im Sport, die südafrikanische Athleten von internationalen Wettkämpfen ausschlossen, begannen erst nach Jahrzehnten zu greifen. Ausschlaggebend für die politische Kehrtwende war neben der Isolation des Landes viel mehr die Aussöhnung zwischen den politischen Lagern, die Freilassung des schwarzen Politikers Nelson Mandela sowie der Handschlag mit dem weißen Politiker Frederik de Klerk. Sanktionen gegenüber Nordkorea, das im Verborgenen sein Nuklearsenal aufbaute, blieben ebenso folgenlos wie viele andere UN-Sicherheitsratsresolutionen in diesem Bereich. Sanktionspolitik als ein Mittel diplomatischer Konfliktlösung ist daher mit Vorsicht zu beurteilen.

Trotz aller beachtlichen Bemühungen, ob seitens regionaler Organisationen oder der UN-Instanzen, Konflikte friedlich beizulegen, kommen fast jährlich neue Brandherde auf die Liste der Kriege hinzu. Das Heidelberger Institut für Internationale Konfliktforschung legt eine solche offizielle Aufstellung in seinem Konfliktbarometer jährlich vor. 2011 wurden weltweit 388 politische Konflikte ausgetragen. Darunter erreichen 20 die höchste Intensitätsstufe, die des Kriegs. Im Jahr zuvor zählte man noch sechs Kriege. Für das Jahr 2003 berechnete das Heidelberger Institut 218 solcher Konflikte. Die Zahl der Kriege in aller Welt ist 2011 auf den höchsten Stand seit 1945 gestiegen. In einigen Fällen kamen Waffenstillstandsvereinbarungen zustande, doch die meisten Gespräche endeten ohne Vereinbarung. Diese tragischen Rekorde werden in naher Zukunft wieder übertroffen werden. So ist auch der einst als Vorbild gehandelte Versöhnungsprozess in Nordirland wieder an der Kippe. Nicht auszuschließen ist der offene Ausbruch von bürgerkriegsähnlicher Gewalt in Staaten wie Griechenland und Spanien, wo die Arbeitslosigkeit afrikanische Statistiken schon lange überholt hat.

Die neuen weißen Flecken auf der Landkarte

Von weißen Flecken auf der Landkarte spricht man, wenn es um ein unerforschtes und noch nicht erschlossenes Gebiet geht. Die Karte Afrikas war bis in das späte 19. Jahrhundert voll von solchen terrae incognitae. Den Expeditionen eines David Livingstone, der u. a. die Quellen des Sambesi erforschte, und vielen anderen Abenteurern verdankten die Kartografen, dass ihr Nichtwissen, auf den Karten noch als weiße Flecken gekennzeichnet, allmählich neuen Daten wich. So verschwanden diese unbefriedigenden leeren Stellen letztlich auch in den Polargebieten, als per Flugzeug und mittels Satellitenaufnahmen diese letzten unbekannten Weltecken vermessen, erforscht und auf den Karten detailliert eingezeichnet wurden.

Wenn ich auf diese Redewendung der weißen Flecken zurückkomme, dann aus dem Grund, dass wir infolge politischer Turbulenzen, Chaos und Zersplitterung einstiger Nationalstaaten heute wieder solche unbekannte Flecken auf unseren politischen Landkarten vorfinden. Denn Reisen wird trotz aller noch florierender Tourismusangebote schwieriger, wenn es um diese neuen, unzugänglichen Gebiete geht. Nach Bagdad zu reisen, ist seit über zwei Jahrzehnten „mission impossible". Kein Zug fährt mehr dorthin, die Flugverbindung funktioniert zwar wieder, aber von einem Reiseboom kann keine Rede sein. Wer plant, noch mit dem Jeep das südliche Tunesien oder Algerien zu bereisen, und wer immer schon das Kulturerbe des Jemen besuchen wollte, kommt 20 Jahre zu spät. Denn das Risiko, als Geisel im besten Fall einige Monate in der Region zu verbringen, ist sehr wahrscheinlich. In welchem Umfang Regierungen noch die Kosten für die konsularische Betreuung, sprich Aushandeln und Übernahme des Lösegeldes übernehmen, ist mehr als fraglich. Einige Staaten tun alles, um ihre Staatsbürger frei zu bekommen, so Frankreich, Italien und vor allem Israel, andere hingegen lassen diese rasch fallen.

Die Elterngeneration konnte noch problemlos nach Zentralafrika reisen und die afghanische Hauptstadt Kabul war eine geradezu schicke Destination in den 1960er Jahren. In den 1980er Jahren wanderte ich zu Sonnenaufgang noch problemlos von Jerusalem nach Bethlehem, ohne auch nur einen einzigen Checkpoint passieren zu müssen, bereiste gefahrlos den Sinai mit Schlafsack und durfte auch das prachtvolle Kulturerbe von Syrien erkunden. All dies ist heute nicht mehr möglich. Die Liste der sogenannten „no-go-areas" wird länger werden. Die Umwälzungen in der arabischen Welt seit 2011 haben in jüngster Vergangenheit zu neuen Reisewarnungen geführt. Bald könnte der für Tunesien und Ägypten so wichtige Fremdenverkehr völlig zum Erliegen kommen, falls die innenpolitischen Turbulenzen in länger anhaltendes Chaos münden.

Mit diesen neuen weißen Flecken befasste sich der französische Mediziner und Politikwissenschaftler Jean-Christophe Rufin 1992 in seinem Buch „Das Reich und die neuen Barbaren".[52] In jenem Jahr schrieb ich in Paris unter seiner Betreuung eine These über die damals gerade aufkommenden humanitären Interventionen. Der Gedankenaustausch mit Rufin war faszinierend und seine These von den neuen weißen Flecken auf unseren Landkarten, die man besser nicht bereisen sollte, erschien mir sehr überzeugend. Seither ist diese triste Liste nur länger geworden.

Der Eintritt in das Chaos ist meist erreicht, wenn nach dem Ausbleiben der Touristen und dem Absprung der Journalisten dann auch die humanitären Organisationen das Feld räumen. Rufin konnte bereits für die frühen 1990er Jahre viele solcher Gebiete nennen, die als unzugänglich galten und nicht unter der Kontrolle einer Staatsgewalt waren. Sie stehen jedem Eindringen von Fremden feindselig gegenüber, es handelt es sich eben um neue terrae incognitae. Die hier auftretenden Terroristen bzw. Freiheitskämpfer wollen heute im Gegensatz zu ihren Vorgängern nicht mehr die Welt für eine bestimmte Revolution und neue Gesellschaft gewinnen. Vielmehr schließen sie sich ab, sie splittern sich auf. Die Gewalt um ihrer selbst willen wird gleichsam das nihilistische Programm. Die Menschen im Irak müssen mit diesem Chaos seit Jahren überleben, nun bringt es Syrien gleichsam zum Einbrechen. Was also bei all dem Kampf herauskommen soll, ist nicht ein neuer Staat, sondern das Ende des Staates. Die Politikwissenschaft hat hierfür den neuen Begriff der „failed states", also der gescheiterten Staaten geprägt. Die Literatur von scheiternden und völlig gescheiterten Staaten und Gesellschaften wird immer länger. Doch interessanterweise bestehen einige Staatsgebilde entgegen aller Auflösungstendenzen weiter. Der Libanon wurde in den letzten 40 Jahren mehrfach als Staat für tot erklärt, doch der Staat funktioniert allen internen und regionalen Krisen zum Trotz und profitierte zwischen den Krisen sogar von Reiseboom und Bankgeheimnis. Ebensowenig ist Somalia von der Landkarte verschwunden. Im Gegenteil: Somalier kehren aus der Diaspora wieder heim, weil sie an eine Zukunft ihrer Heimat glauben. Totgesagte leben bekanntlich länger!

Rufin befasst sich mit dem Reich der Römer und überträgt die hierbei gewonnen Erkenntnisse auf die globalisierte Welt des ausgehenden 20. Jahrhunderts. Der Limes, der einst die römische Zivilisation von den sogenannten Barbaren trennte, befindet sich seines Erachtens heute an verschiedenen neuen Stellen der nördlichen bzw. westlichen Welt. Zum einen will diese sich als Festung Europa gegen illegale Migration schützen. Zum anderen finden jenseits dieses Befestigungswalls wieder Kriege, Eroberungen und Landnahme statt. In ihrem Streben nach Sicherheit muss sich die Welt des Nordens sich vielleicht in die Einsicht fügen, dass ihre Zivilisation darauf verzichten muss, universell zu sein, wenn sie fortdauern will. Rufin beschreibt diesen neuen Limes als eine Trennlinie zwischen zwei Welten, die zwar durch Handel und Ströme von Menschen verbunden sind, zwischen denen aber ein erheblicher Rechtsunterschied klafft. Klar bringt der Autor seine Kritik an der Entwicklungszusammenarbeit des Nordens auf den Punkt: „Es handelt sich um eine Diplomatie der Apartheid im Weltmaßstab." Dies hat nicht erst im späten 20. Jahrhundert begonnen, sondern lässt sich auf das Zeitalter des Kolonialismus im 19. Jahrhundert vor dem Hintergrund der industriellen Revolutionen, neuer Rohstoffkriege und Eroberungen zurückführen.

Der britische Historiker Eric Hobsbawm bezeichnet die Epoche von 1848 bis 1875 als das Zeitalter des Kapitals, denn neue Finanzierungsinstrumente, neue Goldfunde, niedrige Zinsen und der Freihandel eröffneten bis dato ungeahnte Möglichkeiten. Nicht von ungefähr wurde in jener Epoche das Wort Kapitalismus geprägt. Der industrielle Kapitalismus wurde zur eigentlichen Weltwirtschaft, und der Globus verwandelte sich von einem geografischen Begriff in eine Wirklichkeit ständigen Geschehens. Die Geschichte sollte fortan zur Weltgeschichte werden, befindet der scharfsinnige Geschichtsschreiber Hobsbawm.[53] Und die fortschreitende Ökonomisierung aller Politik macht aus Finanzkrisen politische Erdbeben.

Über allem lauert die Vertrauenskrise

Als die Finanzkrise Anfang August 2007 mit dem Platzen der US-Immobilienblase begann, bahnte sich zunächst eine Vertrauenskrise zwischen den Banken an, denn jedes Institut fürchtete, der andere könnte aufgrund fauler Immobilienkredite knapp bei Kasse oder gar insolvent sein. Wurden doch die Darlehensschulden in Form exotischer Finanztermingeschäfte – sogenannter Derivate – weltweit gehandelt. Die kuriose Annahme lautete: Der Wert der Immobilien würde stetig weiter steigen; damit ließen sich dann andere Schulden der Darlehensnehmer finanzieren. Die Immobilienkrise konnte von einigen eigenständig denkenden Ökonomen relativ genau vorhergesagt werden, da diese Finanzierungsinstrumente als Termingeschäfte zu einer bestimmten Frist fällig wurden. Dies war in besagten Sommertagen dann der Fall. Zu viele Forderungen wurden fällig, die nicht mehr gedeckt werden konnten. Hypothekenbanken in den USA mussten verstaatlicht werden. Im August 2007 injizierten bereits die Zentralbanken massiv Geld in die Finanzmärkte, um das Interbankengeschäft liquide zu halten. Die Zinsen für Interbankfinanzkredite stiegen sprunghaft an. Keiner traute dem anderen über den Weg und fürchtete, noch mehr „Junk Bonds", also Schrottpapiere, würden auftauchen. Die Deutsche Bank zählte zu den großen Spielern in diesem globalen Finanzcasino. In jenem Jahr 2007 hatten die Eigenhändler der Bank 128 Milliarden US-Dollar, mehr als das Dreifache des damaligen Eigenkapitals, auf eine positive Entwicklung des US-Immobilienmarkts gesetzt. Diese Geschäfte waren so abgesichert, dass laut dem US-Senatsbericht zur Untersuchung der Immobilienkrise der Verlust der Deutschen Bank im ersten Jahr nur 4,5 Milliarden US-Dollar betrug. Doch die große Zeche bezahlten die Individualschuldner, Anleger bzw. der Staat infolge der Verstaatlichungen.

Im Jahr darauf erfasste die Pleite der Lehman Brothers Bank die Finanzwelt aufs Neue. Laut einem Untersuchungsbericht, der im März 2010 veröffentlicht wurde, war die US-Investmentbank bereits vor ihrem Kollaps im September 2008 zahlungsunfähig, doch Bilanztricks ermöglichten die weitere Aufnahme von Krediten. Letztlich kollabierte die Bank unter einem Schuldenberg von über 600 Milliarden US-Dollar. Es handelt sich um die größte Unternehmenspleite in der Geschichte der USA, die Bank wurde im Eiltempo zerschlagen. Mit jenem Tag der Insolvenz, dem 15. September 2008, wird gerne der offizielle Beginn der nun seit fünf Jahren andauernden Weltwirtschaftskrise angesetzt. Denn was folgte war eine massive Verschärfung der Vertrauenskrise. Jetzt trauten die Banken nicht mehr den Kunden, damit brach das Kreditgeschäft für die Realwirtschaft ein. Die sogenannte Kreditklemme, „credit crunch", begann. Die Krise übertrug sich also von der Wall Street in die Main Street, wo reale Unternehmenswerte gehandelt werden. Regierungen begannen umfassende Bankenrettungspakete zu schnüren, da die Überzeugung vorherrschte, dass andernfalls die gesamte Wirtschaft bankrott ginge. So begann Irland sich ebenso gewaltig zu verschulden wie auch Spanien und viele andere Staaten, die kurz darauf auch in der Eurokrise eine Rolle spielen würden. Die Regierungen der EU setzten zwischen 2008 und 2010 ca. 1,6 Billionen Euro ein, was 13 Prozent des gesamten Wirtschaftsaufkommens entsprach, um ihre Banken aufzufangen. Allein Island lehnte es ab, seine Banken zu retten, sondern machte den zuständigen Bankern den Prozess und meldete die Staatspleite an. Seither konnte Island aber Schritt für Schritt sein Budget wieder sanieren. Eine strafrechtliche Verfolgung der Banker in fast allen anderen Staaten ist hingegen weiterhin ausständig. Einige Parlamente setzten Untersuchungskommissionen ein. Vor jenem des US-Kongresses sagte im Oktober 2008 Alan Greenspan, der 18 Jahre lang die US-Notenbank geführt hatte, dass er zu viel Vertrauen in die „selbstreinigenden Kräfte des freien Marktes" gesetzt habe.[54] Greenspan war der Vater der Niedrigzinspolitik und damit des billigen Geldes, eine Art monetärer Massenvernichtungswaffe.[55]

Was folgte war eine weitere Serie von konzertierten Aktionen der Zentralbanken, um die Leitzinsen niedrig und durch Währungsstützung die Liquidität auf den Finanzmärkten aufrecht zu halten. Zugleich starteten viele Regierungen weltweit mit sogenannten Konjunkturpaketen, um den Konjunkturmotor wieder zu beleben. Hierher gehörten in einigen EU-Staaten so kuriose Maßnahmen, wie die Abwrackprämie, um den Neukauf eines Autos vorzuziehen. Umso härter traf dann zwei Jahre später dennoch die Krise die Automobilbranche. Mit dem Auslaufen dieser Stimulationen erholte die Weltwirtschaft sich aber nicht. Im Gegenteil, auch die sogenannten Lokomotiven, wie China und Brasilien, zeitigten Einbrüche in vielen Teilen ihrer Volkswirtschaften. Die Banken sollten indes über strengere Vorschriften ihrer Eigenkapitalisierung an die Kandare genommen werden. All diese Maßnahmen konnten aber das Vertrauen zwischen den

Banken sowie das Vertrauen der Banken in die Unternehmerschaft nicht wieder herstellen. Besonders heftig erschüttert ist das Vertrauen der Wähler in die Politiker. Im Zuge der Eurokrise hat sich innerhalb der EU die Kluft zwischen Regierenden und Bürgern merklich vertieft. Protestparteien, Bewegungen nach dem Vorbild von „Occupy Wall Street" und Streiks illustrieren dieses wachsende Dilemma.

Im Sommer 2011 kursierte ein Satz des luxemburgischen Politikers und damaligen Chefs der Eurogruppe, Jean-Claude Juncker, der die tiefgreifende Vertrauenskrise der Politik vielleicht erklärt, jedenfalls aber illustriert: „Wenn es ernst wird, muss man lügen". Das Gefühl, verkauft und verschaukelt zu werden, provozierte letztlich das neue Phänomen des Wutbürgers.

„Aus Nachbarn wurden Schuldner und Gläubiger", lautet ein Zitat aus einem Protestschreiben, das der deutsche Ökonom Hans-Werner Sinn im Juli 2012 an die deutsche Bundesregierung richtete. Der Ton zwischen den Mitgliedsstaaten verschärft sich vor dem Hintergrund der sich seit bald fünf Jahren hinziehenden Eurokrise zusehends. Verfolgt man die deutschen Medien, fällt eine Sprache der Bevormundung und steten Schelte der verschuldeten Staaten auf. Dies entgeht nicht den Kommentatoren der italienischen und spanischen Presse. Vor einem Brandstifterklima in Deutschland warnen die Kommentatoren, die sich gegen deutsche Vorschriften, wie sie nun ihre Verwaltung zu gestalten hätten, wehren. Ein Europa von Deutschlands Gnaden wird bereits feindselig beäugt.[56] Hatte der frühere deutsche Bundeskanzler, Helmut Kohl, konsequent von einem europäischen Deutschland gesprochen, so sind nun jene Ängste spürbar, die ein deutsches Europa erkennen wollen.

Die Verunsicherung in der Wirtschaft nimmt allerorts zu, auch in der deutschen Industrie, der Lokomotive Europas. Die Krise in Südeuropa schlägt hier auf die reale Entwicklung durch. Die Unternehmen stellen Investitionen zurück und zögern so beim Aufbau von Beschäftigung. Letztlich ist eben alles eine Frage des Vertrauens. Wenn es gelingt, Vertrauen in Europa, in die Institutionen und auch Finanzmärkte zu erhalten, dann kann das fragile System noch weiter bestehen. Ist aber das Vertrauen dahin, dann bricht binnen kurzem alles zusammen.

Der Refrain, den man in Deutschland seitens der Politik ebenso wie von Unternehmern hört, lautet: Die EU kann nicht nur von Deutschland getragen werden. Der massive Anstieg der Arbeitslosigkeit wurde von den Entscheidungsträgern fahrlässig unterschätzt. Der International Labour Organisation (ILO) zufolge wird die Arbeitslosigkeit im Euro-Raum weiter wachsen. Bei einem Zerfall des Währungsraums und einem gesamtwirtschaftlichen Einbruch könnte die allgemeine Arbeitslosenquote bis 2014 auf über 17 Prozent klettern. Im Februar 2013 überstieg die Arbeitslosenquote unter Jugendlichen bereits 61 Prozent in Griechenland, 55 Prozent in Spanien und 24 Prozent in der gesamten Eurozone. Daher wundert es auch nicht, wenn junge Erwachsene aus Griechenland und Spanien in großer Zahl nach Deutschland auswandern, um vom deutschen Sozialsystem als EU-Bürger getragen zu werden. Von einem solchen massiven Stellenabbau wären nicht nur die Staaten des Mittelmeerraums, sondern auch die nördlichen Euro-Staaten betroffen. Soziale Unruhen, wie wir sie seit 2010 aus Griechenland kennen, sind die logische Folge einer solchen Entwicklung. Zudem spürt Deutschland als Export-Weltmeister nun mit einer gewissen Verzögerung den Konjunktureinbruch in der Wirtschaft seiner wesentlichen Kunden. Deutschland kommt zusehends in die unangenehme Lage, sowohl politischer Buhmann des Kontinents zu sein als auch seine eigenen Grundsätze nicht mehr einzuhalten. Hierzu zählt in den Versuchen einer Rettung der Eurozone vor allem die Instrumentalisierung der Europäischen Zentralbank EZB. Letztere war nach dem Vorbild der Deutschen Bundesbank als unabhängige Institution geschaffen worden. Doch die EZB scheint auf den Spuren der privaten Federal Reserve der USA zu sein. Denn von dort ging die Politik des billigen Geldes aus. Der Rest der Welt scheint sich über die deutsche Angst vor Geldentwertung lustig zu machen, da man meint, die Deutschen würden mit Sparpolitik die aktuellen Krisen verschlimmern. Die Sorge um Inflation, wie sie seitens der Deutschen Bundesbank immer lauter bekundet wird, ist aber meines Erachtens gut begründet. Denn seitdem die Notenbanken die eigenen Staatsanleihen kaufen, um die weitere Verschuldung zu ermöglichen, wurde der Geist aus der Flasche gelassen. Es gibt das bekannte Bild, dass es sich mit der Inflation wie mit der Zahnpaste verhält. Wenn sie einmal aus der Tube ist, bringt man sie nicht mehr zurück.

Mitte Juli 2012 sprachen sich in einer Untersuchung in Deutschland 58 Prozent der Befragten für die Rückkehr zur alten bundesdeutschen Währung aus.[57] Demgegenüber plädierte nur eine Minderheit für die Beibehaltung der europäischen Gemeinschaftswährung. Die Aussage „Der Euro ist gut für uns alle – wir sollten ihn behalten" befürworteten 42 Prozent. Damit vergrößerte sich der Kreis der Euro-Gegner fast um die Hälfte. Bei der vorangegangenen Umfrage 2010 hatten sich 39 Prozent der Befragten die D-Mark zurückgewünscht, während 61 Prozent den Euro behalten wollten. Angesichts der düsteren Aussichten, dass die europäische Schuldenkrise noch zum großen Flächenbrand werden kann, sind diese Umfragewerte nachvollziehbar. Als Hilfe für die in Zahlungsschwierigkeiten geratenen Eurostaaten spannte die EU ab Mai dann den sogenannten Euro-Schutzschirm auf. Diese temporäre Maßnahme sollte ab Juli 2012 der Europäische Stabilisierungsmechanismus ESM ersetzen. Das Stammkapital beträgt 700 Milliarden Euro. In Deutschland ist die Kritik gegen den ESM besonders heftig. Einige Bürgerinitiativen klagten gegen den Vertrag. Zu den wesentlichen Argumenten der Gegner gehören: die Übertragung faktisch unbegrenzter Macht auf die ESM-Bank, die als Gesellschaft in Luxemburg errichtet wurde, und ihre Gouverneure; die Einführung von Eurobonds und damit Haftung für andere Staaten etc. Die Eurozone wurde somit zur Transferunion, was die Gründungsverträge nicht vorsahen. Die fortgesetzte Verletzung der von der EU selbst verfassten Normen ist besonders bedauerlich, da auch hier Glaubwürdigkeit, Autorität und letztlich vor allem Vertrauen zerstört werden.

Demondialisation, zu Deutsch: Entglobalisierung, dieser eigenwillige Begriff ist das neue Lieblingswort des französischen Industrieministers Arnaud Montebourg. Frankreichs Wirtschaftsprobleme, so die Diagnose des Sozialisten, würden gelöst, sobald sich das Land von der Globalisierung verabschiede, die die Industrie zerstöre. Nun mag man den umstrittenen Montebourg für ein Regierungsmitglied mit Ablaufdatum halten. Doch eine Tendenz in Richtung Schutz der französischen Industrie zeichnet sich seit bald zehn Jahren deutlich ab. Ging es der konservativen Regierung unter Jacques Chirac um das Joghurt von Danone, machte sich der umtriebige Nicolas Sarkozy für Staatshilfen nur für in Frankreich hergestellte Produkte stark. Der freie Warenverkehr im europäischen Binnenmarkt wird von all diesen populistisch handelnden Politikern geflissentlich beiseite geschoben. Die sich abzeichnenden „Auswüchse nationalistischer Industriepolitik" in fast allen Bereichen, von Automobil bis Stahl, können letztlich alle zu Verlierern machen.[58] Sollte sich die Krise weiter verschärfen, drohe ein großer Knall, fürchten viele Marktbeobachter insbesondere in der für Europa so wichtigen Autoindustrie, die in den letzten Jahrzehnten in Erwartung eines dauernden Wachstums gewaltige Produktionskapazitäten schuf. Welche europäischen Hersteller angesichts stark sinkender Nachfrage überleben, ist dagegen völlig ungewiss. Dieser Einbruch fußt zum einen auf hoher Arbeitslosigkeit gerade in jenen Ländern, wo in den letzten Jahren der Autoverbrauch sehr hoch war; zum anderen auf demografischen Veränderungen. Es fehlt die nachkommende Jugend, die sich ein Auto leisten kann bzw. will. Denn auch hier lassen sich neue Trends erkennen. Jeder der Konzerne muss Milliarden zusätzlich investieren, um Innovationen zu erforschen und umzusetzen. Wegen der anhaltenden Absatzschwäche in Europa lasten Überkapazitäten auf vielen Konzernen. Die Automobilindustrie ist mit über 700 Milliarden Euro Umsatz einer der größten Industriezweige in Europa und sorgt für über 12 Millionen direkte und indirekte Arbeitsplätze. In welche Richtung sich nun die ohnehin sehr angeschlagene europäische Industrie bewegt, ist schwer erkennbar. Was sich meines Erachtens aber bereits ausmachen lässt, ist die Lust der Politik, die jeweils nationalen Märkte mit allen Mitteln zu schützen.

Im Zuge der Großen Depression in den USA trat 1930 ein Gesetz in Kraft, das zum Schutz des nationalen Marktes die bereits hohen Importzölle nochmals stark in die Höhe trieb. Die Handelspartner vergolten im Sinne der Reziprozität Gleiches mit Gleichem. Binnen kurzem kollabierte die Weltwirtschaft. Eine der ersten Maßnahmen nach dem Zweiten Weltkrieg war daher, einen Mechanismus zu schaffen, der einen solchen Protektionismus fortan verhindern sollte. Da aus dem großen Wurf vorerst nichts wurde, versuchte man mittels des Provisoriums des GATT (General Agreement on Tariffs and Trade; Das Allgemeine Zoll- und Handelsabkommen) den Welthandel zu sichern. 1994 wurde schließlich nach Jahrzehnten von Sitzungsmarathons die Welthandelsorganisation WTO gegründet. Sie findet ihre Rechtsgrundlage im GATT. Die WTO soll zum einen die Wirtschaftspolitik zwischen ihren aktuell 155 Mitgliedern koordinieren, zum anderen über ein sehr ausgeklügeltes und im Völkerrecht einzigartiges Streitbeilegungsverfahren intern Dispute schlichten und im Sinne einer universellen Mitgliedschaft die Umsetzung dieses sehr weiten und zugleich äußerst detaillierten internationalen Vertrags begleiten und überwachen. Tatsächlich verzerren zahlreiche Subventionen die Warenpreise. Man denke nur an die vielen Unterstützungszahlungen an die Landwirte in den USA und in der EU. Hinzu kommen nun auch vermehrt Versuche, unter dem Titel der Sicherheit von Lebensmitteln sowie der Förderung regionaler Produkte wieder Importzölle zu ermöglichen. Das Schlagwort von „Buy American" wurde erst nachträglich aus einem Gesetzesentwurf von 2010 gestrichen. Die Förderungen an die Automobil- und Luftfahrtindustrie, die sich infolge des Drucks auf diese Industrie vermehren, sind ebenso unlautere Mittel des Wettbewerbs. Der Gegenwind im Wirtschaftsleben bläst heftiger, der Ruf nach Schutz der noch verbliebenen heimischen Industrie wächst mit steigender Arbeitslosigkeit auf allen parteipolitischen Etagen. Wie diesen Problemen vernünftig zu begegnen ist, darüber wird nun schon seit Jahren trefflich gestritten. Was mir seit Ausbruch der Krise Sorgen bereitet, ist das intellektuelle und charakterliche Mittelmaß in den sogenannten Führungsetagen, ob in Banken, Regierungen oder in den Generaldirektionen der Europäischen Kommission. Entscheidungsträgern zu begegnen, die über den Tellerrand hinaus denken, ist hier von hohem Seltenheitswert.

Solide Ideen und Kraft für den Neubeginn nach den Turbulenzen können an vielen Stellen der Welt wieder aufkeimen, will man sich die Zuversicht erhalten. Menschen, die nicht ihre Seele verkauften, könnten dann eventuell aufgrund ihrer Vorschläge und Leistung die dringend erforderlichen neuen Köpfe bilden. Die globalisierte Welt in Gestalt der permanenten Kommunikation auf so vielen gesellschaftlichen Ebenen wird sich voraussichtlich nicht so rasch wieder rückgängig machen lassen. Die Möglichkeit, dass Menschen einander geistig befruchten können, sollte nicht unterschätzt werden. Anstelle einer „pax americana" oder dem „asiatischen Zeitalter" könnte vielleicht ein Versuch, die Ideale des Humanismus im Sinne menschenwürdiger Zustände in Wirtschaft und Politik zu verwirklichen, neu unternommen werden. Von Konfuzius können wir lernen, die goldene Mitte zu suchen, mit den westlichen Philosophen lässt sich die Bedeutung des Individuums für die Gesellschaft neu entdecken. Aber Illusionen, dass alles rasch gut wird, sollten wir uns nicht hingeben. Die Skeptikerin darf den Besuch im vermeintlich globalen Dorf mit einem banalen englischen Spruch schließen: „It will get a lot worse before it starts getting better" („Es wird noch viel schlimmer werden, bevor es anfängt besser zu werden.").

3. Vom Untergang des Westens

„Es dauert lange, bis ein Imperium stirbt."
Paul Kennedy

Jede Revolution, jeder Umsturz beginnt mit Schulden, welche die Gesellschaft nicht mehr bezahlen kann.[59] Ein Blick nach Paris 1789 oder auch in die kommunistischen Staaten in den 1980er Jahren illustriert den Übergang von der Verschuldung zum politischen Umsturz. Konnten die Franzosen sich das Brot einst nicht mehr leisten und stürmten Versailles, so zerbröselte die Macht jenseits des Eisernen Vorhangs ebenso wegen handfester wirtschaftlicher Defizite. Die ungarische Polizei hatte nicht mehr den Treibstoff, um entlang der Grenze zu patrouillieren. Der einst gefürchtete Befestigungswall mitten durch Europa wurde immer durchlässiger. Es gab viele praktische Gründe, warum der teils schon recht kaputte Stacheldraht des Eisernen Vorhangs zwischen Österreich und Ungarn von den damaligen Außenministern im Juni 1989 zerschnitten wurde.[60] Der Verfall der Rohstoffpreise belastete den Außenhandel der Sowjetunion, die ohnehin kaum mehr im internationalen Wettbewerb bestehen konnte. Die Liste solcher politischer Zusammenbrüche ließe sich mit interessanten Beispielen aus der Geschichte, vom Abstieg Chinas im 16. Jahrhundert bis zur Auflösung Jugoslawiens in den 1990er Jahren, fortsetzen. Eine Finanzkrise und massive Geldentwertung waren jeweils der Auftakt. Gegenwärtig steht die nordwestliche Hemisphäre, also der Westen schlechthin, zu dem auch Japan wirtschaftlich gezählt werden darf, im Visier. Die Schuldenspirale in den USA, Japan und der EU in ihrer Gesamtheit birgt viel Sprengkraft, die letztlich das Kapitel der westlichen Vormachtstellung der letzten 500 Jahre beenden könnte.

Für die westliche Welt galt ein seit dem Ende des Zweiten Weltkriegs unausgesprochenes Versprechen. Die Kinder jeder Generation sollten es stets besser haben als ihre Eltern. Seit ungefähr dem Jahr 2000 gilt dies nicht mehr. Damals platzte u. a. die sogenannte Dotcom-Blase. Der Glaube an grenzenloses Wachstum dank der neuen virtuellen Handelsmöglichkeiten war infolge des Einbruchs der Technologiebörsen zerstört. Es war eine handfeste Krise, der aber nicht entsprechend mit Konjunktureinbruch und ernsthafter Strukturbereinigung begegnet wurde. Vielmehr sollte die Niedrigzinspolitik ein rasches neues Durchstarten ermöglichen anstatt schmerzhafte Anpassungen vorzunehmen. Die westlichen Industrienationen ersetzten vielmehr Einkommen durch das Schaffen neuer Schulden. Wir kaufen derart Zeit und leben jetzt auf Kosten der kommenden Generationen. Durch einen kreditfinanzierten Konsum ist noch niemand nachhaltig zu Wohlstand gekommen. Es darf hier der frühere Chef der Deutschen Bundesbank, Axel Weber, bemüht werden, der 2011 aus Ärger über die Euro-Rettungspolitik von seinem Amt zurücktrat. Er sieht die Welt insgesamt auf ein sehr gefährliches Umfeld zusteuern, denn „die Debatten über die Lösung der Schuldenkrisen beiderseits des Atlantiks erreichen absurde Dimensionen".[61] Wer diesen Schuldenberg je abtragen soll, kommt nicht zur Sprache. Auf jedem Krisengipfel wird das Problem nochmals vertagt. Will man ihn durch „kontrollierte Inflation" ein wenig abschmelzen? Könnten höhere Zinsen das auf Kredit gebaute Kartenhaus sehr rasch und damit für alle gefährlich zum Einbruch bringen? Zu diesen Fragen zieht sich ein Riss quer durch Europa und auch über den Atlantik, denn während die einen meinen, nur mit weiteren Ausgaben ließe sich das Problem lösen, warnen andere vor einem Absturz der Weltwirtschaft nach dem jetzigen Kreditboom.

Die Politik des billigen Geldes ging vor allem in den USA mit einer starken Vernachlässigung des Kreditwachstums durch die Notenbank Federal Reserve einher. So ist die Verschuldung der privaten Haushalte, der Unternehmen und des Staates von 1980 bis 2012 von rund 140 Prozent des Bruttoinlandsprodukts BIP auf 380 Prozent gestiegen. Zudem betragen die künftigen Verpflichtungen aus den Sozialsystemen, also vor allem die Pensionen, zwischen 200 und fast 600 Prozent des BIP. In Europa und in Japan bietet sich ein ähnliches Bild. Hinzu kommt ein fehlerhafter Einsatz der Kredite dank der niedrigen Zinsen. Anstatt in eine produktive Wirtschaft, wie neue Infrastruktur, Forschung und ähnliches zu investieren, wurde all das billige Geld der letzten Jahre in Konsum und in noch viel größerem Ausmaß in Finanzspekulation gesteckt. Wie im korrupten Sport werden auch hier Anabolika zum Doping eingesetzt. Sind es für Radfahrer Hormone, setzt die Finanzwirtschaft auf geldpolitische Anabolika wie eben sehr billiges Geld.[62] Dies erklärt die sogenannten Kursfeuerwerke, die von Medien und Finanzexperten so über alle Maßen als Zeichen einer überwunden geglaubten Krise gelobt werden. Dabei werden das ständige Aufblähen der Geldmengen und die Gefahr einer Inflation sowie eines massiven Einbruchs all dieser Börsenwerte geflissentlich übersehen. In einem solchen Umfeld kann ein Wertpapier rasch zu Papierwert werden, wie jene Generation wusste, die mehrere Zusammenbrüche des Geldsystems in der ersten Hälfte des 20. Jahrhunderts erfahren musste.

Die Zentralbanken, die gemäß ihrer jeweiligen Statuten unabhängig sein müssen, wurden in den letzten Jahren zum willfährigen Instrument der Politik. Nur einzelne Notenbanker haben das Rückgrat, den Einmischungen ihrer Regierungen zu widersprechen. Die Europäische Zentralbank ist ein solches tristes Beispiel eines Erfüllungsgehilfen. Während der Rest Europas sich über die deutschen Inflationsängste lustig macht und dies als Berliner Trauma der Zwischenkriegszeit abtut, sollte an dieser Stelle Stefan Zweig wieder zu Wort kommen, der in seinen „Erinnerungen eines Europäers" Folgendes niederschrieb: „Nichts hat das deutsche Volk – dies muß immer wieder ins Gedächtnis gerufen werden – so erbittert, so haßwütig, so hitlerreif gemacht wie die Inflation."[63] Zweig dachte an die Inflation der 1920er Jahre, die dann stabilisiert wurde. Doch infolge der ungebremsten Ausgaben unter Hitler sollte sie wieder zurückkehren.

Anfang Jänner 1939 richtete das Direktorium der deutschen Reichsbank ein Schreiben an den Reichskanzler Adolf Hitler, in welchem auf die Gefahr einer Überspannung der öffentlichen Ausgaben und des kurzfristigen Kredits und damit auf die Inflationsgefahr hingewiesen wurde. Es heißt darin angesichts der hemmungslosen Ausgabenpolitik, die Hitler für die Aufrüstung Deutschlands wollte: „Es gibt kein noch so geniales und ausgeklügeltes Rezept oder System der Finanz- und Geldtechnik, keine Organisation und keine Kontrollmaßnahmen, die wirksam genug wären, die verheerenden

Wirkungen einer uferlosen Ausgabenwirtschaft auf die Währung hintanzuhalten. Keine Notenbank ist imstande, die Währung aufrechtzuerhalten gegen eine inflationistische Ausgabenpolitik des Staates."[64] Reichsbankpräsident Hjalmar Schacht, der lange mit dem Nationalsozialismus paktierte, war der irrigen Annahme, dass er seine Politik des Sachverstandes gegen die Macht der Partei durchsetzen könnte. Das gesamte Direktorium wurde unverzüglich abgesetzt, die Bank direkt Hitler unterstellt. Die Entwicklung lief letztlich auf eine Unterordnung der Geldverfassung unter die Finanzpolitik des Staates hinaus. Dieser Rückblick illustriert die spezifisch deutsche Erfahrung, wie gefährlich die Instrumentalisierung einer Notenbank für politische Zwecke ist. Mit der Neuerrichtung der Bundesrepublik Deutschland wurde die Deutsche Bundesbank als Hüterin der neuen Währung D-Mark 1948 geschaffen. Angesichts der Erfahrungen mit einer weisungsgebundenen Notenbank setzte sich nunmehr das Prinzip einer unabhängigen Zentralbank durch. In diesem Sinne und gemäß dieser Rechtspraxis wurde dann die Europäische Zentralbank nach dem Modell der Deutschen Bundesbank geschaffen. Hiervon ist aber heute nichts mehr übrig, denn die Politik bestimmt vermehrt die Richtung der Notenbanken. Bundesbankpräsident Jens Weidmann äußert sich regelmäßig kritisch hierzu: „Diskussionen über die Unabhängigkeit der Notenbanken oder über den Nutzen höherer Inflationsziele sind Gift für das Vertrauen in die gemeinsame Währung".[65]

Kriege und Staatspleiten

Die Schulden der Gegenwart sind nicht nur Folgen verfehlter Politik infolge viel zu niedriger Zinsen sowie eines völlig enthemmten Bankensektors, der seit den 1980er Jahren zusehends dereguliert wurde. Hinzu kommt die alte historische Konstante von Kriegsschulden, die ein Teil der Wirtschaftskrise in den USA sind. Waren es zu Beginn der 1970er Jahre die Schulden aus dem Vietnamkrieg, die zur Aufhebung der bis dahin gültigen Deckung des US-Dollars durch Goldreserven führten, so verschärften die Kriegsausgaben in Afghanistan und im Irak das wachsende Defizit der USA. In Kuhhändeln zwischen Demokraten und Republikanern, die sich meist nach Mitternacht abspielen, improvisiert der US-Kongress seit einigen Jahren die Anhebung der jeweiligen Schuldenobergrenze, um die Zahlungsunfähigkeit des Staates abzuwehren. Die USA sind gegenwärtig die größte Schuldnernation in der Weltgeschichte. Denn Washington weist mit einem Schuldenstand von 110 Prozent des BIP nicht nur eine extreme explizite Verschuldung aus. Die USA sind auch stärker verschuldet als Griechenland, wenn man die Verpflichtungen der Sozialkassen mitrechnet. Unweit vom Times Square in New York steht die nationale Schuldenuhr, die im Sekundentakt den laufenden Anstieg der US-Schulden anzeigt. Im Oktober 2008 gingen der Uhr die Stellen aus, um mit der Rekordverschuldung noch Schritt zu halten.[66]

Als ich dieses Kapitel redigierte, lautete der Schuldenstand rund 16.530.311.199.211 US-Dollar. Wir befinden uns hier laut amerikanischer Zählweise bei Trillionen. Als besonders dramatisch erachte ich den hohen Anteil der Studentendarlehen, die den Schuldenstand bei Kreditkarten weit hinter sich lassen. Die Arbeitslosigkeit bzw. die niedrigeren Gehälter unter Uni-Absolventen haben zur Folge, dass viele junge US-Amerikaner ihre Kredite für Studiengebühren nicht mehr bedienen können. Mit großer Sorge verfolge ich die Lage vieler ehemaliger Studenten, die ich in den letzten zehn Jahren unterrichtete. Viele unter ihnen sind Teil der „Generation Praktikum", sie haben wenig Aussicht auf eine feste Anstellung, die über einen mehrmonatigen, geringfügig oder nicht bezahlten Kurzvertrag hinausgeht. Für US-Amerikaner bedeutet die lange Arbeitssuche trotz guter Qualifikation meist die Rückkehr zu den Eltern und Billigjobs, um sich durchzuschlagen. Die wachsende Jugendarbeitslosigkeit ist nicht nur ein Problem für die arabischen Staaten oder EU-Länder. Es handelt sich um ein wachsendes globales Problem. Das Verschuldungsthema spitzt sich dadurch noch zu, denn es fehlen in naher Zukunft all die künftigen Steuerzahler, um das Defizit abzutragen und Sozialleistungen zu finanzieren. Dass uns hier noch ein brisanter Generationenkonflikt bevorsteht, ist leider absehbar.

Der streitbare Investor bzw. Spekulant Jim Rogers, der unter anderem nach dem Platzen der Internet Blase den sogenannten Rohstoffboom 2002 auslöste, als er in Erwartung der starken asiatischen Nachfrage auf alles von Weizen bis Erdöl setzte und ein Vermögen machte, ist auch ein scharfer Kritiker seiner Heimat. Im Herbst 2005 referierte ich bei einer Rohstoffmesse in München mit ihm gemeinsam auf dem Podium. Sein Credo war schon damals, als Investor den USA den Rücken zu kehren und sich auf den Weg nach Asien zu machen. Ein Art Abrechnung mit den USA unternimmt Rogers in einem neuen Buch: „Wenn eine Nation nur konsumiert, statt zu investieren und zu sparen, bringt das geliehene Geld wenig Nutzen." Seiner Ansicht nach haben die Amerikaner ihre Nation in jeglicher Hinsicht überstrapaziert, nämlich „militärisch, geopolitisch und wirtschaftlich – vom moralischen Aspekt ganz zu schweigen."[67]

Auch wenn die Geschichte sich nie eins zu eins wiederholt, so erscheint die Parallele zwischen dem Abzug der Sowjettruppen am 1. Jänner 1989 aus Afghanistan und dem für 2013/14 geplanten Rückzug der US-Truppen und ihrer Nato-Verbündeten aus diesem Land bemerkenswert.[68] Der Anfang vom Ende der Sowjetunion lässt sich mit dem Rückzug aus Afghanistan datieren. Mit der Freigabe der Kreml-Protokolle 2006 wurde einsehbar, welche Debatten sich damals abspielten. Die Hauptsorge des Reformers und Parteichefs Michail Gorbatschow war ab 1986, dass der Abzug geordnet vor sich ging, die USA und Pakistan sich nicht einmischten: „Das Ergebnis darf nicht aussehen wie eine schmachvolle Niederlage: Wir haben so viele Jungs dort verloren."[69] Liest man diese Art Tagebuch von den letzten Monaten der einstigen Supermacht Sowjetunion nach, dann erschließen sich die Ähnlichkeiten zwischen dem Dilemma von damals und heute infolge der Besetzung von Afghanistan.

Etwas vereinfacht gesagt: Eine Handvoll von Berghirten hatte die Rote Armee aufgerieben. So aber war die allgemeine Wahrnehmung in Afghanistan und über die Grenzen hinaus nach dem Abzug der Sowjets zu Beginn des Jahres 1989, das zu gewaltigen Umbrüchen in den kommunistischen Staaten Europas führen sollte. Unter medialem Hohngelächter in der islamischen Welt könnte auch der Abzug der Nato erfolgen. Trotz aller Frohbotschaften seitens der zuständigen Kommandanten zur verbesserten Sicherheitslage in dem kriegsgebeutelten Land werden die westlichen Armeen letztlich doch unverrichteter Dinge abziehen müssen; mit den Gegnern von einst, den Taliban, wird nun verhandelt. Terrorgruppen, die Al-Qaida im weitesten Sinne als Splittergruppen zuzuordnen sind, haben sich seit dem Einmarsch in Afghanistan, dem Krieg im Irak und dann in Syrien massiv vermehrt. Die neuen Rückzugsgebiete dieser weitverstreuten Gotteskrieger befinden sich nun unter anderem in Nordwestafrika. Frankreich intervenierte im Jänner 2013 in Mali, um diese Dschihadisten aus der Region zu vertreiben, was letztlich nur zu weiteren geografischen und logistischen Aufsplitterungen führen wird. Findige Extremisten werden den Rückzug der Nato aus Afghanistan für ihre eigene Bewerbung zu nützen wissen, denn der Grundtenor ihrer Botschaft könnte lauten: „Seht her, mit Gottes Hilfe haben wir die hoch ausgerüsteten westlichen Armeen vertrieben." Wenn dies dann noch mit einer Serie von Staatspleiten zusammenfällt, dann wird das Bild von einem wirtschaftlich und technisch überlegenen Westen wohl heftig angekratzt sein. Eine solche Wahrnehmung könnte verheerende Auswirkungen haben. Den Alliierten der Operation „Enduring Freedom", die im Oktober 2001 in Afghanistan einmarschierten, darf zugute gehalten werden, dass sie meist naiv, aber doch vom Wunsch, die Lage im Land auch wirtschaftlich und sozial zu verbessern, getragen waren. Während der sowjetischen Okkupation starben schätzungsweise 1,5 Millionen Afghanen.

Noch jede Großmacht hat sich im Laufe der Geschichte eine blutige Nase im Hindukusch geholt. Daher rührt auch in der englischen Geschichtswissenschaft die bis heute gültige Bezeichnung von Afghanistan als „The graveyard of Empires" („Grab der Imperien"). Alexander der Große umging die Region, ebenso die Perser. Die Briten meinten, es besser zu wissen. Zur Legende wurde die Vernichtung der britischen Truppen 1842. Der einzige überlebende Offizier erreichte auf einem verwundeten Pferd am 13. Jänner 1834 Jalalabad. Auf die Frage, was mit der britischen Armee passiert sei, antwortete er: „Ich bin die Armee". Es sollte dennoch in der Folge zu weiteren britischen Invasionen kommen. Über afghanische Verbündete mischten die Briten ähnlich wie in Pakistan im imperialen Stile von „divide et impera"

115

(„teile und herrsche") in der Region mit. Die Folgen sind bis heute spürbar, die afghanischen Stämme ließen sich eben nicht unterwerfen. Die Situation ist meiner Ansicht nach heute noch viel brisanter, da wir in diesem so eng verflochtenen globalen Dorf leben, wo Bilder, Berichte und Gerüchte rasch die Runde machen.

Kriege führten immer wieder in der Geschichte zu Staatspleiten und in der Folge auch zu Revolutionen. Die Rekordliste der Staatspleiten führt Spanien an. 13 Mal war das Land schon zahlungsunfähig, während der Regierungszeit von König Philipp II. war Spanien dreimal bankrott, so 1557, 1575 und 1596. Die Kriegslust des Königs strapazierte die Staatskasse, er soll rund 90 Prozent seines Haushalts für das Militär ausgegeben haben. Seit dem Platzen der Immobilienblase taumelt das Land am Rande eines Staatsbankrotts, wird jedoch für die Rettung seiner Banken von den Euro-Rettungsmechanismen unterstützt. Im Jahr 1340 war zum ersten Mal ein europäischer Staat pleite. König Edward II. von England musste den Schuldendienst bei italienischen Banken einstellen. Den Engländern war nach einer misslungenen Invasion in Frankreich, wo alte Gebietsansprüche der herrschenden Familie bestanden, das Geld ausgegangen. Es folgte der Hundertjährige Krieg zwischen England und Frankreich. Aber nicht nur England war von der Staatspleite betroffen, auch in Florenz brachen große Finanzhäuser zusammen. Die Interdependenz zwischen Finanz und Politik ist nichts Neues, sie besteht, seitdem es die Geldwirtschaft gibt. Schon der römische Schriftsteller und Politiker Cicero beschreibt eindrucksvoll die Auswirkungen der Asienkrise auf Rom im ersten Jahrhundert vor Christus.[70]

Zwischen 1500 und 1800 erlebte Frankreich insgesamt acht Pleiten. Sonnenkönig Ludwig XIV. plünderte mit seinen Kriegen und seiner verschwenderischen Hofhaltung die an sich reiche Staatskasse. Die Folgen bekam sein Nachfahre Ludwig XVI., ein Ur-Ur-Enkel, zu spüren, denn das Volk hungerte und trat die Französische Revolution los. Das Kaisertum Österreich erklärte 1811 den Staatsbankrott. Es hatte 1809 den Fünften Koalitionskrieg gegen das napoleonische Frankreich verloren. Im Frieden von Schönbrunn hatte sich Kaiser Franz I. verpflichtet, 85 Millionen Francs an Frankreich zu zahlen. Diese Zahlungsverpflichtung traf ein Land, dessen Staatsschulden bereits durch die vorangegangenen Kriegsjahre stark gestiegen waren. Der Schulddienst verschlang ein Drittel der Staatseinnahmen. Die mit dem Staatsbankrott verbundene Entlastung des Staatshaushaltes war nicht lange wirksam. Bereits 1812 mit dem Beginn des Sechsten Koalitionskriegs nahm Österreich erneut Schulden auf. Am 1. Juni 1816 folgte der nächste Staatsbankrott. Die Liste ließe sich mit vielen anderen Beispielen außereuropäischer Reiche fortsetzen. Die größten Folgen für die Wirtschaft und letztlich die politische Entwicklung Europas zeitigten die hohen Kriegsschulden der Verlierer des Ersten Weltkriegs. Die Rückzahlungsverpflichtungen trugen in sich bereits den Kern für den nächsten Krieg.

Wien war mehrfach in der Geschichte eine Art wirtschaftliches Epizentrum infolge Börsenkrach und Pleiten. So erschütterte der Börsenkrach von 1873 in Wien nicht nur das Habsburgerreich, sondern wirkte auch über die Grenzen bis nach New York hinaus. Die eben erst errichteten Ringstraßenpalais der Gründerzeit wechselten die Besitzer, Eigentum wurde zerschlagen, neue Reiche übernahmen die Immobilien der bankrotten Spekulanten. Die Weltausstellung in Wien hatte ebenso für überzogene Investitionen und eine klassische Immobilienblase gesorgt. Daher rührt auch der Name Gründerkrach. Der Überhitzung der Wirtschaft und den vielen spekulativen Positionen an der Börse war die Gründung des Deutschen Kaiserreiches 1871 vorangegangen. Viel Geld floss von Frankfurt nach Wien. Aktiengesellschaften boomten, nachdem die Konzessionspflicht aufgehoben worden war. Auch alte Aristokratenfamilien wie die Metternichs hatten sich an der Wiener Börse verspekuliert und verspielten das von ihren Vorfahren aufgebaute Vermögen. Der alte Garten von Kanzler Clemens Metternich, dem einst mächtigsten Politiker Europas, wurde für die Exekution parzelliert, darauf entstand das Botschaftsviertel rund um das Palais Metternich. Der Staat zog nach einer Phase des sehr liberalen Wirtschaftens die Zügel fester an und regulierte per Gesetz den Aktienhandel und vieles mehr. Im Jahr 1931 sollte der Niedergang der Credit-Anstalt in ganz Europa Wellen schlagen und wird auch direkt mit den Zusammenbrüchen in den USA 1932/33 in Zusammenhang gebracht. Einer der vielen Auslöser war das massive Engagement der damals größten Bank in Mitteleuropa im Osten Europas.[71]

Es wäre unredlich, Analogien dort ziehen zu wollen, wo infolge veränderter Institutionen und rechtlicher Bedingungen eine neue Sachlage besteht. Und dennoch lässt sich nicht von der Hand weisen, dass die Geschichte gewisse Zyklen, ja vielleicht sogar Gesetze kennt, die das Auf und Ab von Wohlstand und Macht der Nationen mitbestimmen. Dass Schulden und Massenarbeitslosigkeit in der Vergangenheit mehrfach zu politischen Umstürzen, auch zum Ende der Ära einer Großmacht führten, ist eine Tatsache. Was Oswald Spengler in seiner umfassenden Studie „Der Untergang des Abendlandes" zu Beginn des 20. Jahrhunderts mit vielen Exkursen in die Naturwissenschaften darstellte, nämlich die begrenzte Lebensdauer von Reichen, taten auch Historiker nach ihm mit neuen Einblendungen. Für den US-Historiker Paul Kennedy, der 1987 mit seinem Grundsatzwerk über „Aufstieg und Fall der großen Mächte" diese Gedanken fortführte, existiert so etwas wie ein immer gleichbleibender Rhythmus von Aufstieg, Überdehnung, Erschöpfung und schließlich Abstieg. Die Grundthese hierbei lautet, dass der Einfluss von Staaten im Wesentlichen durch ihre Wirtschaftskraft bestimmt wird. Unter dem Wahlslogan „It's the economy, stupid" brachte Bill Clinton diese alte Einsicht auf eine griffige Formel und gewann die Präsidentschaftswahl 1992 gegen George H. Bush, der sich mehr für Außenpolitik als für Wirtschaft interessierte.

Der demografische Wettlauf

Wenn mehr Windeln für die Altenpflege als für Kleinkinder eingesetzt werden, dann nimmt die Bevölkerungspyramide drastische Formen an. Dies ist nicht nur in Japan der Fall, woher diese Meldung Anfang Mai 2012 kam.[72] Derzeit liegt in der drittwichtigsten Volkswirtschaft der Welt der Anteil der Über-65-Jährigen bei 23 Prozent, bis 2060 dürfte er mehr als 40 Prozent betragen. Ende 2012 war Japan mit rund 235 Prozent seiner Wirtschaftsleistung verschuldet. Wie unter diesen Vorgaben Pensionen und Gesundheitskosten finanziert werden sollen, stellt die Behörden vor knifflige Fragen. Eine

Antwort der Regierung lautet, die Währung abwerten, um die japanischen Exporte wieder anzukurbeln. Doch die Demografie hat den längeren Atem und könnte zur entscheidenden Frage der Zukunft des Inselstaates werden. Hinzu kommt, dass Zuwanderung nur unter sehr hohen Auflagen eingeschränkt möglich ist. So will man den Pflegenotstand abwehren, doch die Bevölkerung schrumpft in jedem Falle.

Im Jahre 1950 lag die Weltbevölkerung bei 2,5 Milliarden Menschen. Davon lebten rund 18 Prozent in Europa. Im Jahre 2030 könnte unter Fortrechnung der aktuellen Daten die Bevölkerung auf 8,4 Mrd. Menschen steigen, ein Drittel davon wird in Südasien leben. Der Anteil der Europäer an der Weltbevölkerung wird weiter bis auf rund sechs Prozent sinken. Und der europäische Bevölkerungsanteil wird ein von Pensionisten geprägter sein. Laut einer Eurostat-Studie von 2010 wird unter den EU-Staaten Deutschland im Jahr 2030 mit 46,2 Prozent „Rentneranteil" mit Abstand das demografisch am meisten belastete Land der Union sein.[73] In China wird die Bevölkerungszahl bei rund 1,3 Milliarden Menschen stagnieren. Eine gefährliche Entwicklung zeichnet sich dort aus zwei Gründen ab: Zum einen wird voraussichtlich erstmals in der Geschichte die Bevölkerung eines Landes vergreisen, bevor die Menschen zu Wohlstand kommen. Dies wird als das chinesische Paradoxon bezeichnet, das insofern sozialen Sprengstoff birgt, als mangels flächendeckender Sozialversicherung die große Mehrheit der Alten von ihren Familien erhalten werden muss. Infolge der Ein-Kind-Politik ist aber die einstige chinesische Großfamilie geschrumpft und vielerorts ganz verschwunden. Ein arbeitsfähiger Chinese würde sich sowohl um Eltern als auch Großeltern und den eigenen Nachwuchs kümmern müssen. Zum anderen kommt eine weitere brisante Entwicklung hinzu, nämlich jene der Geschlechterungleichheit. Weibliche Föten wurden abgetrieben, neugeborene Mädchen ermordet, um zu einem männlichen Nachkommen zwecks Altersversorgung zu kommen. In manchen Regionen Chinas stehen 130 Männern im heiratsfähigen Alter 100 Frauen gegenüber.

Frauenraub und Massenvergewaltigungen sind eine der vielen Folgen, die Indien betreffen. Auch hier hat der niedrige soziale Stellenwert einer Tochter plus der Mitgiftzahlungen zu massiven Tötungen geborener und ungeborener Mädchen seit 1990 geführt. Der französische Demograf Jean-Christophe Guilmoto warnte bereits 2011 davor, dass dieses Ungleichgewicht zwischen den Geschlechtern in rund 15 Jahren ein Problem für die internationale Politik darstellen wird, wie dies heute auf den Klimawandel zutrifft. Ich beschäftigte mich 2011 mit dieser Frage intensiver und publizierte hierzu ein Buch, denn die Demografie wird neben der Energie zunehmend zum entscheidenden Faktor aller Prozesse.[74]

Neben der Versorgung von acht Milliarden Menschen mit Wasser und Nahrungsmitteln stellt sich die Frage des wachsenden Energiebedarfs. Zwischen 1970 und 2000 stieg dieser weltweit um 48 Prozent. In den drei Jahrzehnten zwischen 2000 und 2030 könnte er zwischen 50 und 70 Prozent anwachsen, die Prognosen schwanken hier je nach berechnender Institution. Trotz aller Bemühungen, den Teil der fossilen Energie am globalen Energiemix zu reduzieren, werden Kohle, Erdöl und Erdgas dennoch weiterhin den wesentlichen Teil aller täglich verbrannten Energie stellen. Im Wettlauf um die Sicherung des physischen Zugangs zu den Erdölfeldern und Kohleminen dieser Welt, ob in Afrika, Australien oder vielleicht auch bald in der Arktis, versuchen die aufstrebenden Wirtschaftsmächte wie China, Russland und Brasilien sich die besten Karten zu sichern. Anhand des Verlaufs von Pipelines und des Erwerbs von Konzessionen lässt sich auch ablesen, in welche Richtung die zukünftigen Energieallianzen verlaufen. Neben den großen asiatischen Wirtschaftsmächten wird in Energiebelangen gerne die Türkei genannt, die mit ihrer hohen Einwohnerzahl und expandierenden Wirtschaft zum weiteren Kreis der erfolgreichen „Next Eleven", einer weiteren kuriosen Liste des Goldman-Sachs-Chefökonomen Jim O'Neill gerechnet wird. Ähnlich der BRICS-Gruppe bilden die Next Eleven sogenannte zukunftsträchtige Märkte.

Die Anzeigentafeln der beiden internationalen Flughäfen von Istanbul wirken wie ein Spiegel, denn sie zeigen deutlich, wie die Machtzentren sich verschieben. Im Stundentakt gehen die Flüge der türkischen Fluglinien in Richtung Nahost, Zentralasien und nach Europa. Fast meint man die alten Einflusszonen des Osmanischen

Reiches zu erkennen, wenn man die Destinationen auf den Bildschirmen liest. Von Bosnien bis Turkmenistan zieht sich der dichte Flugplan. Nicht mehr Paris oder Rom bilden die Drehscheiben für Geschäftsreisende und Touristen. Vielleicht ereilt ein ähnliches Schicksal auch bald die Flughäfen von Frankfurt und London, die durch Streiks oft genug lahmgelegt werden. Ein wenig Größenwahn mag in den Plänen der seit 2002 regierenden islamistischen Regierung mitschwingen, den weltgrößten Flughafen in Istanbul in Position zu bringen. Doch die aufstrebende Wirtschaftsmacht straft das alte Bild vom „Kranken Mann am Bosporus" Lügen, das seit dem 19. Jahrhundert in der westlichen Wahrnehmung in vielfältiger Weise verankert war. Die Krankensessel stehen gegenwärtig eher an der Seine, am Tiber und an der Themse. Flaniert man durch Istanbul, ist eine Zuversicht unter den Menschen spürbar, wie man sie im westlichen Europa vielerorts vermisst. Ehrgeiz und der Wunsch, für sich selbst und für die Kinder etwas zu erreichen, prägt diese relativ junge Gesellschaft. Und dennoch darf auch die Türkei nicht überschätzt werden. Denn bei allem Respekt für das Erreichte, innenpolitisch kriselt es nicht nur zwischen den säkularen Teilen der Gesellschaft und der islamistischen Elite. Die Meinungs- und Pressefreiheit ist vielerorts in Gefahr. Und die ungelöste Kurdenfrage überschattet die türkische Ambition, als regionale Ordnungsmacht aufzutreten.

Europa baue Geriatriezentren und der Osten schaffe Technologiezentren, lautet ein warnender Hinweis, den man von Istanbul bis nach Vietnam immer wieder zu hören bekommt. Angesichts der demografischen Veränderungen auf dem Globus und der allgemeinen Verschiebung von wirtschaftlicher und politischer Macht nach Osten und Süden hat eine solche Aussage viel für sich. Bis 2030 werden die Entwicklungsländer rund die Hälfte der Weltwirtschaft stellen. China bildet hierbei den wesentlichen Motor. Es mag kurios anmuten, dass das seit Jahrzehnten boomende China als Entwicklungsland bezeichnet wird. Ob ein Land in diese Kategorie fällt, hängt vom Pro-Kopf-Einkommen ab. Dieses liegt laut Statistik des Weltwährungsfonds in China bei 6644 US-Dollar für das Jahr 2012. Vor zehn Jahren verdiente ein Chinese noch durchschnittlich 1270 US-Dollar. Damit hat sich China binnen weniger Jahre vom

„Low-Income-Country" zu einem „Middle-Income-Country" entwickelt, fällt aber noch in die Bandbreite der Definition Entwicklungsland, welche die Weltbank aufgestellt hat. Die Bundesrepublik Deutschland stellte dennoch 2008 ihre Entwicklungshilfe an China ein, weil das Land für sie als aufstrebender Industriestaat ohnehin zum unmittelbaren Rivalen in der Solartechnologie und ein Konkurrent auf den Rohstoffmärkten geworden war. Doch dem rasanten Wachstum in China stellen sich ökologische wie auch demografische Hindernisse in den Weg. Die dramatische Umweltzerstörung, die zu wiederholten Ausfällen in der Trinkwasserversorgung von Millionenstädten führt, und die schwere Smogbelastung wesentlicher Großstädte bilden ein Handicap für den bislang ungebremsten Aufstieg des Landes.

Ob wir nun flinken Schrittes in ein asiatisches Zeitalter eintreten und besser Mandarin, also die weltweit meistgesprochene Sprache, lernen sollten, davon wird in diesem Buch noch die Rede sein. So manche Prognose ging aber fehl. Denn auch die als zukunftsträchtig gehandelten Regionen bergen soziale Konflikte in sich, die den Traum vom großen Geschäft und der neuen Macht zum Platzen bringen könnten. Verzeichnete etwa Ägypten noch 2010 ein Wirtschaftswachstum um die vier Prozent, steht das Land 2013 infolge der fortdauernden Gewalt und fehlender Investitionen vor dem Kollaps. Was sich aber abzeichnet, ist die Entstehung mehrerer wirtschaftlicher und politischer Zentren, also eine multipolare Welt anstelle eines dominierenden Hegemons.

Die Geschichte kannte immer wieder solche Epochen einer multipolaren Ordnung, die rückblickend als relativ ruhig gesehen werden, auch wenn diese Stabilität um den Preis der internen Repression erkauft war. Man erinnere sich an das relativ friedliche 19. Jahrhundert, geprägt von einem detailliert austarierten Konzert der europäischen Mächte. Diplomaten sollten Bündnispolitik kultivieren, von Feldzügen und Umstürzen schien man nach den Napoleonischen Kriegen vorerst genug zu haben. Niemals zuvor dominierten die Europäer mehr die Welt als im letzten Viertel des 19. Jahrhunderts. Auch das damals noch von mehrheitlich europäischen Einwanderern dominierte Nordamerika begann allmählich Wirtschaft und Politik mitzugestalten. Noch mischten sich die USA nicht allzu sehr in die Weltpolitik ein, es galt die eigene Föderation mit Eroberungen (Texas) oder Ankäufen (Alaska) zu vergrößern und zu konsolidieren. Ein Staat, der dem Westen damals das Wasser reichen konnte und dies voller Selbstbewusstsein tat, war Japan.

Das Abendland geht immer wieder aufs Neue unter

Europa war bis in die Neuzeit ein Erbe Roms, und seine Zivilisationsleistung maß sich noch bis ins 18. Jahrhundert an den Leistungen seines antiken Vorbilds. Roms Ausgriff zur Weltherrschaft, der bisher jeden Gegner brach, fand an der persischen Hochkultur seine Grenzen. Was Alexander dem Großen gelang, die Unterwerfung Persiens, vermochte kein römischer Feldherr und Kaiser zu erreichen. Persien wurde dem seit Karthago stets siegreichen Imperium Romanum ein unwillkommenes Mahnmal der Begrenztheit menschlichen Machtstrebens. Rund 500 Jahre sollte ein beständiger Wechselkrieg zwischen Persien und Rom im Gebiet zwischen Armenien und Persischem Golf stattfinden. Dies ergab in der Spätantike eine eigenartig dynamische „balance of power". Mit der Völkerwanderung brach das Organisationssystem der Antike zusammen. Unter den Karolingern begann eine neue kleine Blüte Europas, die aber mit dem Tod von Karl dem Großen 814 wieder in Teilreichen endete. Karl machte sich an eine gewaltige Reichsreform: Die Bildung der Kleriker wurde gehoben. Karl, der lesen konnte, griff selbst gerne in theologische Dispute ein und liebte doch auch das weltliche Leben, wie seine zahlreiche außereheliche Nachkommenschaft zeigt. Das Mönchstum schuf Bildungsanstalten, Klöster wurden aktiv als politische Kontrollinstanzen gefördert, Kleriker dominierten den Hof. Die „karolingische Renaissance" gab Europa neues Licht. Die Palastschule Karls wurde Vorbild für alle Schulen des Reiches. Der Untergang des Reiches kam jedoch nach dem Tode Karls so rasch wie dessen Werden. Europa versank erneut in Chaos, Dunkelheit und Unsicherheit.

Die Reichsidee, die das Imperium Romanum geschaffen hatte und die dann als Heiliges Römisches Reich deutscher Nation wieder erweckt wurde, wankte durch die Zeitalter. Es sollten beeindruckende Köpfe auftauchen, wie der umfassend gebildete und den Wissenschaften aufgeschlossene Stauferkönig Friedrich II. (1194–1250), der sich der Idee des Universalherrschers verpflichtet fühlte und das Recht über die bloße Macht stellte und damit auch einen Konflikt mit dem Papst nicht scheute. Eine neue „balance of power" bildete sich heraus, die bis zum Auftreten der Osmanen im Osten gültig sein sollte. Es herrschte von Genua über Venedig, Byzanz und Kairo bis Damaskus ein Gleichgewicht von ebenbürtigen Mittelreichen, die allesamt nicht stark genug waren, eine Hegemonialmacht zu werden und daher eher die Diplomatie und den Ausgleich suchten. Das führte zu einer neuen Realpolitik. Es waren völlig unkultivierte europäische Adelige, die mit gewaltbereitem Gefolge auf ihren bewaffneten Pilgerzügen Kulturgut zerstörten, Konstantinopel, also Ostrom, brandschatzten und Kindersoldaten vor sich hertrieben. Der Reichtum alter Feudalfamilien rührt vielfach noch aus dieser Zeit der Kreuzzüge her. Europa hatte sich in eine Art waffenstrotzendes Territorium entwickelt, in dem nur mehr die Werte einer Kriegergesellschaft dominierten. Alle Äußerungen der Zivilisation waren auf ein Minimum beschränkt und nicht weltlicher Natur. Alle außenpolitischen Unternehmungen waren demnach von kriegerischen Idealen geprägt.

Das große Sterben im 16. und 17. Jahrhundert war nur mehr eine unüberschaubare Abfolge von Religionskriegen, Pest, Missernten, Hunger und Fehden zwischen diversen Adelsfamilien sowie Raubzügen von Soldaten, deren Armeen schon längst zerfallen waren. Europa erfand sich erst wieder neu mit dem Westfälischen Frieden 1648, der den langen Krieg rund um die wahre christliche Glaubenslehre, Einfluss und Macht beendete. Es war der Beginn der Territorialstaaten anstelle von Glaubensgemeinschaften, die Schaffung stehender Heere und die Monopolisierung aller Gewalt in staatlicher Hand. Mancherorts wurde dies als tyrannischer Absolutismus auf die Spitze getrieben. Andererseits schuf die staatliche Macht Ordnung, was wiederum neue kulturelle Entfaltung ermöglichte. Das üppige Barock verstand sich wohl auch als Antwort auf all das Leiden der Jahrzehnte zuvor. Ein Zeitalter der Lebensbejahung sollte düstere Kriegserinnerungen vergessen machen.

Was die europäische Idee in den letzten 250 Jahren immer wieder auszeichnete, war das Konzept von Staatlichkeit. Mit der Schaffung eines Staates, in welchem alle Menschen zu Bürgern, zu Citoyens, unabhängig von Stand, Religion und Ethnie werden sollten, fand der Aufbruch in die Moderne statt. Revolutionen, unerfüllte politische Reformen sowie die Rückkehr des Absolutismus säumten den Weg in diese Moderne, die das europäische Ideal gerade auch für Idealisten außerhalb Europas symbolisieren würde. Die abstrakte Idee des Staates, welche die Denker der Aufklärung reflektierten, ging bald unter im allgemeinen Getöse des Nationalismus. Der Aufstieg der nationalen Strömungen in Gestalt deutscher Turnvereine, italienischer Geheimbündler und der nationalen Studenschaften im Lauf des 19. Jahrhunderts war der Anfang vom Ende übernationaler Staatsgebilde.

Dass Österreich im Laufe des 19. Jahrhunderts immer mehr zu einem anachronistischen Gebilde wurde, während rundum die nationalen Einigungsbewegungen erstarkten, soll Kanzler Clemens Metternich so kommentiert haben: „Gegen den Liberalismus hätte ich nichts, aber ich weiß, dass ihm der Nationalismus auf den Schritt folgt." Seine Abscheu gegenüber allem Chaos und sein Hang zur Ordnung lässt sich mit folgendem Zitat, einer Tagebucheintragung des Sekretärs Gentz, gut illustrieren: „Ohne Autorität ist Ordnung nicht denkbar, ohne Ordnung keine Freiheit; Freiheit ohne Ordnung wird zur Tyrannei".[75] Mit Reformen, ob im politischen oder sozialen Bereich, konnte er sich nicht anfreunden. Alle Veränderung schien ihm, dem Konservativen schlechthin, ein Ärgernis. Ob er so zur allgemeinen Schwächung des Reichs beitrug, sei dahingestellt. Für einige Historiker hat Metternichs mangelndes Bewusstsein für die nationalen Strömungen und die wachsende soziale Frage den Untergang Österreichs mit verursacht. Die Revolution von 1848 sollte Metternich dann selbst zum Verhängnis werden. Er musste abdanken und nach London fliehen. Mit seinem rationalistischen Weltbild, das sich an unabänderlichen Naturgesetzen einer monarchischen und aristokratischen Ordnung orientierte, machte sich der Vertreter des Ancien

Régime nicht nur unter den Bürgerlichen wenig beliebt, sondern auch der Wiener Hof und der mitteleuropäische Adel konnten intellektuell dem zweifellos überlegenen und systematischen Denker nicht folgen. Entsprechend abschätzig äußerte sich Metternich oft genug über seine Standesgenossen. Seine Beobachtungen führten ihn zu der Annahme innerer Notwendigkeiten im geschichtlichen Leben. So glaubte er unter anderem an eine gesetzmäßige Aufeinanderfolge von Revolution-Anarchie-Militärdiktatur. Übertragen auf die Situation in so manchem Staat der Gegenwart hat diese harte Analyse des von Zeitgenossen und der Nachwelt vielgescholtenen Metternich ihre Berechtigung. Denn die Entwicklungen in den postrevolutionären Staaten Nordafrikas stimmen wenig optimistisch. Sollte das politische Patt, die soziale Not und die Wut der jungen Menschen in Ägypten anhalten, wird der Anarchie wohl eine Machtübernahme durch das Militär folgen.

Es riecht auch in so mancher Ecke Europas gegenwärtig nach Revolution und sozialem Aufstand. Wenn die Menschen die Stromrechnungen nicht mehr zahlen können, die Gehälter um mehr als ein Viertel gekürzt werden, wie dies von Griechenland bis Bulgarien der Fall ist, dann wachsen die Unruhen. Vielerorts lautet die Parole gar: Der Staat hat versagt. Selbsthilfe im Familienverband oder in Genossenschaften ist angesagt. Zugleich wachsen die Ränder der politischen Parteienlandschaft. Ob in Frankreich oder Griechenland, die extreme Linke und die extreme Rechte profitieren von der Wut der Menschen auf die etablierten Parteien. Auch hier splittert sich die Politik immer weiter auf. Protestbewegungen aller Art schießen wie die Pilze aus dem Boden. Die Wut über die weit verbreitete Korruption könnte in Europa noch viele Regierungen zu Sturz bringen. Auch hier bahnt sich eine sehr turbulente Periode europäischer Geschichte an.

Doch der bedingungslose Glaube vieler Menschen, dass alles nicht so schlimm werden wird, wiegt sie noch in Illusion. Es darf ihnen nicht zum Vorwurf gemacht werden, denn der Alltag ist für manche Bürde genug. Und diesen Hang zur heilen Welt gab es in Europa zu allen Zeiten. Zweig schreibt über die von ihm erlebte Ära vor Ausbruch des Ersten Weltkriegs: „In diesem rührenden Vertrauen, sein Leben bis auf die letzte Lücke verpalisadieren zu können gegen jeden Einbruch des Schicksals, lag trotz aller Solidität und Bescheidenheit der Lebensauffassung eine große und gefährliche Hoffart. Das neunzehnte Jahrhundert war in seinem liberalistischen Idealismus ehrlich überzeugt, auf dem geraden und unfehlbaren Weg ‚zur besten aller Welten' zu sein. [...] An barbarische Rückfälle, wie Kriege zwischen den Völkern Europas, glaubte man so wenig wie an Hexen und Gespenster."[76] Wie sich alle doch getäuscht haben. Die Barbarei wartet offenbar schon um die Ecke, wenn durch Not und Wut leicht verführbare Menschen einem neuen Rattenfänger folgen. Den aktuellen Protestbewegungen etwa in Spanien und Frankreich, die sich als Empörte formieren, fehlt die Führungsebene. Vielmehr ist hier die horizontale Dauerkommunikation der Motor. Von einem alternativen Programm und neuen Köpfen ist wenig zu sehen. Die Auseinandersetzungen könnten sich daher zwischen den unter drastischer Armut leidenden Menschen noch länger auf den Straßen abspielen, bevor es zu Wendezeiten durch Wahlen und völlig neue Parteien, als Auffangbecken des Protests, kommen könnte.

Ich erinnere mich an viele Abende mit bosnischen Freunden, die aus Sarajewo geflüchtet waren, in Wien Anfang der 1990er Jahre. Sie, die Serben, Kroaten und Muslime, schämten sich der Gewaltexzesse in ihrer Heimat, da sie nicht verstanden, wie Nachbarn plötzlich zu Mördern geworden waren. Die Geschichte und das Studium des Menschen lehren uns, wie dünn der Firnis der Zivilisation ist. Bildung, Weltgewandtheit und frommer Glaube haben noch keinen Menschen zu irgendeiner Zeit davor zurückgehalten, sich an Gewalt zu beteiligen. Genau dies war die Erfahrung Europas zu Beginn des 20. Jahrhunderts.

Die Kassandras ihrer Zeit

Die Welt der gesicherten Werte ging im Zuge der 1930er Jahre unter. Ein Zeitgenosse und Freund Zweigs, der Schriftsteller Joseph Roth (1894–1939), ahnte den Untergang „seines" Europas bereits in den frühen 1930er Jahren. Mit bestechender Klarheit war der Essayist und Reporter seiner Zeit voraus. In Paris, in der Rue de Tournon, die sich zwischen dem Jardin du Luxembourg und dem Prachtboulevard Saint-Germain einst als Gasse der Buchhandlungen hinzog, lebte oder vielmehr existierte Roth. Er versoff sich in seiner alten Sucht zweifellos auch aus Verzweiflung angesichts dessen, was er kommen sah. Überliefert ist die Anekdote, dass Roth auf die Mahnung Zweigs, doch endlich mit dem Trinken aufzuhören, antwortete: „Ich trinke nicht, um zu vergessen, sondern um klarer zu sehen." Und er sah wahrhaftig klar, auch wenn er in seinen in der Monarchie angesiedelten Romanen, die er nur als Kind noch vage mitbekommen hatte, gerne den Blick in die Vergangenheit richtete. Der Roman „Radetzkymarsch" war eine solche Trauer über den Untergang des alten Europas. Als Journalist und Verfasser zeitloser Essays sah er jedenfalls eine Apokalypse auf Europa in Form autoritärer Regime zukommen. In Paris gab er eine Publikation für Exil-Österreicher heraus, worin er regelmäßig seine düsteren Ahnungen niederschrieb. Denn der Erzähler Roth verstand sich stets als genauer Beobachter, der nicht der Fiktion, sondern dem Betrachteten huldigte. Einige Monate vor seinem Tod schrieb Roth über Europa ein hartes Urteil: „Europa schweigt oder schwätzt, soweit es atmet und lebt, und nur aus vereinzelten Gräbern spricht seine Wahrheit. Es ist im Begriff ein Friedhof zu werden, weil es seine Gräber nicht ehrt, in der Furcht zu sterben, weil es die Ehrfurcht nicht kennt."[77]

Warnende Stimmen gab es zu allen Zeiten, einige äußerten sich weniger verzweifelt und vielleicht ob ihrer persönlichen Sicherheit abstrakter. Als der Philosoph Immanuel Kant (1724–1804) im Sommer 1794 seinen Essay „Das Ende aller Dinge" publizierte,[78] beschreibt er in dem Teil „Das Ende der Welt" Verhaltensweisen, die man als Symptome einer Weltuntergangsstimmung bezeichnen kann. Der Königsmord 1793 war letzter Höhepunkt des revolutionären Geschehens, das Kant grundsätzlich begrüßte. Ein Kosmos, der Welt und Ordnung bedeutete, war untergegangen. Für Kant gibt es eine Welt nach dem Königsmord, nämlich die Welt, die wir machen – dies war seine Antwort auf die Konterrevolutionäre, indem er sagt: „Schließt nicht vom Ende einer Welt auf das Ende aller Ordnung." Kant als der deutsche Denker der Aufklärung wusste, „aus dem Chaos kann und wird Neues entstehen." Kants Schriften waren Inbegriff eines tief verankerten eurozentrischen Weltbildes, das er mit seinen Schriften noch für Generationen an Denkern und Politikern prägen sollte. Denn für ihn gab es nur eine Zivilisation: jene der weißen Europäer. Als rassistisch und dumm würden die meisten unter uns wohl folgende Aussage des Aufklärers und Autors der „Kritik der reinen Vernunft" bezeichnen: „Die Menschheit ist in ihrer größten Vollkommenheit in der Race der Weißen. Die gelben Indianer (Inder) haben schon ein geringes Talent. Die Neger sind weit tiefer, und am tiefsten steht ein Theil der amerikanischen Völkerschaften."[79]

Mit seinem eurozentrischen Weltbild reiht sich Kant in eine europäische Tradition der Weltuntergangshaltung. Dahinter lauert offenbar die religiöse Prägung, die Geschichte der Apokalypse, die den Menschen vor allem in Zeiten der völligen Ignoranz oft genug die Angst vor dem Untergang einjagte. Doch da die Welt nach der Aufklärung nicht mehr von Vorsehung bestimmt ist, bedeutet der Wegfall einer Ordnung nicht mehr deren Untergang. Eine säkularisierte Form dieser europäischen Grundstimmung sieht Kant in diesem offenbar weit verbreiteten Denken, das auf das Ende der Welt hin gerichtet ist – die Welt als eine Idee des Menschen, die erfahrungsgemäß auf das fundamental Ungewisse hinweist. Unter deutschsprachigen und französischen Autoren ist diese Geisteshaltung, die in Frankreich als „déclinisme" bezeichnet wird, recht weit verbreitet, geradezu à la mode. Findet sich in der deutschsprachigen Sachbuchliteratur vieles rund um die Themen Umweltzerstörung, Ende des Euro oder die Überfremdung durch Migration, dominieren in Frankreich daneben noch weitere Titel rund um das Ende des mächtigen Staates und der Eliten.

Die aktuelle Dekadenz Europas bestimmt gewissermaßen die Stimmung. Und diese wird durch Statistiken untermauert. Denn welche Zahlentabelle zu welchem Produkt auch immer man studiert, am Ende erkennt man, der Zug fährt nach Osten und wohl bald nach Süden. Europa ist wieder einmal am Rande der Bedeutungslosigkeit, wie schon so oft zuvor in der Geschichte. Doch aus dem bekannten Lauf der Dinge dürfen wir die Konklusion ziehen, dass daraus wieder

Neues entstehen kann. Doch vorerst verknöchert die europäische Bürokratie und blockiert Versuche einer wirtschaftlichen Erneuerung, welche Unternehmern anstreben.

Mehr oder weniger Europa?

Gerne wird das Bild von der Baustelle Europa verwendet, um damit zum Ausdruck zu bringen, dass das Integrationsprojekt der EU ständiges work in progress sei. Diese Zugangsweise verunsichert zusehends die Menschen, die wissen wollen, wohin die Reise geht. Weder ist die territoriale Finalität der EU bekannt, also die Grenzen der geografischen Erweiterung, noch ist die Machtverteilung zwischen Nationalstaaten und supranationalen Institutionen in Brüssel geklärt. Die Erweiterung mit Blick auf die Türkei oder Staaten wie die Ukraine und viele Staaten in Südosteuropa ist angesichts der Verschuldungskrise in den Hintergrund getreten. Wenn von der Rechtsform der europäischen Integration die Rede ist, dann gehen die Meinungen tief auseinander. Waren die 1980er Jahre geprägt von einem Elan der Stärkung europäischer Institutionen, so war 1992 eines klar: Die nationalen Regierungen wollten eine weitere Verschiebung von Zuständigkeit und damit Einfluss weg von den Hauptstädten und hin in ein übernationales Brüssel verhindern. Der „intergouvernmentale" Zugang, also die zwischenstaatliche Einigung sollte Vorrang haben. Die Macht der letzten Entscheidung verblieb bei den nationalen Regierungen. Und hier ist der Ablauf meist der, dass sich das deutsch-französische Tandem auf eine Vorgehensweise einigt, dies dann mit den wesentlichen großen Akteuren, wie Italien und Großbritannien, bespricht. Der Rest der EU wird meist vor vollendete Tatsachen gestellt.

Die EU ist keine internationale Organisation wie die UNO, sie ist aber auch kein Staatenbund. Es mag etwas akademisch klingen, hat aber praktische Folgen für uns alle. Die EU wir als eine Sonderform, als eine eigene Kategorie bezeichnet. Rechtlich lautet dies dann: sui generis. Das große Friedensprojekt, das 1957 auf Basis der Römischen Verträge begann, lässt sich in keine Kategorie einordnen. Seit dem offiziellen Ausbruch der Euro-Krise ist für alle klar ersichtlich: Der Europäische Rat, also das Gremium der Staats- und Regierungschefs, ist federführend. Das Europäische Parlament, das auf eine Stärkung seiner Rolle setzte, wurde von den Krisenmanagern auf einen Nebenschauplatz verwiesen. Während Großbritannien laut und intensiv über einen Austritt aus der Europäischen Union nachdenkt, versuchen Deutschland und Frankreich sowie die Europäische Kommission Europa zu vertiefen. Inwieweit hierfür der politische Wille aller 27 EU-Mitglieder vorhanden ist und die Menschen dies mittragen, ist fraglich.

Gegenwärtig spießt es sich vor allem an einer Grundsatzfrage: Soll die EU in ihrer Gesamtheit enger zusammenwachsen oder werden jene 17 Staaten, welche die Gemeinschaftswährung Euro teilen, ihr eigenes Budget und ihre eigenen Aufsichtsorgane entwickeln? Gerade die Aussicht auf engere Zusammenarbeit beunruhigt verständlicherweise die Briten. Denn jene Staaten, die nicht der Euro-Zone angehören, könnten zukünftig in wichtige Entscheidungsprozesse nicht mehr einbezogen werden. Wenngleich die Briten als traditionelle Skeptiker einer europäischen Integration am lautesten ihren Ärger über die EU in ihrem aktuellen Zustand verkünden, so finden sie doch auch Verbündete, wie Polen und Schweden, die etwas diskreter, aber um nichts weniger bestimmt, ihre Sorgen über die weitere Zukunft der EU äußern.

Die Befürworter einer weiteren Verdichtung Europas plädieren für folgenden Weg: Durch Strukturreformen sollen die Volkswirtschaften innerhalb der Euro-Zone fester verbunden werden. Nach der sogenannten Krisenbewältigung in Form des ESM, des Europäischen Stabilitätsmechanismus, der im Herbst 2012 in Kraft trat, soll nun eine Finanzmarktaufsicht bei der Europäischen Zentralbank aufgebaut werden. Damit wird eine einheitliche Aufsicht für den Euro-Raum geschaffen. Viele Banken sträuben sich noch gegen eine solche Zentralisierung. Die tatsächlichen finanziellen Belastungen, die sich aus dem ESM ergeben, sind aber für einen aufmerksamen Leser des Vertrags nicht ersichtlich.

Kritiker dieser Euro-Rettung beklagen vor allem, dass aus der Europäischen Währungsunion eine Transferunion wurde, wie dies in den diesbezüglichen Verträgen nicht vorgesehen war. Neben der Währungsunion geht es aber den Optimisten einer fortschreitenden Integration auch um die Weiterentwicklung der Europäischen Kommission zu einer demokratisch legitimierten Exekutive. Die Bürger Europas würden dann ihren Präsidenten wählen. Dies klingt nach weit entfernter Zukunftsmusik. Was in den vergangenen Jahren spürbar zunahm, war eine Rückbesinnung auf nationale Interessen. Von einer europäischen Öffentlichkeit, die gerne beschworen wird, ist wenig zu spüren. Im Gegenteil, Protektionismus und wachsende Europaskepsis in den Parteien des rechten wie des linken Randes könnten langfristig den Ausschlag geben. Vielleicht muss die aktuelle europäische Einigung noch einmal scheitern, bevor ein neuer und dann von einer europäischen Allgemeinheit getragener Prozess beginnt. Denn gegenwärtig erleben wir ein sehr gefährliches Auseinanderdriften in der EU. Von einer wachsenden Nord-Süd-Kluft ist konstant seit Jahren die Rede. Der Sozialbericht der Europäischen Kommission von Anfang 2013 zeigt anhand verstörender Fakten, dass der Norden immer reicher wird, der Süden verarmt.[80] Alle Hilfsprogramme für die Krisenländer Griechenland, Spanien, Portugal und Italien konnten die Abwärtsspirale nicht aufhalten.

Europa zerfällt in reichen Norden und armen Süden

Im Zuge der Recherche für dieses Buch versuchte ich herauszufinden, wann erstmals der Begriff der „europäischen Peripherie" im Zuge der Wirtschaftskrise auftauchte. Ich wurde nicht fündig, doch das Begriffspaar von starkem Kern und schwacher Peripherie beschäftigt mich. Ist es doch umso kurioser, dass Griechenland und Italien in zivilisatorischer Hinsicht der Kern aller abendländischen Kultur sind. Jene Länder, die in der Antike, da jenseits des römischen Limes, das Land der Barbaren waren, sind heute hingegen das „gute" Europa. Es ist mir klar, dass niemand sich auf den Lorbeeren der Geschichte ausruhen kann, sondern stets sich messen und an neue, vielleicht widrige Umstände anpassen muss. Und dennoch erscheint mir der Begriff der Peripherie sehr bezeichnend für die aktuelle Situation, die auch das Bild eines zersplitterten Europas abbildet.

Die wirtschaftliche Not ist in Griechenland inzwischen so groß, dass das Sozialgefüge im Land aufbricht und der politische Zusammenhalt sich aufzulösen droht. Es mehren sich Stimmen, die vor einer Banalisierung der bürgerkriegsartigen Gewalt als „Krawalle" warnen. Der enge Zusammenhalt im griechischen Familienverband hat lange geholfen, dem Kollaps des Arbeitsmarktes die Stirn zu bieten. Doch angesichts drastisch fallender Haushaltseinkommen gerät die Familie soweit unter Druck, dass Kinder gar in Heime gegeben werden. Streiks erschweren den Alltag zwischen nicht funktionierendem öffentlichen Verkehr und Müllbergen. Inzwischen machen sich nicht nur Finanzanalysten Sorgen um das Land, das jahrelang primär durch die Linse von Kreditfähigkeit bewertet wurde. Auch für Mediziner ist klar, dass die griechische Gesellschaft unter dem Druck der Krise explodiert, die Traumata steigen quer durch alle Schichten an.[81] In Spanien lauern Bürger ihren Politikern auf. Die Jugend muss mit Massenarbeitslosigkeit den höchsten Preis zahlen. Dass sie für extremistische politische Bewegungen anfällig werden könnten, ist nicht auszuschließen.

Die Zahl der von Armut und sozialer Ausgrenzung gefährdeten Menschen steigt in der Europäischen Union weiter, obwohl die Verringerung der Armut ein Kernziel der Union bis 2020 ist. Nach den Daten des EU-Statistikamtes Eurostat waren 2011 119,6 Millionen Europäer von Armut oder sozialer Ausgrenzung bedroht. Der Norden hängt den Süden zunehmend ab. Und seit 2011 hat sich die Situation nur weiter verschärft. Armutsgefährdet nach Zahlung von Sozialleistungen sind demnach in der EU 17 Prozent der Bevölkerung. Auch hier kommt die Energiefrage zum Tragen. Infolge der Privatisierung der Energieversorger in Bulgarien kam es seit Herbst 2012 zu einer massiven Verteuerung der Stromkosten. Bei einem Durchschnittseinkommen von 350 Euro, einer Monatsrente von 150 Euro können die Menschen nicht monatlich Stromkosten von 50 Euro begleichen. Die Proteste führten zum Sturz der Mitte-Rechts-Regierung von Premier Borissow am 20. Februar 2013. Die

Frage der Leistbarkeit der Energie wird in naher Zukunft zur Zerreißprobe in vielen europäischen Staaten werden. Fast 60 Prozent der deutschen Öffentlichkeit steht hinter der 2011 beschlossenen Energiewende, also dem phasenweisen Ausstieg aus der Atomenergie. Sehr fraglich ist aber, wie die Bevölkerung reagiert, wenn die Strompreise kräftig ansteigen. Als wahrscheinlich gelten Preiserhöhungen von 15 bis 20 Prozent in den kommenden Jahren. Dies würde neben den Privathaushalten auch die Industrie treffen. Soziale Unruhen aufgrund von Energiearmut in Europa werden sich meines Erachtens noch von Südosteuropa nach Westeuropa ausbreiten. Auch Frankreich denkt an eine allmähliche Energiewende, die unweigerlich die bislang sehr niedrigen Stromrechnungen der Franzosen erhöhen würde. Rund 80 Prozent der Stromerzeugung stellt dort die Atomenergie. Die Kosten für die Stilllegung bzw. Erhaltung der Sicherheitsstandards der 58 Reaktoren in Frankreich gehen in die Milliarden. Angesichts des enormen Defizits im französischen Staatshaushalt fehlt es an den Mitteln, um eine neue Infrastruktur für die Energieversorgung auf die Beine zu stellen. Auch die Sozialsysteme erreichen ihre Grenzen. Die statistische Arbeitslosenzahl in der EU von 12 Prozent ist höher als in einigen afrikanischen Ländern. Nach einigen Jahren Dauerkrise sind die meisten nationalen Sozialsysteme kaum noch in der Lage, die Einkünfte der Haushalte gegen die Folgen der Krise zu schützen. Das Arbeitslosengeld wird knapper.

Gerade aus dem Bildungssystem entlassen machen Millionen von jungen Menschen europaweit die bittere Erfahrung, in der Welt der Erwachsenen nicht gebraucht zu werden. Dies hat nicht nur Auswirkungen auf das persönliche Leben, es führt zu Krisen, Gewalt, Resignation. Ein solches schwarzes Loch, das sich nicht mehr mit Kursen und Praktika zukleistern lässt, zieht sich auch in Form von schlechteren Chancen auf dem Arbeitsmarkt durch die gesamte Berufsbiografie. Die EU-Kommission hat daraufhin die surreal anmutende Maßnahme gesetzt, allen Jugendlichen eine Jobgarantie zu geben. Zielführender wäre es aber, die europäischen Bildungssysteme grundlegend zu reformieren und nicht bloß zu harmonisieren.

All dieser Drang zu harmonisieren und zu standardisieren hat in der EU einige Bumerangeffekte provoziert. Die Europäischen Gemeinschaften erhielten 1992 mit dem Vertrag von Maastricht eine neue Grundlage. Aus wirtschaftlicher Kooperation sollte eine politische Union entstehen. Die Währungsunion war ein Teil davon. Die Einführung der Gemeinschaftswährung war in gewisser Weise das politische Gegengeschäft, das Frankreich für die deutsche Wiedervereinigung einforderte. Noch vor der physischen Einführung der Gemeinschaftswährung am 1. Jänner 2002 sagte der britische Soziologe Rolf Dahrendorf, dass „der Euro nicht zur Einigung, sondern zur Spaltung Europas"[82] führen werde. Ähnlich äußerte sich auch der US-amerikanische Ökonom Milton Friedman, Vertreter der neoliberalen Schule von Chicago, der in den großen Unterschieden zwischen den europäischen Volkswirtschaften Probleme für eine Gemeinschaftswährung sah und daher den Euro als großen Fehler bezeichnete.[83] Beobachtet man die weit verbreiteten und scharfen Ressentiments in Europa zwischen den Nationalstaaten, die sich seit bald fünf Jahren nur mehr um den Euro, Pleite, den Zahlmeister Deutschland und ähnliches drehen, dann ist der Spaltpilz Gemeinschaftswährung ein wesentlicher Faktor.

Die aktuelle Renationalisierung vermeintlich gemeinsamer europäischer Interessen lässt sich nicht nur an der Massenarbeitslosigkeit ablesen, wo jeder Staat nun versucht, seinen Markt und die eigene Industrie zu schützen, sondern in der zeitweisen Aussetzung der Reisefreiheit auf Basis des Schengen-Abkommens. Kurios war der Umgang der Europäer mit den Revolutionen des Arabischen Frühlings von Anbeginn. Wollte die französische Regierung dem tunesischen Machthaber Ben-Ali noch kurz vor dessen Sturz am 14. Jänner 2011 Elitetruppen zur Niederschlagung der Demonstrationen schicken, so zauderten die europäischen Staatskanzleien insgesamt, wie sie mit den wankenden Diktatoren und den nachfolgenden neuen Machthabern umgehen sollten.[84] Bezeichnend für das europäische Dilemma war die Reaktion auf die Flüchtlingswellen, die alsbald aus Nordafrika folgten, als mit dem Sturz der Autokraten in Libyen und Tunesien die Garanten einer Migrationskontrolle fielen. Einige Tausend Tunesier gelangten nach Italien. Die italienische Regierung stellte ihnen daraufhin Schengen-Visa aus, damit sie gleich den Zug nach Frankreich nehmen konnten. In Reaktion darauf suspendierte Paris die Schengen-Reisefreiheit. Dänemark tat es ebenso. Die Angst der Europäer vor einer Flüchtlingswelle ließ binnen Stunden alle europäischen Freiheiten wieder zusammenbrechen. Andere krisengebeutelte Länder in der Region hingegen waren fähig, Hunderttausende Menschen aufzunehmen. Die Festung Europa zeigte wieder einmal ihre besonders hässliche Seite.

Das Europa der unterschiedlichen Geschwindigkeiten

Anfang der 1990er Jahre dachten die Franzosen bereits intensiv über eine Art politische Mengenlehre nach, die ein Europa konzentrischer Kreise schaffen würde. Die mathematikverliebten Franzosen sprachen gerne über ein „Europe à géometrie variable", also ein Europa mit abänderbarer Geometrie. Die Idee war, dass je nach politischem Willen und wirtschaftlichen Kapazitäten die damals noch 12 Mitgliedsstaaten ihre rechtlichen und politischen Verpflichtungen für ein gemeinsames Europa unterschiedlich ausrichten könnten. Bei einem Europa von 27 Mitgliedern, die zudem viel unterschiedlicher sind als dies noch für den Kreis der Zwölf des Jahres 1992 galt, gewinnt dieser Vorschlag neuerlich an Aktualität. Bloß niemand setzte sich ernsthaft mit dem Konzept von vor 20 Jahren auseinander, als eine solche Variation noch politisch machbar erschien. Gegenwärtig würde wohl jede institutionelle Neuordnung das ohnehin stark geschwächte Europa weiter zersplittern lassen. In gewisser Hinsicht ist bereits von einer EU der unterschiedlichen Geschwindigkeiten zu sprechen, da nicht alle 27 Mitgliedsländer an allen europäischen Verträgen in gleichem Umfang mitwirken. So unterscheidet sich die Euro-Zone mit 17 Mitgliedern von den EU-27 und könnte dies in Zukunft noch viel tiefgreifender, falls ein separates Budget geschaffen wird. Ebenso beteiligen sich nicht alle EU-Staaten am Schengen-Abkommen, das Reisen ohne Grenzkontrolle und Reisepass ermöglicht. Mit dieser Lockerung der europäischen Integration konnte man bislang den unterschiedlichen Integrationswillen umschiffen. Doch langfristig könnte sich dies noch zum Spaltpilz entwickeln, denn eine Art „pick and choose"-Haltung, wie sie Großbritannien zum Vorwurf gemacht wird, ist vor dem Hintergrund einer wachsenden finanziellen Belastung anderer EU-Mitglieder kaum zu halten.

Neben der permanenten Krise, den vielen Anläufen einer Neuordnung, den neuen weltpolitischen Machtzentren haben wir es in Europa zudem mit einer Krise der politischen Kaste zu tun, die sich ebenso auf die Glaubwürdigkeit der europäischen Politik schlägt. Die Generation von François Mitterrand und Helmut Kohl war die letzte Politikergeneration, die nicht zuletzt wegen ihrer eigenen Kriegserinnerungen an ein vereinigtes Europa glauben wollte. Das Bild der beiden ideologisch und in ihrer Persönlichkeit unterschiedlichen Politiker, die vor dem Denkmal des unbekannten Soldaten einander fast spontan die Hand reichten, bewegte damals und berührt noch heute. Ihre jeweiligen Nachfolger haben zu Europa eine Einstellung, die mehr an Fahrlässigkeit denn an gelebtes Engagement erinnert.

Wie bedeutsam diese deutsch-französische Achse über alle parteipolitischen Gräben hinweg ist, war mir zwar theoretisch als Österreicherin bewusst. Und dennoch war es eine besondere Erfahrung, diese enge institutionelle Verquickung zwischen den beiden Nachbarstaaten beruflich und menschlich einige Monate lang zu beobachten und auch mitzugestalten. Zwischen September 1991 und Dezember 1992 konnte ich in Paris die ENA, die Ecole Nationale d'Administration, absolvieren. Auf dieser Verwaltungsakademie bearbeiteten wir, rund 100 Franzosen, die sich über einen Prüfungsmarathon hochgearbeitet hatten, und ca. 30 ausgewählte ausländische Studierende, die bereits in der Verwaltung ihrer Staaten tätig waren, praktische Dossiers. Als Deutscher in einem französischen Ministerium zu arbeiten bzw. als Franzose in einer deutschen Verwaltung zu dienen, ist bereits seit Jahrzehnten Praxis. Doch auch für Beamte aus Nicht-EU-Staaten war es möglich, unter Auflage der Amtsverschwiegenheit in der französischen Bürokratie für einige Monate tätig zu sein. Die Umwandlung von einem gemeinsamen Markt in eine politische Union stand im Zentrum unserer Seminare, Debatten und Examen.

Doch diese Umwandlung hatte eine wachsende Skepsis der Bürger angesichts einer Machtkonzentration in den Brüsseler Institutionen zu gewärtigen. Dieses Misstrauen verschärfte sich dann im Frühsommer 2005, als der Entwurf für eine europäische Verfassung in den Referenden in Frankreich und in den Niederlanden vom Stimmvolk abgelehnt wurde. Die EU war damals, noch lange vor der Euro-Krise und der Weltwirtschaftskrise, in ihren Grundfesten erschüttert. In den beiden Gründungsstaaten, deren Bevölkerung allgemein als sehr pro-europäisch wahrgenommen wurde, hatte sich die Mehrheit gegen ein Mehr an Europa ausgesprochen. War es in den Niederlanden unter anderem die Stimmung gegen weitere Migration und die Angst vor Überfremdung, aus der einige rechtsgerichtete Parteien bereits politisches Kapital geschlagen hatten, so wuchs in Frankreich die Angst vor weiterer innereuropäischer Auslagerung von Industrie und Arbeitsplätzen in die neuen EU-Mitgliedsstaaten in Mittel- und Osteuropa, wo niedrige Löhne und niedrige Körperschaftssteuern lockten. Mehrere französische Premierminister machten sich für einen Schutz der französischen Produktion innerhalb Frankreichs stark, ob nun Milchprodukte von Danone oder Autos von Renault. Dass solche Forderungen in Widerspruch mit dem Binnenmarkt stehen, wonach die Freizügigkeit von Waren, Personen und Kapital herrscht, ging in diesen populistischen Aussagen immer wieder unter.

Am Anfang dieses großen Friedensprojektes namens Europa, das für genau diese Leistung 2012 den Friedensnobelpreis erhielt, stand die deutsch-französische Aussöhnung. Diese ist eine Meisterleistung staatsmännischer Kunst, die auch im Rückblick viel Bewunderung abringt. Doch wie viel größer muss der Mut der handelnden Personen in den 1950er und 1960er Jahren gewesen sein, die sich über so manchen innerparteilichen und öffentlichen Widerstand hinwegsetzen mussten, um den Schritt zur deutsch-französischen Zusammenarbeit zu machen. Der frühere deutsche Außenminister Hans-Dietrich Genscher definierte den Unterschied zwischen Politiker und Staatsmann so: „Ein Staatsmann trifft Entscheidungen, für die er nicht wiedergewählt würde." Es waren offenbar glückliche Fügungen, dass Staatsmänner vom Format eines Jean Monnet, Robert

Schuman und dann vor allem Charles de Gaulle und Konrad Adenauer zum richtigen Moment am richtigen Ort waren. Denn die aktuelle politische Kaste würde es heute nicht vermögen, so über den eigenen nationalen Schatten zu springen, eigene Verletzungen zu vergessen und auf den anderen um der gemeinsamen Sache willen zuzugehen.

Politik betreibt Rechtsbruch

Juristen sind nicht unbedingt die besten Politiker, da sie womöglich zu formalistisch an den Normen hängen und sich weniger für das Machbare interessieren. Und dennoch halte ich das Studium der Rechte und vor allem eine gewisse Praxis für eine exzellente Vorbereitung auf mehrere berufliche Wege, gesetzt den Fall, man blickt immer wieder ein Stück tiefer in die Entstehung von Normen und in die Rechtssprechung. Denn kaum eine Disziplin bildet so klar gesellschaftliche Entwicklungen ab. Will man eine Gesellschaft verstehen, dann erlerne man ihre Sprache und ihr Recht. So habe ich es mit meinen Entdeckungsreisen in die Welt der internationalen Beziehungen immer gehalten. Vor allem am Strafrecht und Strafprozessrecht lässt sich studieren, wie diese Gesellschaft funktioniert oder warum sie nicht funktioniert.

Bei aller Kritik, die ich mir am Verlauf der europäischen Einigung erlaubt habe, war ich doch stets stolz darauf, dass das sich vereinende Europa nicht Ergebnis von Eroberungen oder wirtschaftlicher Expansion der besonders Mächtigen und Verschlagenen war, sondern vielmehr das Ergebnis von Verträgen. Europa ist ein Normenkonstrukt. Gerade damit haben die USA und China ihr Problem. Denn in beiden Kulturen wird Recht eher klein geschrieben. Pragmatisches Schaffen vollendeter Tatsachen ist vielmehr ihre Linie. In China gab es infolge der Kulturrevolution in den 1960er Jahren jahrzehntelang keine Fakultät der Rechtswissenschaften.

Und Europa durfte in der Vergangenheit zu Recht stolz auf seine Rechtstradition sein. Doch ein Teil der Krise der EU ist der permanente Rechtsbruch der eigenen Verträge. Paul Kirchhof, deutscher Verfassungsrichter, schrieb im Juli 2012 eine heftigen Appell: „Die EU steckt in der Krise, weil Recht missachtet wurde. Und wir spielen weiter mit dem Feuer: Eine Instabilität des Rechts wiegt schwerer als eine Instabilität der Finanzen. Wer das nicht begreift, dem hilft auch keine Zentralgewalt mehr."[85]

Was als Finanz- und Wirtschaftskrise begann, ist eine tiefgreifende Erschütterung der Werte geworden. Das Bild des Westens schien schon heftig angekratzt, als im Namen des Kriegs gegen den Terror ab Herbst 2001 massiv Bürgerrechte ausgehebelt und letztlich Menschenrechte durch die Soldaten der alliierten Streitkräfte in Afghanistan und im Irak schwer verletzt wurden. Die Bilder der Erniedrigung irakischer Gefangener, die ihren Weg aus dem Gefängnis von Abu Ghaib in Bagdad im April 2004 an die Weltöffentlichkeit fanden, waren die Spitze eines von der Regierung gedeckten Foltersystems. Angesichts bevorstehender Staatspleiten, Massenarbeitslosigkeit, Serien von Korruptionsfällen, ob in Banken oder Regierungen, und einer wachsenden Wut der Menschen gegen ihre gewählten Regierungen, ist das westliche Lebensmodell in Frage gestellt.

Der Grad der Zersplitterung eines Wertesystems lässt sich wohl auch am Fleischskandal um Pferdefleisch, das als Rindfleisch deklariert wurde, im Februar 2013 ablesen. Die Wege der Fleischmafia ziehen sich quer durch die EU, zwischen grauenhaften Tiertransporten, Offshore-Firmen in Zypern, holländischen Zwischenhändlern und Financiers im Rüstungsgeschäft. Letztlich kennt niemand den Ursprung des Produkts, Etiketten lassen sich leicht aufkleben. Die einzige Reaktion der EU-Kommission kreist um neue Proben der Fleischprodukte. Was aber niemand anspricht, ist der blanke Wahnsinn in der europäischen Landwirtschaft mit ihren Fördertöpfen, wo Massentierhaltung und Billigproduktion privilegiert werden. Während meines Praktikums an der ENA hielt ich mich auch einige Tage auf einem Schlachthof im Poitou-Charentes auf, wo ich mehr über die Funktionsweise der gemeinsamen europäischen Landwirtschaftspolitik erfahren wollte. Ich sah Tiere, die aus Rumänien quer durch Europa antransportiert wurden, die völlig panisch und erschöpft in diesem Betrieb geschlachtet wurden, da die Bauern der Region ihre

Schlachtviehquote nicht überstrapazieren sollten. Was sich hier abspielt, ist eine groteske Planwirtschaft, die viel Leid verursacht, und mich damals mehr an sowjetische als an westeuropäische Betriebswirtschaftslehre erinnerte. Der russische Schriftsteller Leo Tolstoi schrieb zu einer Zeit, als die Landwirtschaft noch weit von dem Horror der Industrialisierung entfernt war, die wir heute in Europa kennen: „Solange es Schlachthäuser gibt, wird es Schlachtfelder geben!" Als ob er geahnt hätte, zu welchem Irrsinn die Menschen noch fähig sein werden, sowohl im Umgang mit Menschen als auch mit Tieren. Europa ist in so vielen Bereichen völlig aus den Fugen von Recht und Moral geraten. Und dennoch bilden wir uns weiter ein, so wichtig und ein so begehrenswerter Handelspartner zu sein.

Die Illusion der eigenen Bedeutung als Energiemarkt

„Es ist kein Naturgesetz, dass russisches Erdgas westwärts fließt," konstatierte Alexei Miller, der Vorstandschef des russischen Energiekonzerns Gazprom, schon zu Beginn der Nullerjahre im stets spannungsgeladenen Dialog zwischen der EU und Russland. Die russische Erdgasversorgung ist Hauptthema dieses Dialogs. Auf europäischer Seite hörte man stets, dass Russland den europäischen Markt mehr brauche als die EU das russische Erdgas. Diese Haltung verkennt die Realität, denn Pipelines, ob jene aus Russland oder Zentralasien, drehen ostwärts und nach Süden. Ebenso gehen die Handelsströme der wichtigen Erdöl- und Erdgasexporteure der Arabischen Halbinsel nach Osten und weniger in Richtung Europa. „Schon aus demografischen Gründen ist für uns Europa immer weniger interessant", bekam man in der OPEC (Organisation Erdöl exportierender Länder) bereits vor 15 Jahren zu hören. Die neuen Destinationen liegen im asiatisch-pazifischen Raum.

Russland bedient verstärkt seine Abnehmer im Osten. Bereits 2010 wurde der erste Teil der East Siberian Pacific Ocean, ESPO, in Betrieb genommen. Diese Pipeline ist 4200 Kilometer lang und wird mit Rohöl gefüllt, das in Ostsibirien gefördert wird. Um die asiatische Nachfrage zu erfüllen, wird auch Erdöl, das für den Westen bestimmt war, gen Osten umgeleitet. Russland produziert rund 10 Millionen Fass pro Tag, es liegt damit auf gleicher Höhe wie Saudi-Arabien. Es vermehren sich die Anzeichen, dass die Erdöl- und Erdgasfelder versiegen, bzw. hat Russland angesichts vergangener Willkür gegen ausländische Konzerne Mühe, ausländische Investoren für neue Förderprojekte in geologisch schwierigen Gebieten zu gewinnen. Noch ist Russland aber ein wichtiger Lieferant für Erdgas nach Europa und baut gleichsam eine Monopolstellung aus. Um diese abzuschwächen, sollte eine südöstlich durch die Türkei in Richtung kaspischen Raum geführte Pipeline namens Nabucco mehr Diversifizierung ermöglichen. Ein Besuch in der Wiener Staatsoper lieferte den Namen für das ehrgeizige Konsortium. Die Unterzeichner der Vorverträge unter der Führung der OMV sahen 2002 die Oper „Nabucco", die Giuseppe Verdi einst gegen die österreichische Fremdherrschaft in Italien komponiert hatte. Die Teilnehmer erwärmten sich für den Titel in Anlehnung an den italienischen Freiheitsdrang, um die mögliche Unabhängigkeit von russischen Erdgaslieferungen zu demonstrieren. Die Idee der Konsortiumsmitglieder aus Mitteleuropa und der Türkei war, Erdgas aus dem kaspischen Raum über die Türkei nach Europa zu bringen. Die wachsende russische Dominanz in der europäischen Erdgasversorgung sollte mit dieser Diversifizierung gebrochen werden. Auftrieb und politische Unterstützung aus Brüssel erhielt Nabucco nach den Erdgaskrisen im Jänner 2006 und 2009, als russisch-ukrainische Zwiste zur Unterbrechung der Gaslieferungen führten.

Aserbaidschan und Turkmenistan, sowie die Errichtung einer transkaspischen Pipeline waren die neuen Ziele. In völliger Unterschätzung des Territorialstreits um die Kaspische See wollten die Unterhändler für Nabucco eine transkaspische Pipeline. Erdgas aus Turkmenistan sollte westwärts verfrachtet werden. Doch der Iran und Russland legten abwechselnd ihr Veto ein. In Turkmenistan wunderte man sich über das teils planlose Vorgehen der Europäer und wandte sich den besser organisierten Chinesen zu. Nach elf Monaten Bauzeit ging im Dezember 2009 die 1800 km lange turkmenisch-chinesische Erdgaspipeline in Betrieb. China will die Trasse, die durch Kasachstan und Usbekistan führte bis nach Südchina auf eine Länge von ca. 8000 km ausbauen und das Netz um zusätzliche Erdölpipelines aus Kasachstan erweitern.

Die Pipelines drehen seit langem ostwärts, nur viele Europäer wollen immer noch nicht begreifen, dass sich das geopolitische Gefüge ändert. Das 21. Jahrhundert wartet nicht auf Europa. Indes scheint die Regulierungswut der Europäischen Kommission auch zur Abwanderung der Industrie beizutragen. Geistig verknöchert und ausgebrannt – so sah man in den USA und in Asien schon lange Europa. Mittlerweile haben sich Selbstzweifel tief auch in das europäische Bewusstsein eingegraben. Wenn die Zuversicht abhanden kommt, dann ist die Lage wahrlich ernst.

4. Unterwegs in ein asiatisches Zeitalter?

„Reich werden ist ruhmvoll!"
Deng Xiaoping vor dem Zentralkomitee der Kommunistischen Partei
der Volksrepublik China in den 1980er Jahren

Ich hielt im Frühjahr 2007 an zwei indischen Universitäten Vorträge zur Geopolitik fossiler Energieträger. Die Gespräche im Umfeld mit Studierenden und Kollegen kreisten um die Zukunft der Europäischen Union und den Aufstieg der asiatischen Staaten. Das Bild des Europäers in den Augen der jungen Inder war gelinde gesagt fatal. „Sie arbeiten ja bloß 30 Stunden die Woche oder machen Urlaub oder sind auf Streik", so lautete der Grundtenor zur europäischen Arbeitsmoral. Ich hatte den Eindruck, dass diese indischen Gesprächspartner aus ihrer Verachtung für die dekadenten Europäer kein Hehl machten. Ob darin auch Bitterkeit über koloniale Ausbeutung oder die natürliche Arroganz nationalistischer Hindus mitschwang?[86] Aufgrund einiger Diskussionen eine Einschätzung treffen zu wollen, will ich mir nicht anmaßen. Doch verärgert war ich über diese Bemerkungen zur vermeintlichen oder doch vorhandenen europäischen Arbeitsscheu. Bei ähnlichen Diskussionen in China, Vietnam oder im Iran wurden solche Vorwürfe nie laut. Vielleicht denken sie ähnlich, sind aber zu höflich, es derart hart zu formulieren. Wer weiß. Mit Kritik spare ich am eigenen Land nicht. Doch so heftig will man dann doch nicht den Spiegel vorgehalten bekommen.

Wir leben in unseren Breiten privilegiert, was Grundversorgung, gemäßigtes Klima und vor allem die politische Sicherheit anbelangt. Der harte Arbeitswille und vor allem die feste Entschlossenheit, die eigene Lage und jene der Kinder zu verbessern, wie ich dies in Begegnungen östlich von Wien erlebt habe, sind vielen Menschen fremd geworden. Es darf entgegnet werden, dass Reichtum nicht alles ist und dass wir unsere Prioritäten verschieben. Das ist richtig. Aber Neugierde und das Streben nach Neuem, also die viel zitierte Innovation, sind uns irgendwie abhanden gekommen. Festhalten an wohlerworbenen Rechten und die wachsende Attraktivität reaktionärer Politik sind in vielen westlichen Gesellschaften anzutreffen. Asiatische Einwanderer und ihre Nachkommen sind die Aufsteiger in den USA, Australien und auch Frankreich, wohin viele als Flüchtlinge kamen. Die Verlierer werden in den USA recht brutal als „white trash", also „weißer Abfall", bezeichnet. Angriffe auf Geschäfte von Asiaten, die es zu etwas brachten, durch andere Einwanderergruppen, die sich benachteiligt fühlen, haben in den USA und auch Großbritannien mittlerweile schon grausame Tradition.

Zwischen Angst vor der asiatischen Konkurrenz auf dem Arbeitsmarkt und Lust an ihren Produkten, die so günstig sind, wanken wir. Bereits in den 1970er und 1980er Jahren blickten wir voller Bewunderung und zugleich Sorge auf das japanische Wirtschaftswunder. Japanische Delegationen besuchten Weingüter, kauften Filmstudios, studierten akribisch mit Fotokamera und Notizblock Autosalons, um den westlichen Geschmack und den jüngsten Stand der Technik zu erfassen. Zuerst wurden sie milde belächelt, dann umhegt und schließlich gefürchtet. Japanische Talente stiegen in den Konzertorchestern rasch auf, Japaner waren auf den großen Wirtschaftskongressen letztlich die wesentlichen Kreditgeber und wurden weltweit zu Sponsoren von Opernhäusern, Eisenbahnen und sehr viel Entwicklungszusammenarbeit. Nicht viel anders verhalten sich heute chinesische Konzerne, ebenso die rasch reich gewordenen Staatsfonds aus den arabischen Golfstaaten und in geringerem Umfang auch jene aus Russland.

Die Neuerscheinungen auf dem Sachbuchmarkt überbieten sich seit bald zehn Jahren mit Titeln zur Wirtschaftsmacht Asien. Vom „asiatischen Jahrhundert" ist ebenso die Rede wie vom Niedergang des Westens in einer neuen multipolaren Weltordnung. Der aus Singapur stammende Diplomat und Politologe Kishore Mahbubani zählt zu den profunden Autoren auf dem Gebiet. In seinem Buch „Die Rückkehr Asiens – Das Ende der westlichen Dominanz" analysiert er, warum Indien und China die Zukunft bestimmen werden. Es ist von der neuen asiatischen Hemisphäre die Rede, die aber bei genauer Betrachtung alles andere als kohärent ist. Historische Rivalitäten vergiften die Beziehungen ebenso wie aktuelle wirtschaftliche Konkurrenz. Der Autor beschreibt daher auch die vielen Stolpersteine auf dem Weg der Asiaten nach oben.

Relativ offen werden in China die wirtschaftlichen Turbulenzen auf ihren Exportmärkten im Westen diskutiert, zugleich sind Ökonomen und v. a. die politische Führung überzeugt, dass ihr Land die Krise viel besser und rascher überwinden werde als der Rest der Welt. Diese Zuversicht ergibt sich zu einem Gutteil aus dem chinesischen Selbstverständnis, denn immerhin ist das Reich der Mitte doppelt so groß wie Europa und konnte Jahrhunderte für sich allein existieren. Die jüngere Geschichte mag diesen Optimismus begründen, denn die Veränderungen in der 1949 gegründeten Volksrepublik China sind zweifellos beeindruckend. Es gelang in den letzten 30 Jahren, die Planwirtschaft in eine Marktwirtschaft zu transformieren, ohne das politische System zu ändern. Das gewaltige Schiff China wurde unter dem Reformpolitiker Deng Xiaoping ab 1978 auf neuen Kurs gebracht. Die allmächtige Planungskommission wurde zur Reform- und Entwicklungskommission. China erfand sich neu. Dieses chinesische Modell wird von autoritären Systemen aufmerksam beäugt, denn in der Formel „Konsum statt politischer Freiheit" scheinen einige hundert Millionen Menschen vorerst ihr Heil gefunden zu haben. Und der jeweilige Apparat meint sich derart an der Macht halten zu können. Doch die Korruption setzt der Führung zu.

Deng beschrieb den chinesischen Pragmatismus mit einem legendären Spruch: „Es ist egal, ob die Katze schwarz oder weiß ist, solange sie Mäuse fängt." Deng brachte derart die Reformpolitik, Privatisierung, Öffnung für den westlichen Markt und zugleich Festhalten an der Vormachtstellung der Kommunistischen Partei auf den Punkt. Die Chinesen sollten reich werden dürfen. Sie wechselten binnen einer Generation Gewand und Lebensstil. Aus dem Land der Fahrradfahrer wurde der sogenannte Hoffnungsmarkt der Automobilindustrie. Dies ging in Einklang mit Staus und Smog, wobei die Pro-Kopf-Zahl von Autos einen Bruchteil der Quote in Europa beträgt. Welche gewaltigen Veränderungen das Land in dieser rasanten Industrialisierung durchlief, belegt allein folgende Zahl: Bis 1993 konnte China noch mit seiner nationalen Erdölproduktion von damals rund 3,6 Millionen Fass Rohöl pro Tag den Eigenbedarf decken, 2009 war China zum zweigrößten Importeur für Erdöl aufgestiegen.[87] Doch nach den Jahren zweistelliger Wachstumszahlen, gewaltiger Erwartungshaltungen, die Bauboom und Konsumwellen mit Blick auf die Olympischen Sommerspiele 2008 geschaffen haben, herrscht nun auch in China verlangsamtes Wachstum. Von faulen Krediten, möglichen Immobilienblasen und den vielen versteckten Schulden in den Regionalverwaltungen ist außerhalb Chinas die Rede, nicht im Lande selbst.

Steckt man wie üblich im Stau, so kann man etwa leicht die wenigen erleuchteten Zimmer in den vielen Hotels zählen. Mehrere hundert Fünf-Stern Hotels sind allein in Peking in den letzten Jahren errichtet worden. Die Bettenauslastung liegt bei unter 30 Prozent. Noch unbewohnter sehen die vielen neuen Apartmenthäuser aus. Ihnen waren die traditionellen Viertel, die Hutongs mit ihren flachen Häusern und begrünten Innenhöfen, wo Enten quakten, zum Opfer gefallen. Stelzenautobahnen zerschneiden die Stadt, ein Viertel gleicht dem nächsten. Die leeren Wolkenkratzer vermitteln das Gefühl, in einer grauen futuristischen Geisterstadt mitten im Nirgendwo unterwegs zu sein. Nicht zuletzt wegen der Schuldenkrise im Euro-Raum hat das dynamische Wachstum der chinesischen Wirtschaft in den letzten Jahren einen kräftigen Dämpfer erfahren. Doch auch wenn die Wirtschaft Chinas langsamer wächst, im Vergleich zu Europa und den USA geht es dennoch rasant nach oben. Und laut aktuellen Zahlen dürfte die zweitgrößte Volkswirtschaft nun zumindest im Bereich des Handels die USA vom Thron gestoßen haben: Wie die Wirtschaftsagentur Bloomberg im Februar 2013 berichtete, übertrifft die Summe von Chinas Exporten und Importen jene der USA um 50 Milliarden Dollar.

Eine atomisierte Gesellschaft

All die Wirtschaftsdaten, die gerne zitiert werden, um die wachsende Bedeutung der chinesischen Lokomotive zu untermauern, können aber nicht über die tiefen Abgründe hinwegtäuschen, welche Menschen und Machtapparat trennen sowie innerhalb dieser Machtzirkel sich vertiefen. Allein die Tatsache, dass in den letzten beiden Jahren so viele Korruptionsfälle publik wurden, innerparteiliche Rivalitäten an die Öffentlichkeit kamen, zeigt die Zersplitterung der einst kohärenten Struktur. Eine neue Führungsgeneration tritt im Frühjahr 2013 ein schweres Erbe zur Unzeit an. Denn auch China wird seine beeindruckenden Statistiken einbüßen, wenn seine wichtigen Exportmärkte in Krise und sozialen Unruhen versinken. Jedenfalls trifft man in Peking auf kontrollierte Selbstkritik. Der neue Parteichef Xi Jinping erklärt regelmäßig öffentlich, wenn man das Problem der Korruption nicht löse, werde dies „das Ende der Partei und das Ende des Staats" sein.

Das Krisenbewusstsein wächst und im Politbüro der Kommunistischen Partei empfehlen hochrangige Funktionäre einander die Lektüre eines Buches des französischen Staatsrechtlers Alexis de Tocqueville, „Der alte Staat und die Revolution".[88] Es geht darin um Frankreich vor der Revolution von 1789: Zentralisierung und Ökonomisierung der Despotie hätte die alten Institutionen und Formen des Zusammenwirkens entleert, so dass nur gegeneinander abgeschottete Kasten übrig blieben. Diese atomisierte Gesellschaft – Tocqueville schreibt von einem „kollektiven Individualismus" – habe nichts als die alles beherrschende Begierde verbunden, „um jeden Preis reich zu werden". Aus Angst vor das System möglicherweise gefährdenden Zusammenschlüssen fördert der Despotismus noch diese gegenseitige Isolierung. Ein Spiegelbild des heutigen China glaubt man zu erkennen, indem der Drang reich zu werden die Devise schlechthin ist, um auch von politischen Ambitionen abzulenken. Nun ist dies wiederum kein chinesisches Spezifikum, sondern gilt z.B. auch in Russland und hatte bislang Erfolg. Das Modell könnte in China versagen, wenn der Freiheitsdrang der Menschen wächst, wenn aber vor allem der Wohlstand immer weniger Menschen erreicht. Die Gefahr der Einkommensungleichheit wurde zu den wesentlichen globalen Risiken auf dem Weltwirtschaftsforum in Davos 2013 erklärt. Diese Schere macht sich nicht zuletzt auch in China breit. Seit den Protesten von 1989, als die oberste Führung um Öffnung des politischen Systems stritt, gingen Menschenmengen auf die Straßen. Panzer sollten ihre Forderungen überrollen. Seither ist die Regierungsdoktrin, dass die Stabilität dieses Systems durch Wirtschaftswachstum, Aufbauprogramme in den weniger prosperierenden Binnenregionen und eine dosierte Reform der Einparteienherrschaft zu sichern ist.

Mitte der 1980er Jahre stand China bereits vor einer solchen heftigen Auseinandersetzung zwischen politischer Öffnung oder Beibehaltung der Allmacht der Kommunistischen Partei. Der damalige Generalsekretär der Partei und Architekt vieler Wirtschaftsreformen, Zhao Ziyang, war überzeugt, dass wirtschaftlicher Fortschritt nur in Einklang mit Demokratisierung erfolgreich sein kann. Von 1980 bis 1987 war Zhao auch Premierminister. Politische Reformen sah er als „die größte Prüfung für den Sozialismus". Zhao war vielleicht das chinesische Pendant zu Michael Gorbatschow. So wie der russische Reformer versuchte er die Regierung transparenter zu machen und suchte den Dialog mit der Bevölkerung. Als die Studenten im Juni 1989 auf dem Tianmen-Platz in Peking protestierten, wollte Zhao sie vom Gang auf die Straßen abbringen. Es folgten die Massaker auf den Straßen und ein heftiger politischer Machtkampf. Zhao musste alle seine Ämter abgeben und wurde für den Rest seines Lebens unter Hausarrest gestellt.[89] In seinen Memoiren weist er deutlich darauf hin, dass die Kommunistische Partei letztlich ihr Machtmonopol zugunsten einer parlamentarischen Demokratie aufgeben müsste. Was er bereits ankreidete und heute China noch viel massiver erdrückt, ist: „Die Machtelite blockiert Reformen und steuert die nationale Politik als Dienst an sich selbst."

Skeptiker sehen China bereits hart gelandet, da die volkswirtschaftlichen Daten sehr unterschiedlich interpretiert werden können. So beziffert Peking die Inflation offiziell auf vier bis fünf Prozent, während Stimmen von außen die Teuerung auf acht bis zehn Prozent schätzen und meinen, die Wirtschaft expandiere nur mehr um die drei Prozent.[90] Jeder wirtschaftliche Rückschlag birgt auch in China die große Gefahr einer offenen sozialen Revolte. Allein die rund 400 Millionen Wanderarbeiter, die „Rattenmenschen", wie sie aufgrund ihrer grauenhaften Wohnverhältnisse auch genannt werden, zählen zu den ersten Verlierern, wenn Fabriken schließen. Sie können oft nicht mehr den offenen Lohn einfordern, können auch oft nicht mehr in ihre Dörfer zurückkehren, da diese neuen Siedlungen Platz machen mussten. Infolge der Geschlechterungleichheit stehen in vielen Regionen des Landes 130 heiratsfähige Männer nur mehr 100 Frauen gegenüber. Selektive Abtreibung und die Tötung weiblicher Babys sind eine der vielen Folgen der Ein-Kind-Politik, die 1979 zur Bevölkerungskontrolle eingeführt wurde. Die zornigen jungen Männer, die sich keinen Status schaffen können, werden vielleicht noch aus sozialen Unruhen politische Aufstände machen.

Indien – pluralistisch und unfair

In Indien liegen die Dinge anders. Das Wirtschaftswunder der letzten Jahre hatte den Subkontinent nicht so klar wie China erfasst. Das Massenelend ist landesweit vorerst geblieben, die Zahl der Landlosen steigt, Selbstmorde unter verschuldeten Kleinbauern sind ein Ausschnitt des alltäglichen Elends. Die Aufsteiger benützen die voll besetzten Motorräder und Geländeautos, die oft rücksichtslos gegen die niederen Verkehrsteilnehmer vorgehen. Verletzte bleiben einfach liegen, Menschen werden weggeworfen, nicht nur die vielen vergewaltigten Frauen, deren grausame Schicksale allmählich an die Weltöffentlichkeit kommen. Während es China gelungen ist, seine Milliardenbevölkerung zu ernähren und fast allen ein Dach über dem Kopf zu schaffen, leben in Indien rund 70 Prozent der Bevölkerung in extremer Armut. Es ist ein Elend, das dem Besucher schlicht den Atem verschlägt. Denn die Menschen sterben am Trottoir und es scheint niemanden zu irritieren, schon gar nicht zu interessieren.

Doch auch die Gewinner indischer Wirtschaftskraft, die u. a. auf den Auslagerungen westlicher Dienstleister ruhte, spüren Gegenwind. Wenn die Londoner City ihre Banken, Versicherungen, Berater verliert, dann lassen Anwaltskanzleien und Wirtschaftsprüfer ihre Schriftsätze und Excel-Dateien auch nicht mehr von indischen Talenten zu günstigen Tagsätzen verfassen. Hinzu kommen die vielen hausgemachten Probleme, allen voran die Korruption. Ein Skandal jagt den nächsten, Milliarden scheinen sich hier ebenso schnell in Luft aufzulösen wie an der Wall Street. Drei große Industriellenfamilien kontrollieren den neuen Reichtum, den sie teils in geschmackloser Weise zur Schau stellen. Zudem fällt neben der sozialen Spaltung die religiöse Fragmentierung ins Gewicht. In der Vergangenheit brannten immer wieder Moscheen oder hinduistische Tempel. Zu den größeren Massakern, welche der indische Staat bewältigen musste, zählten die Ausschreitungen von Gujarat im Februar 2002, als rund 2000 Muslime von nationalistischen Hindus in Racheakten für einen anderen Überfall auf Hindu-Pilger getötet wurden. Es folgte aber eine Art nationaler Gewissensbefragung, die in der Dichte wohl kaum in einem anderen Land anzutreffen ist.[91] Bei allen interreligiösen Spannungen, die auf dem Subkontinent vor sich hin schwelen und durch schwere Attentate wieder aufgeheizt werden, wie jenes muslimischer Extremisten in Mumbai im Dezember 2007, ist die Machtverteilung in Indien doch relativ frei von religiöser und sonstiger Zugehörigkeit.

Ethnische und sprachliche Zersplitterung sind in vielen Staaten eine Konfliktquelle ersten Ranges, in Indien wirken sie aber fast ausgleichend, von vereinzelten Gewaltausbrüchen abgesehen. Denn die gesellschaftliche Zersplitterung ist so groß, dass gemeinsame Frontbildungen, die den inneren Zusammenhalt des Staates gefährden, kaum möglich sind. Trennendes wie Sprache, Religion und Kastenzugehörigkeit überschneidet sich meist und überlagert sich selten.[92] Keine Ethnie kann in Indien zur „majorité écrasante", also zur alles erdrückenden Mehrheit werden, der dann der Rest der Gesellschaft folgen muss. Mit dem Aufstieg des Hindu-Nationalismus in den 1990er Jahren kam aber dieses Gleichgewicht aus der Balance. Die wesentlichen Träger dieser Bewegung sind die besser gebildeten und wohlhabenden Schichten, die sich gegen die Erosion ihrer Privilegien wehren. Denn Minderheitenschutz verhalf den Nicht-Hindus zu wirtschaftlichem Aufstieg. Die Nationalisten sind lokal wenig verwurzelt, sozial mobil und eher in der Stadt als in der Provinz angesiedelt. Je mehr sich Indien urbanisiert und je mobiler die Bevölkerung wird, umso mehr könnten sich diese Konflikte dann auch entladen. Bislang war das indische Experiment der Demokratie erfolgreich, wie es wohl kaum in den Anfangsjahren des unabhängigen Staates nach dem Abzug der britischen Kolonialmacht und einer Serie von Sezessionskriegen auf dem Subkontinent vorstellbar war. Das Militär unterliegt strikt ziviler Kontrolle und hatte noch nie den Ehrgeiz, sich an die Macht zu putschen. Die Machtausübung erfolgt durch regelmäßige, freie und faire Wahlen. Die Wahlbeteiligung hat sich stetig auf rund 60 Prozent erhöht. Die untersten Schichten der Gesellschaft, die Dalit, üben mit Bedacht und Beständigkeit ihr Wahlrecht aus. Angehörige der Dalit gelangten über diese Stimmen auch zu hohen politischen Ämtern. Die langjährige und sehr umstrittene Regierungschefin des bevölkerungsreichsten Gliedstaat Uttar-Pradesh Mayawati, ist das vielleicht bekannteste Beispiel für eine zu politischer Macht gelangte Dalit, die sich aber ebenso in Vetternwirtschaft und Korruption verstrickt hat.

Zu den prominenten Gesichtern eines selbstbewussten Indiens zählt der Buchautor und ehemalige UN-Funktionär Shashi Tharoor, der in seinen Texten und Vorträgen stets folgendes Beispiel anführt: „Als im Mai 2004 eine römisch-katholische Politikerin [Sonia Gandhi] Platz machte für einen Sikh [Manmohan Singh] als Premierminister, und dieser seinen Amtseid ablegte vor einem Muslim [Präsident Abdul Kalam] in einem Land mit 82 Prozent Hindus, faszinierte diese gelebte Verschiedenheit unterschiedlicher Identitäten die Weltöffentlichkeit." Doch zugleich ticken politische und soziale Zeitbomben. 2025 soll Indien als bevölkerungsreichstes Land der Erde mit ca. 1,4 Milliarden Menschen China überholen. Mehr als 50 Prozent der Bevölkerung sind unter 25 Jahre alt. Dieser „Youth Bulge", also die Ausstülpung der Bevölkerungspyramide mit einem sehr hohen Anteil junger Menschen, die auf den Arbeitsmarkt drängen, macht Indien langfristig als Handelspartner attraktiv. Doch zugleich brodelt es unter jungen Indern. Angesichts der meist alten Gesichter in den wesentlichen Regierungsämtern fühlt sich ein Großteil der Jugend, die zumindest über Arbeit und persönliche wirtschaftliche Perspektiven verfügt, politisch nicht vertreten. Korruptionsskandale erschüttern regelmäßig das Land. Eine sehr aktive Zivilgesellschaft stellte 2011 die landesweite Anti-Korruptionsbewegung auf die Beine, zu deren Symbol der Aktivist Anna Hazare wurde. Von bedrückender Brisanz für das soziale Gefüge des Landes ist meines Erachtens auch hier das massive zahlenmäßige Ungleichgewicht zwischen den Geschlechtern, denn Millionen von Frauen fehlen infolge Jahrzehnten der Tötung neugeborener Mädchen und der selektiven Abtreibung weiblicher Föten. Anders als in China ergibt sich diese Vernichtung von Frauen nicht aus einer staatlich verordneten Familienpolitik, sondern beruht auf archaischen Vorstellungen über den minderen Wert der Frau sowie die finanzielle Belastung der Mitgift bei der Verheiratung der Töchter. Dass brutale Massenvergewaltigungen in Indien weit verbreitet sind, ist wohl auch auf die wachsende Zahl junger Männer zurückzuführen, die keine Aussicht auf eine Frau haben. Zum einen fehlen sie zahlenmäßig, zum anderen sind Hochzeit und Ehe angesichts der hohen Arbeitslosigkeit für viele Männer wirtschaftlich unmöglich geworden.[93] Der wirtschaftliche Boom der letzten beiden Jahrzehnte veränderte das indische Budget, nicht aber das Gesellschaftssystem. „Das Kastensystem hat sich trotz der Abschaffung per Verfassung 1950 gehalten und teils gar verschärft", beklagt der Sohn des dritten indischen Premiers Lal Bahadur Shastri.[94] Jede Kaste bringt ihren eigenen kleinen Mittelstand hervor, doch die Gesellschaft zersplittert entlang verschiedener Bruchlinien, ob religiös oder ethnisch. Indien präsentiert sich hingegen gerne als die größte Demokratie der Welt, als weltoffene Gesellschaft, eingebettet im Commonwealth, der englischen Sprache mächtig, im Umgang mit westlicher Mentalität erfahren. Doch dieses Ideal trifft selten zu, denn bei aller Weltoffenheit, der man in einigen Zirkeln begegnen mag, verhindern teils archaische Vorstellungen von Heirat oder der Rolle der Frau, von sozialer Zugehörigkeit und dem Wert des Einzelnen so manche Entfaltung. Indien steht sich bei seinem Aufstieg vielleicht selbst im Wege, denn neben einer systemimmanenten Misswirtschaft leidet die Gesellschaft an tiefen sozialen Brüchen.

Wiederum anders stellt sich die Situation in den kleinen Schwellenländern wie Vietnam dar. Vietnamesen verfallen nicht in das Selbstmitleid mancher Inder, die offenbar bis heute am Erbe des Kolonialismus knabbern und dem Westen gerne die Schuld für die Ausbeutung zuschieben, sie verfallen auch nicht in die Arroganz vieler Chinesen, die sich jenseits wirtschaftlicher Vorteile nicht wirklich gerne mit dem Fremden auseinandersetzen. In Vietnam versuchen die Menschen im Schatten des Giganten China, der sich oft genug in die Politik des kommunistischen Bruderstaates einmischte, zu bestehen. Ähnlich verhält es sich in Kambodscha. Die Menschen sehen sich trotz aller Kriegsdramen nicht als Opfer, sondern nehmen die Dinge in die Hand. Über die Geschichte wird anders als in China und Indien nicht viel sinniert. Neugierde spürt man hier auf den Universitäten, wo die Diskussionslust der Studenten um vieles größer ist als in den mächtigen Top-Unis von Peking. Dort scheinen vielmehr apathische Lernmaschinen den Hörsaal zu bevölkern. Das gewaltige Asien ist also ebenso vielschichtig wie das viel kleinere Europa. Inwieweit nun diese Region unser noch junges Jahrhundert beherrschen wird oder doch nicht, lässt sich nicht in wenigen Zeilen vereinfacht darstellen. Bei intensiven Gespräche vermag der Reisende in einigen Wochen ein wenig mehr Einblick gewinnen, doch vom Durchblick bleibt man weit entfernt.

China: Ein Reich für sich

Als besonderes Damoklesschwert schwebt über China die Gefahr territorialer Desintegration, die sich jenseits der Tibet-Frage bewegt. Ein Bericht des US-Nachrichtendienstes CIA analysierte im Dezember 2000 in der Vorschau „Global Trends 2020" die großen Risiken einer möglichen Implosion des Riesenreichs, wie sie zuvor schon die Sowjetunion erfahren hatte.[95] Umso allergischer reagieren daher nicht nur die chinesische Führung, sondern Chinesen insgesamt auf das politische Wohlwollen, das dem Dalai Lama im Europäischen Parlament und andernorts erwiesen wird. Die Ereignisse in Tibet im Frühjahr 2008, die zu großen Unruhen und einem Überschwappen der Unruhen auf die muslimisch dominierten Westprovinzen der Uiguren führten, wurden im Westen völlig anders interpretiert. Für China ging es hingegen nicht um Menschenrechtsfragen, sondern um den territorialen Zusammenhalt. Es ist die bürokratische Klammer der Kommunistischen Partei, die das weite Land zusammenhält. Die Geschichte wiegt schwer in China, sie zu ignorieren und sich primär mit Prozentpunkten und Handelsfragen zu befassen, kann im Umgang mit dem großen Land in eine Sackgasse führen. In eben diese Richtung sind in den letzten Jahren viele der Investoren und Profiteure gelaufen, die am großen Kuchen China mitnaschen wollten. Die tiefe Abneigung gegenüber dem Ausland in seiner Gesamtheit könnte wieder hochschnellen, wenn die US-Dollarreserven der chinesischen Zentralbank infolge einer weiteren Schwächung der USA an Wert verlieren sollten. Erklimmt man die Große Mauer, die sich über Hunderte Kilometer wie eine gewaltige steinerne Schlange über die Bergkuppen im Norden des Landes dahinzieht, so kann man ein wenig diese Abschottungsmentalität erfassen. Die Tendenz, sich selbst zu genügen, den Binnenmarkt zu stärken, auf die chinesische Nachfrage und die chinesische Technologie, ob im Weltraum oder in der Schaffung erneuerbarer Energien zu setzen, könnte an Boden gewinnen. Heute bauen die meisten Staaten mit einigen Ausnahmen – so die USA gegenüber Mexiko oder Israel gegen Palästina – keine Mauern mehr, um sich vor dem feindlich gesinnten Nachbarn zu schützen. Doch das Instrument von Schutzzöllen und strikten Einreisebestimmungen wurde im Laufe der Geschichte in Krisenzeiten immer wieder bedient.

China ist ein Reich und eine Zivilisation für sich, eben das Reich der Mitte, das sich selbst genügte. „Zhongguo" ist der chinesische Begriff hierfür. Selbst in Zeiten des politischen Verfalls, ja des Zerfalls infolge rivalisierender Kleinfürsten und ausländischer Enklaven, ob der Japaner oder Europäer, blieb China der Maßstab für regionale Legitimität, eben das Reich – ähnlich wie es das Heilige Römische Reich in Europa über Jahrhunderte war. Während andere Länder ihre Namen nach ethnischen Gruppen oder anderen Merkmalen erhielten, nannte China sich das Reich der Mitte. Es war und ist Zentrum des Universums.

Was mir während Begegnungen in Asien und mit Asiaten, vor allem Chinesen, immer wieder durch den Kopf ging, war die Einsicht, dass wir das Ende des US-amerikanischen Zeitalters noch bedauern werden, wenn wir es erleben sollten. Denn bei aller Verschiedenheit zwischen Europa und den USA, die gemeinsamen Wurzeln sind nicht zu leugnen. Europäer wanderten aus und nahmen ihre Religionen und

Traditionen mit. Auch wenn sich die USA heute zusehends hispanisieren infolge des starken Anstiegs des lateinamerikanischen Bevölkerungsanteils, so steckt doch auch darin ein Stück abendländischer Kultur mit ihrem Hang zu Individualismus und ihren Extremen, wie sie das Christentum immer wieder hervorgebracht hat.

Die Geschwindigkeit, in welcher allein das Bildungswesen in China sich verändert hat, beeindruckt. Nach der Kulturrevolution in den 1960er Jahren lag Chinas Hochschulsystem in Trümmern. Seither wurde vor allem der private Bildungssektor rasant aufgebaut. Bei der Bewertung universitärer Rankings ist eine Portion Skepsis am Platz, denn Plagiate und alle Formen des Betrugs und Verkaufs von Diplomen sind in chinesischen Universitäten und Schulen bedauerliche Praxis. Dennoch weisen die chinesischen Arbeitskräfte unserer Zeit ein grundsätzlich viel höheres Niveau auf als dies noch vor zwölf Jahren der Fall war.

Es ist noch nicht lange her, da rümpften routinierte Vielflieger die Nase über außereuropäische Fluglinien. Indes ist der Abstieg einst erfolgreicher Linien wie Lufthansa und Air France unaufhaltsam. Konkurrenz machen den Europäern und Nordamerikanern nicht nur die Flugkonzerne arabischer Golfstaaten und der Türkei, sondern auch die fernöstlichen. Wenn es um Preise, Routennetz und vor allem Bordservice geht, sind die Europäer rasch abgehängt. In der Sicherheit haben die Firmen indes alle gleichgezogen, gibt es doch nur eine Handvoll von Flugzeugherstellern, und gut ausgebildete Piloten, die in den USA oder Europa ihre Arbeit verlieren, ziehen nach Osten. Luftfahrt und Hotellerie sind Bereiche, wo freundliches Service oft ausschlaggebend ist. Hier ist die Fähigkeit zu Exzellenz in den asiatischen Staaten beeindruckend.

Geschickt organisiert China seine kulturellen Vertretungen im Ausland, die als Konfuzius-Institute binnen kurzer Zeit stark an Einfluss gewonnen haben. Finanziert werden diese Institute nämlich zu 50 Prozent vom jeweiligen Gastland. Anstatt teure Räume anzumieten oder große Institute oftmals zu errichten, wie sie sich viel kleinere Länder aus Prestigegründen leisten, sind die Konfuzius-Institute im Bereich von Universitäten eingerichtet. Das Veranstaltungsprogramm setzt sich ebenso aus Sprachkursen und kulturellen Vorträgen zusammen. Die Leiter sind oft Professoren des Gastlandes, die darauf verweisen, dass die jeweilige chinesische Botschaft keinen Einfluss auf das Programm nehme. Doch die chinesischen Behörden organisieren die Verträge der Institute und leisten finanzielle Beiträge. In den afrikanischen Staaten, wo China ein wesentlicher Investor geworden ist, werden die Konfuzius-Institute zur Gänze von der Volksrepublik finanziert. Die Initiative zur Gründung der Institute kam vom ehemaligen chinesischen Botschafter in Berlin, Lu Qiutian. Das erste Institut wurde 2004 in Seoul gegründet. 2010 gab es knapp 200 Konfuzius-Institute und Konfuzius-Hörsäle in rund 80 Staaten. China hat sich somit unter den Weltmächten auch auf dem Wege der Kulturdiplomatie einen Platz geschaffen. Die Namensgebung erscheint umso interessanter, als Konfuzius auch ein Opfer der Kulturrevolution war und seine Lehren lange unterdrückt wurden. China will sich diplomatisch nicht bloß als Investor platzieren, sondern hat sehr wohl die Bedeutung von Sprachkursen für seinen eigenen Radius begriffen.

Indien hat seine erfolgreiche Kulturdiplomatie in Bollywood aufgebaut, denn die indische Filmproduktion verfügt mit ihren TV-Serien, Soap Operas und großen Leinwanddramen über Anziehungskraft, die weit bis nach Afghanistan hineinreicht. Ebenso sind chinesische und indische Medienhäuser erfolgreich auf Einkaufstour, um kleinere Verlage, TV-Stationen etc. zu erwerben. Im Falle von chinesischen Ambitionen in Richtung Taiwan, stehen hierbei auch handfeste politische Interessen auf dem Spiel, um die öffentliche Meinung auf dem Inselstaat, der sich als das andere, freie China präsentiert, zu steuern.

Aufstieg und Fall des Musterknaben Japan

Für den US-Historiker Paul Kennedy war Japan die neue aufstrebende Macht, die ihren Radius langfristig entfalten würde, als er sein Buch „Aufstieg und Fall der großen Mächte" 1987 schrieb. 35 Jahre später ist Japan aber nicht mehr die zweitstärkste Volkswirtschaft der Welt, sondern jene mit der höchsten Verschuldung, nämlich mit 200 Prozent des Bruttoinlandsprodukts. Hinzu kam 2011 eine dramatische Umweltkatastrophe infolge der Kernschmelze im Atomkraftwerk von Fukushima nach einem schweren Tsunami und Erdbeben. Die Folgen für die Menschen und Umwelt sind nicht absehbar. Eine der vielen Ursachen für das Nukleardesaster liegt in der hierarchischen Unternehmenskultur. Der Energiekonzern Tepco, der einst für Hochtechnologie und Spitzenniveau stand, leidet wie viele andere Bereiche unter fehlender Kritikfähigkeit. Arbeiter im Kraftwerk hatten vergeblich auf zu niedrige Schutzmauern hingewiesen, kritische Köpfe, die auf Verschlechterung der Wartung und Krisenmechanismen noch lange vor der Verkettung der Ereignisse am 11. März 2011 hingewiesen hatten, wurden mundtot gemacht.

Diese Intransparenz ist Teil des japanischen Systems, sie war einer der Auslöser für die japanische Bankenkrise 1997, die Massen an faulen Krediten, korrupten Verbindungen zwischen Staat und Privatsektor und sonstige Vetternwirtschaft zu Tage brachte. Das beachtliche japanische Wirtschaftswunder zerbrach zunächst am Platzen diverser Blasen und verfiel dann in eine Deflationsspirale. Aus dem verlorenen Jahrzehnt glitt das Land dann ab 2008 in den Sog der Weltwirtschaftskrise. Hinzu kommen eine demografische Krise infolge massiver Überalterung der Bevölkerung sowie einer Art Heiratsstreik junger berufstätiger Frauen, die in einer archaisch strukturierten Gesellschaft diskriminiert werden. Einwanderung ist keine Lösung, weder für den möglichen Pflegenotstand noch zum Ausgleich einer fehlenden Geburtenrate. Für die Erteilung eines Arbeitsvisums sind aufwändige Examen in Sprach- und Landeskenntnis erforderlich. Die äußerste rigide Fremdengesetzgebung ist aus der nationalistischen Tradition zu verstehen. Demnach gilt es, die Homogenität der japanischen Rasse zu erhalten. Die Ideologie des Herrenmenschen spielt hier ihre Rolle. Denn Japan versteht sich als kulturell und rassisch seinen Nachbarn überlegen. Die Allianz zwischen Deutschland und Japan im Zweiten Weltkrieg war keine zufällige, sondern lässt sich auch auf ideologische Gemeinsamkeit zurückführen. Japan hatte vor allem gegen China und Korea Expansionskriege geführt, die unter anderem zur japanischen Besatzung der Mandschurei 1931 führten. Für die von den Japanern verübten Kriegsverbrechen erfolgte von offizieller Seite nie eine Entschuldigung. Diese Kapitel in der Geschichte vor allem zwischen China und Japan sitzen tief im jeweils historischen Gedächtnis. Mit einer gewissen Regelmäßigkeit brechen wieder nationalistische Angriffe los. Die Verneigung vor einem der Schreine japanischer Kriegshelden bzw. Kriegsverbrecher durch eine japanische Regierung kann ebenso der Auslöser sein wie die Neuauflage japanischer Schulbücher, die diese Geschichtsepoche verklären. Seit 2002 verschärft sich diese alte Auseinandersetzung zwischen China und Japan rund um alte ungelöste Grenzkonflikte. So beanspruchen beide Staaten eine Inselgruppe im Chinesischen Meer, die für die Japaner die Senkaku Inseln sind, für die Chinesen aber die Diaoyu-Inselgruppe. Rund um die Inseln erstrecken sich Erdgasfelder, wo Japan bereits seit Jahren exploriert und damit vollendete Tatsachen schaffen will.

Diese Rivalitäten sind eine gefährliche Mischung aus alten nationalistischen Ressentiments, die von breiten Teilen der Bevölkerung getragen werden, geopolitischen Interessen einer aufstrebenden Militärmacht namens China und schwierigen Verquickungen zwischen den USA und seinen militärischen Verbündeten von Vietnam bis zu den Philippinen.

Energiearmut und Stromkrisen

Energiemangel und marode Straßen und Eisenbahnstrecken behindern die weitere Industrialisierung Indiens. Das Energienetz ist veraltet. Zu Spitzenzeiten übersteigt die Stromnachfrage das Angebot deutlich. Ähnlich wie in China bestimmt die Kohle zu ca. 60 Prozent den nationalen Energiemix. Nationaler Braunkohleabbau dominiert, über das veraltete Bahnnetz wird Kohle zu den kalorischen Kraftwerken transportiert. Stromausfälle stehen an der Tagesordnung. Indien wird dank nuklearer Partnerschaft mit den USA seine Energieversorgung kaum diversifizieren. Jede Umgestaltung der Energiebilanz ist letztlich eine Frage des Preises. Gerade Indien subventioniert in großem Umfang die Energiepreise, was den Staatshaushalt belastet und Energieverschwendung fördert. Anders als China, wo die Entwicklungs- und Reformkommission den Rahmen für eine langfristige

Energiestrategie 2006 vorlegte, rivalisieren in Indien zahlreiche Ministerien in ihren Energiekompetenzen. Doch auch die chinesischen Planer folgen mehr den Vorgaben der drei großen chinesischen Erdölkonzerne als selbst die Ziele zu formulieren. Laut Experten braucht Indien für die wachsende Industrie dringend eine Erhöhung der Energieproduktion. Die Regierung setzt mit technischer Assistenz und Geld der USA auf den Ausbau der Atomenergie. Wie sehr Indien mit Infrastrukturproblemen zu kämpfen hat, wurde im Sommer 2012 deutlich. Innerhalb von 36 Stunden fiel das Stromnetz zweimal aus. Rund 600 Millionen Menschen, die Hälfte der Bevölkerung, war für fast zehn Stunden ohne Strom. Es war der bislang größte Stromausfall der Weltgeschichte. Da das Problem mit der Stromversorgung ständig besteht – wenn auch nicht in diesem Ausmaß –, reagierte die Bevölkerung gemäßigt. Viele behelfen sich mit Notstromaggregaten, sodass eine richtige Parallelökonomie existiert, ohne die Indiens Wirtschaft gar nicht bestehen könnte. 300 bis 400 Millionen Inder sind überhaupt nicht an das Stromnetz angeschlossen.

Die Regierung wies jede Verantwortung von sich. Ein Grund für die ständigen Ausfälle sei mangelnde „Netzdisziplin". In einzelnen Bundesstaaten wird ohne Rücksicht auf das Gesamtsystem Strom entnommen – eine Belastung, der das Netz nicht gewachsen ist. Die Zentralregierung ist aber vielfach auf die Regierungschefs der Einzelstaaten angewiesen, die wiederum ihre eigene Klientel zufriedenstellen müssen. Deshalb wird für den Strom auch zu wenig bezahlt und viele E-Gesellschaften stehen am Rande des Bankrotts. Weitere Probleme bereiten illegales Abzapfen von Strom und Verluste durch mangelnde Isolierung. Die Weltbank sieht das Stromproblem als größtes Hindernis für das Wirtschaftswachstum Indiens.

BRICS: Vom Investitionsobjekt zum Kreditgeber

Der Goldman & Sachs-Banker Jim O'Neill schuf im Jahr 2001 die Abkürzung BRIC. Mit dieser Formel wollte die Bank Investoren für die Zukunftsmärkte gewinnen. BRIC steht für die Anfangsbuchstaben von Brasilien, Russland, Indien und China (seit 2010 erweitert Südafrika das Akronym auf BRICS). Die gesamte BRIC-Strategie baut auf der Rechnung auf, dass diese vier Volkswirtschaften bis 2012 die Weltwirtschaft bestimmen und bis 2050 zu den größten Wirtschaftsräumen heranwachsen würden. Goldman & Sachs baute darauf v. a. sein von Rohstoffen beherrschtes Portfolio auf. Der Rohstoffboom der letzten zehn Jahre, der zu Preisspiralen bei Erdöl, Kupfer, Eisenerz etc. führte, war nicht nur von solide wachsender Nachfrage bestimmt. Vielmehr beeinflussten auch die Termingeschäfte in Erwartung eines verknappten Angebots die Preissprünge. China kaufte auf dem Höhepunkt der Rohstoffpreise im Sommer 2008 viel ein.

Wie es 2020 oder gar 2050 aussehen mag, bekommt man von den Rohstoffanalysten bei Goldman & Sachs gegenwärtig nicht so klar zu hören. Denn die BRICS-Staaten könnten von der großen Krise gar noch heftiger gebeutelt werden als die traditionellen Industriestaaten der nordwestlichen Hemisphäre. Diese Wirtschaftsgemeinschaft ist in vielfacher Hinsicht äußerst heterogen. Weder von ihren politischen Systemen noch ihrer Entwicklung passen diese Staaten zusammen. Allein der Boom der vergangenen zehn Jahre verbindet sie. Und dennoch sind einige Errungenschaften nicht zu unterschätzen, etwa ihre Rolle als Importmarkt für europäische Firmen. Die starke deutsche Konjunktur der letzten Jahre ist nicht zuletzt auf die wichtigen Absätze in diesen Wachstumsstaaten zurückzuführen.

Im Zuge meiner Recherchen zu Erdöl und Erdgas konnte ich an einigen Rohstoffkongressen als Referentin mitwirken, so im Herbst 2005 in München. Eine Art Goldgräberstimmung herrschte unter den Vortragenden der großen deutschen Fonds, die alle auf den Zug der Rohstoffe aufgesprungen waren. Mit dem Argument, dass die Wachstumsmärkte in Asien und Lateinamerika eine intensive und langanhaltende Nachfrage für Rohstoffe aller Art, vom Erdöl bis zum Weizen, bewirkten, wurde den potenziellen Kunden der Einstieg in Rohstoffzertifikate aller Art angeboten. Nicht mehr bloß große kommerzielle Händler sollten sich nunmehr am Handel mit Eisenerz, Soja oder Gold beteiligen, sondern auch Otto Normalverbraucher, der einige Tausend Euro „zum Spielen" einsetzen wollte, konnte am großen Geschäft mit den attraktiven Renditen mitmachen.

So wurde unter anderem der wichtige Energieträger Erdöl zum Spekulationsobjekt. Große Investitionsbanken hatten in ihrem jeweiligen Portfolio bis zu 70 Prozent Terminverträge für Einkauf und Verkauf von Erdöl. Die sogenannten Wall-Street-Refiners waren entstanden. Sie waren anders als die Erdölkonzerne nicht im eigentlichen Geschäft der Förderung und Verarbeitung von Erdöl und verwandter fossiler Energieträger tätig, sondern setzten auf geopolitische Verstimmungen, Wetterextreme oder schlicht einen Förderengpass, um Preise in bestimmte Richtungen zu treiben.

Die Mitglieder der BRICS-Gruppe haben starke Ansatzpunkte, um gemeinsame Pläne zu entwickeln und zusammen Außenpolitik zu betreiben. Zum Beispiel den Wunsch, die globale Ordnung nicht länger von Europa und den USA dominieren zu lassen. Oder sich von der Vorherrschaft des Dollars zu lösen. Dessen Schwäche treibt ihre Währungen in die Höhe und erschwert die Exporte. Im März 2009 verfasste der Gouverneur der chinesischen Zentralbank, Zhou Xiaochuan, einen drei Seiten langen Essay zur Reform des internationalen Finanzwesens.[96] Dieser Text stellt klar, dass die universelle Akzeptanz der US-Währung neuerlich einbricht. Ohne den US-Dollar ein einziges Mal zu erwähnen, spricht der Verfasser sehr klar vom Risiko einer Weltleitwährung, vor allem wenn diese von Krediten gestützt wird. Der oberste Banker der Volksrepublik China, die wesentlicher Gläubiger der USA ist, spricht sich daher für die Einführung einer übernationalen Reservewährung aus, die nicht mehr von einer einzelnen Volkswirtschaft abhängig ist. In seinem Artikel wirbt der Gouverneur für ein Modell von Sonderziehungsrechten, wie es der Weltwährungsfonds IWF kennt. Diese internationale Organisation wurde 1945 im Zuge der Wiederaufbauprogramme der Weltwirtschaft gemeinsam mit der Weltbank als Teil der Vereinten Nationen gegründet. Die USA dominieren seither beide Institutionen und öffnen die Quoten im IWF und die Postvergabe nur allmählich für andere Nationen.

Im Jahre 2009 entstanden im Zuge der rasch um sich greifenden Weltwirtschaftskrise neue Gremien, um die neue wirtschaftliche und damit auch politische Wirklichkeit besser zu spiegeln. Die Gruppe der G-20, der 20 wichtigsten Wirtschaftsmächte, löste das alte

Modell der G-8 ab. China und andere wichtige Schwellenländer wie Brasilien und Indien wurden innerhalb der G-20 zu wichtigen Entscheidungsträgern in der Bewältigung der globalen Finanz- und Wirtschaftskrise. Auch die Regierungen von Euro-Ländern werden bei diesen Mitgliedern der G-20 regelmäßig vorstellig, um für finanzielle Garantien und politische Unterstützung ihrer Rettungsschirme zu werben. Der US-Dollar ist nicht zum ersten Mal in seiner jüngeren Geschichte gefährdet und wird damit zur Gefahr für die globalisierte Wirtschaft. Und dies in einem viel größeren Umfang als bei früheren Weltwirtschaftskrisen 1875, 1929 oder 1932.

China nutzt seine Reserven, um unter anderem sowohl US-amerikanische, japanische als auch europäische Staatsanleihen zu halten. Diese Position Pekings wird sich in absehbarer Zukunft weiter verstärken. China hätte damit zwar die Macht, die Staatsschuldenkrise der betroffenen Staaten anzuheizen, doch kann – auf Grund der damit verbundenen negativen Auswirkungen auf China selbst – davon ausgegangen werden, dass China vorerst kein Interesse an einem solchen Schritt hat. Auch wenn im Gesamtumfang der weltweiten Direktinvestitionen China noch ein Nettoempfänger ist und nicht einmal fünf Prozent der weltweiten Direktinvestitionen tätigt, werden die jährlich steigenden chinesischen Direktinvestitionen im Ausland zu einem nicht unbeträchtlichen Teil nach strategischen Gesichtspunkten getätigt.

Wo liegt die Kraft der Innovation?

Die einzige Möglichkeit europäischer und US-amerikanischer Firmen, vor ihren asiatischen, vor allem chinesischen Konkurrenten zu bleiben, ist Innovation. Mit billigen Löhnen und geringen Umwelt- und Sicherheitsauflagen können die großen chinesischen Konzerne immer noch punkten. Zudem leiden diese Firmen nicht an der Kreditklemme, da sie zu meist sehr günstigen Bedingungen Darlehen aufnehmen können. Staatsnahe Betriebe erhalten zinsenlos Geld. In der Solarbranche haben genau diese Unterschiede in den letzten fünf

Jahren zu einer Serie von Pleiten deutscher Firmen geführt, während chinesische Hersteller von Solarpanelen und Fotovoltaikzellen große Marktanteile dazugewannen. Der einstige Vorsprung in Expertise und Qualität zwischen deutschen und chinesischen Produkten auf diesem Gebiet ist geschrumpft.

China verwandelt sich allerdings zusehends von der Werkbank zum Forschungslabor. Ein wichtiger Motor für die technische Innovation sind die im Ausland ausgebildeten chinesischen Naturwissenschaftler. Im Gegensatz zu den Doktoranden früherer Generation und anderer Herkunftsländer zieht es die Stipendiaten aus China wieder weg aus Europa und den USA in ihre Heimat. Ist es die Ahnung, dass die Zukunft dort liegt, oder der Wunsch, einfach in der eigenen Kultur zu leben und zu arbeiten? Die Ursachen sind vielfältig, doch der Trend ist eindeutig. Die Hoffnungsträger der Forschung verlassen offenbar viel öfter wieder die westlichen Universitäten, die dann ihre Investitionen von dannen ziehen lassen müssen.

Was haben die Europäer und die USA in den letzten 20 Jahren erfunden? Es scheint, als seien der Welt die Ideen ausgegangen. Denn nach der digitalen Revolution, deren Konsequenzen wir verstärkt erleben, ist offenbar ein technisches Tief unvermeidlich. In der Automobilindustrie ist der Verbrennungsmotor, wie er von seinen Erfindern in den 1920er Jahren gebaut wurde, weiterhin gültig. Diese wegweisende Erfindung wurde in den letzten hundert Jahren bloß verfeinert, nicht aber im Grundkonzept verändert. Viel wird über das Elektroauto, das vor dem Ersten Weltkrieg als Prototyp bereits vorhanden war, nachgedacht. Doch mittlerweile gibt es bereits mehr Konferenzen über Elektroautos als solche Automobile. Ich erinnere mich noch an Science-Fiction-Comics der 1970er Jahre, deren Vision von der Zukunft ungefähr so aussah: Im Jahre 2000 würden die Menschen sich mit kleinen Rucksäcken, auf denen Propeller angebracht waren, fortbewegen. Auf den bunten kleinen Bildern in den Heften, die uns als Kinder staunen ließen, telefonierten diese Zukunftsmenschen aber immer noch mit Telefonen, die stabil auf Schreibtischen standen. Gekommen ist es umgekehrt. Wir erleben seit den 1990er Jahren dank Mobiltelefonie eine Revolution in der Kommunikation, bewegen uns aber immer noch in Autos, Zügen oder Flugzeugen fort, die bereits vor dem Ersten Weltkrieg erfunden wurden. In der Medizin gelang mit der Entwicklung des Penizillins und dem Einsatz von Antibiotika ein Durchbruch. Vergleichbares hat die Pharmaindustrie seither nicht auf den Markt gebracht. Im Gegenteil, der fahrlässige Umgang mit Antibiotika sowohl in der Therapie leichter Erkrankungen wie auch in der intensiven Tiermasthaltung haben bereits zum massiven Anstieg resistenter Keime geführt.

Die nächsten großen Durchbrüche in naturwissenschaftlicher Forschung, im Transportwesen, in der Energieindustrie könnten wieder aus Asien kommen, wie dies in der Vergangenheit oft der Fall war. Vom Buchdruck bis zum Schießpulver war China dem Westen voraus, nur verließ kaum eine Erfindung das verschlossene Reich. In früheren Epochen reisten einige Abenteurer vom Schlage eines Marco Polo oder risikofreudige Jesuiten nach China, um dann von ihren Begegnungen zu berichten. Doch an sich wäre es hoch an der Zeit, das wir uns mit China auch auf schulischer und universitärer Ebene intensiver auseinandersetzen. Wenn eine Branche in den letzten Jahren in den USA und Westeuropa boomte, dann waren es Sprachschulen zum Erlernen der chinesischen Sprache. Sehr ehrgeizige Eltern, die Sorge haben, ihre Kinder könnten zu den Verlierern der Globalisierung zählen, rekrutieren chinesischsprachige Kindermädchen und senden die Kinder in einen Kindergarten, wo auf Mandarin gesungen wird. Doch für erfolgreiches Erlernen einer Sprache ist die persönliche Motivation immer ausschlaggebend. Und die Kinder fragen sich bald, wozu sie Chinesisch lernen, wenn sie es nicht gebrauchen können.

Asien-Kenntnis und Wissen über Afrika als Bildungsauftrag

In den französischen Geschichtsbüchern bestand bis weit in den 1980er Jahre ein surreal anmutender Blick auf die Geschichte der kolonialisierten Völker. Denn in den französischsprachigen Schulen, ob im Nahen Osten oder in Südasien, wurden Unterrichtsmaterialien verwendet, die meist mit dem legendär gewordenen Satz begannen: „Nos ancêtres les Gaulois" („Unsere Vorfahren die Gallier"). Der Geschichtsunterricht in den weltweit verbreiteten Lycées war ein „franko-französischer".

Allmählich begann sich ein Wandel zu vollziehen, der ein neues Geschichtsstudium in den Schulen ermöglichen sollte. Dennoch ist das Wissen der Menschen in Asien und auf dem afrikanischen Kontinent über Europa umfassender als umgekehrt. Ich erinnere mich gut einer Begegnung mit palästinensischen Schülerinnen in Jerusalem 1983, die mir alles berichteten, was sie über Österreich in der Schule gelernt hatten. Das Wissen der Teenager war beeindruckend, vom Habsburgerreich bis zum „Anschluss" 1938 konnten sie Daten und Persönlichkeiten nennen. Ähnliches erlebt man in den Ausbildungsstätten in vielen asiatischen Staaten. Wer einmal an einer Universität in Vietnam vorgetragen hat, vergisst nicht so schnell den Wissensdurst und die Begeisterungsfähigkeit der Studierenden. Auch wenn das System weiterhin Züge einer Diktatur trägt – viele trauen sich vor großem Auditorium Fragen zu stellen. Und diese Fragen zeugen von gutem Hintergrundwissen, von dem Verlangen, den präsentierten Fakten auf den Grund zu gehen. Dies steht in starkem Kontrast zum teil übersättigten Publikum in Bildungsstätten in unseren Breiten, wo es für den Vortragenden nicht mehr klar ist, wer noch mitschreibt, mitdenkt oder sich hinter seinem Computer bereits in eine andere Welt zurückgezogen hat.

Wenn es um Sprachkenntnisse geht, dann ist das Gefälle des Fremdsprachenerwerbs von Ost nach West ohnehin bemerkenswert. Das Erlernen der Sprache ermöglicht erst die Begegnung der dahinter stehenden Kulturen. So beherrschen die Menschen des Ostens und Südens die jeweilige lingua franca der Geschäftswelt, sei es Englisch, Spanisch, Russisch oder manchmal noch Französisch. In umgekehrter Richtung ist selten solche Lernbegier anzutreffen. Die Einsprachigkeit dominiert in der nordwestlichen Hemisphäre. Mehrsprachigkeit existiert in viel breiterem Umfang auch auf dem afrikanischen Kontinent, wo die Menschen meist drei bis fünf Stammessprachen neben English, Afrikaans oder Portugiesisch und Französisch meistern.

Es wird sich noch als verhängnisvoll erweisen, dass Kenntnisse und Wissen um Afrika und Asien nicht zum traditionellen Bildungshorizont im Westen gehören. Wäre dies der Fall, würden wir Europäer die Entwicklungen, die sich in den letzten drei Jahrzehnten in Asien bzw. gegenwärtig in Afrika abspielen, anders gewichten. Wer China stets nur im Blick auf das totalitäre Regime beobachtet, kann die gewaltigen Veränderungen, die auf allen gesellschaftlichen und wirtschaftlichen Ebenen seit den 1980er Jahren stattgefunden haben, weder begreifen noch richtig einordnen. Europäische Regierungen üben sich gerne in Ritualen der Bevormundung, wenn es um die Beurteilung der Lage der Menschenrechte in China geht. Es wird im Westen stets unterschätzt, dass die allgemeine Lage der 1,3 Milliarden Menschen mit Blick auf Grundrechte wie Nahrung und Unterkunft umfassend verbessert wurde. Nicht das System, sondern die Menschen selbst erarbeiteten sich durch beeindruckende Leistung einen neuen Lebensstandard.

Der Blick auf Europa, wenn es um Errungenschaften wie die Aufklärung, den Schutz des Individuums und das Recht auf Pressefreiheit geht, ist in der Wahrnehmung in arabischen Staaten ebenso wie in Indien und andernorts ein kritischer. Die einstige Bewunderung ist einer Begegnung auf gleicher Augenhöhe gewichen. Seit der Entkolonialisierung in den 1950er und 1960er Jahren war für die neuen Eliten in den neuen unabhängigen Staaten klar, dass die Europäer in Belangen der Menschenrechte und Rechtsstaatlichkeit konsequent doppelte Standards anlegten. Die Skepsis gegenüber den einst als universalistisch gepriesenen europäischen Werten hat sich mit dem eigenen wirtschaftlichen Aufstieg verstärkt.

Ob das Zentrum der Weltwirtschaft bald im Osten liegt? Daten, wie das Handelsvolumen zwischen China und vielen Rohstoffexporteuren, sprechen dafür. Andererseits ist nicht auszuschließen, dass China auf den Protektionismus, den es auch praktiziert, mit wachsendem Nationalismus reagiert. Wie ein Drache legt sich die chinesische Mauer Tausende Kilometer über die Bergrücken. Sie symbolisiert das alte Trachten des Reiches, sich selbst zu genügen und von der Welt abzuschotten. Ein solches Szenario ist nicht auszuschließen. Denn der Drache verschlingt immer wieder seine Kinder, wie ein chinesisches Lied schildert.

Als ab Herbst 2008 die US-Regierung und in der Folge viele europäische Regierungen Banken retteten, die sonst bankrott gegangen wären, konterte die chinesische Führung voller Ironie: „Die Lehrmeister haben ihre eigenen Lektionen vergessen." Denn während der Asienkrise 1997, die ebenso durch faule Kredite und fahrlässiges Handeln großer Banken ins Rollen gekommen war, forderten die USA, der Weltwährungsfonds und viele lehrmeisterlich gesinnte Europäer die Asiaten damals auf, marode Banken in den Konkurs zu schicken. Eine Schuldenkrise hat in der Geschichte schon so manches große Reich in den Untergang getrieben. Die Geschichte ist eine gute Lehrmeisterin, nur ihre Schüler passen so selten auf.

5. Wenn Staaten zerfallen: Von der Balkanisierung zur Libanisierung

„Dieses Reich muss untergehen. Sobald unser Kaiser die Augen schließt, zerfallen wir in hundert Stücke. Der Balkan wird mächtiger als wir. Alle Völker werden ihre dreckigen kleinen Staaten errichten, und sogar die Juden werden einen König in Palästina ausrufen. In Wien stinkt der Schweiß der Demokraten, ich kann's auf der Ringstraße nicht mehr aushalten. Die Arbeiter haben rote Fahnen und wollen nicht mehr arbeiten."

Joseph Roth, „Radetzkymarsch"

Der Begriff der Balkanisierung geisterte in der Zeit nach dem Ersten Weltkrieg durch die Gazetten. Definiert wird Balkanisierung als die Fragmentierung von Vielvölkerstaaten in viele kleine Nationalstaaten, die einander oft feindlich gesinnt sind. Der Begriff kam auf, als das Osmanische Reich und die Donaumonarchie zwischen 1918 und 1920 in solche Nationalstaaten zerfielen, neue Grenzen entstanden, die Minderheitenprobleme schafften und damit auch die Basis für den nächsten großen Krieg legten. Obwohl seither in der Geschichtsschreibung und in den Medien fast inflationär verwendet, so ist sein Ursprung unklar. Erstmals verwendet haben soll den Ausdruck der spätere deutsche Politiker Walther Rathenau in einem Interview mit der „New York Times" im September 1918, ohne jedoch den Balkan geografisch gemeint zu haben. Gegenstand der Überlegungen von Rathenau war die Kleinstaaterei an sich.[97]

Die Tatsache, dass Staaten zerfallen können, beschäftigt mich seit langem. Es war zum einen der brutale Surrealismus, dem ich im Beirut während des Kriegs in den 1980er Jahren begegnete; zum anderen meine akademische Neugierde beim Umgang mit der Frage, wo die Parallelen zwischen Bosnien, dem Libanon und so vielen anderen Bürgerkriegsdramen unserer Zeit lagen, die eine gewisse Leidenschaft für dieses Thema begründeten.

Umschreiben lässt sich das Phänomen der Balkanisierung bzw. der Libanisierung, wie es in der Folge dann Sprachgebrauch wurde, folgendermaßen: An die Stelle des Gewaltmonopols und des ihm zugehörigen gesamtstaatlichen Territoriums tritt ein Gemenge konkurrierender regionaler und lokaler Sicherheitsherrschaften. Aus einer hierarchischen Ordnung wird eine horizontale. Im besten Fall eines solchen Staatenzerfalls entstehen Souveräne, im schlechtesten, wie in Somalia, permanentes Chaos.

Die Zahl souveräner, sprich de jure unabhängiger Staaten, welche offiziell der internationalen Gemeinschaft angehören, wächst in Schüben. Die wesentlichen Wendepunkte waren die Zeit nach dem Ersten Weltkrieg mit der Entstehung neuer Nationalstaaten aus der Konkursmasse der alten Vielvölkerreiche, die Phase der Entkolonialisierung in den 1950er und 1960er Jahre, sowie die Ära nach 1989. Damals implodierten die Sowjetunion und Jugoslawien. Zählte die UNO zu ihrer Gründung 1945 noch 51 Staaten, so erweiterte sich 2012 mit der Aufnahme des Südsudans der Mitgliederkreis auf 193 Staaten. Der seit 2008 unabhängige Kosovo wurde nicht in die UNO aufgenommen. Wenn die Auflösungstendenzen sich fortsetzen, dann könnte die Liste noch länger werden.

Von Balkanisierung wird nicht nur im territorialen Sinne, sondern auch auf Ebene von Institutionen, selbst am Finanzmarkt, gesprochen, wenn größere Strukturen infolge zentrifugaler Kräfte zerbrechen. Das Internet spielt offenbar als Motor möglicher Fragmentierung und Balkanisierung ebenso seine Rolle. Es erstaunt, wie stark sich dieser Begriff in vielen Bereichen durchgesetzt hat, um eine einst auf eine Region gemünzte Entwicklung des Staatenzerfalls gleichsam zum Schlagwort für Zerfallsprozesse schlechthin zu machen. Verändert hat sich die politische Karte mehrfach grundlegend. Die mittelalterliche feudale Ordnung, die auf einer von Gott bestimmten Gemeinschaft fußte, wirkte bis in die Zeit Martin Luthers. Mit dem Aufkommen der Reformation brach diese Ordnung auf. Am Anfang der Nationalstaaten standen die Territorialstaaten. Letztere beginnen in Mittel- und Westeuropa mit dem Ende der großen Glaubenskriege, deren letztes blutiges Kapitel der Dreißigjährige Krieg von 1618 bis 1648 bildete. Der Glaubenskampf zwischen Katholiken und Protestanten war in erster Linie ein Disput um Machtaufteilung, wobei das katholisch geprägte Kaiserhaus vom aufstrebenden protestantischen Adel herausgefordert wurde. Aus dieser Konfrontation innerhalb des Heiligen Römischen Reiches deutscher Nation wurde innerhalb weniger Jahre ein gesamteuropäischer Krieg, der sich von den Niederlanden über Deutschland und Frankreich bis zum Mittelmeer zog.

Auch dieser lange Krieg endete – wie fast alle Kriege der Menschheit – nicht aus rationeller Einsicht, sondern infolge von Erschöpfung. Die wesentlichen Feldherren, wie Wallenstein und Gustav II. Adolf von Schweden, waren schon lange tot. In den jeweiligen Kapitalen tobten dynastische Streitereien. So war wohl auch der schwedische Kanzler Axel Oxenstierna mitverantwortlich, dass die Verhandlungen nicht früher begannen. Zudem zogen marodierende Landsknechte plündernd durch Deutschland, Böhmen etc. Die Verhandlungen von Münster und Osnabrück, die in einem kriegsmüden Europa Mitte des 17. Jahrhunderts geführt wurden, mündeten in die sogenannte Westfälische Ordnung. In Münster tagten die Katholiken, in Osnabrück die protestantische Seite. Bemerkenswert war ein auch bei späteren Verhandlungsprozessen – so z. B. im Nahen Osten 1949 – stets wiederkehrendes Muster: War Schweden militärisch erfolgreich, verzögerte die kaiserliche Seite die Verhandlungen in der Hoffnung auf einen militärischen Erfolg, um bessere Bedingungen zu erhalten, und auch umgekehrt. Folgende Prinzipien sollten fortan die internationalen Beziehungen prägen, das Völkerrecht war eben im Entstehen: Gemäß dem Souveränitätsprinzip ist der Summe der Staaten keine Instanz übergeordnet, alle sind gleichberechtigt. Auf Basis des Territorialprinzips haben Staaten klare territoriale Grenzen, in denen sie jeweils das Gewaltmonopol ausüben. Im Sinne des Legalitätsprinzips sind Staaten untereinander gleichberechtigt. Krieg als Mittel zur Durchsetzung der Interessen ist legitim.

Dieser neuen Ordnung lag die Schaffung territorial und nicht mehr religiös definierter Gemeinschaften sowie stehender Heere anstelle der Privatmilizen des Adels zugrunde. Das Monopol der Gewalt sollte von nun an alleinig in staatlicher Hand liegen. Die Ordnung des Westfälischen Systems ist gleichzusetzen mit der Ordnung territorial bestimmter Souveränität. Nicht zu vergessen ist dennoch die neu bekräftigte Losung des Augsburger Religionsfriedens von 1555, auf welcher dieses System beruhte. „Cuius regio eius et religio" – der jeweilige Landesfürst sollte die Religion des von ihm beherrschten Gebiets festsetzen. Von Religionsfreiheit kann man daher nicht sprechen, sehr wohl aber vom Wunsch, auf politischem Wege die Religionskriege zu lösen. Es war also ein konfessioneller Ansatz, der am Beginn dieser neuen Ordnung stand. Im Zuge des späten 18. und 19. Jahrhunderts sollte infolge der bürgerlichen Emanzipation, meist auf revolutionärem und nicht auf friedlichem Wege, eine Ordnung der Nationalstaaten entstehen.

Die große christliche Gemeinschaft, welche seit Karl dem Großen die Legitimationsgrundlage des Heiligen Römischen Reiches deutscher Nation bildete, war de facto bereits lange vor ihrem offiziellen Ende 1806 verschwunden. Der Citoyen, der Staatsbürger, begann allmählich die Ordnung der Stände und der Religionen abzulösen. Die Reformation, Gegenreformation, der Dreißigjährige Krieg und die Revolutionen in den USA und Frankreich waren Meilensteine in diesem Prozess. Kaiser Franz II. legte die Reichskrone 1806 nieder, um dem Kaiser der Franzosen diese Würde zu entziehen. Er wurde zu Franz I. von Österreich. Dieser Staat versuchte im Rahmen der Heiligen Allianz, welche sich als die neue Ordnungsmacht und als Antwort auf die Unordnung verstand, die Napoleon mit seinen Eroberungen verursacht hatte, die Idee des übernationalen und multireligiösen Reiches aufrecht zu erhalten. Dass dies letztlich misslang war einer der vielen Gründe für den Ausbruch des Ersten Weltkriegs, an dessen Ende der Zerfall des habsburgischen Vielvölkerstaats stand. Das alte Kaiserreich, dem nicht nur ein Joseph Roth literarisch und als Mensch nachtrauerte, war mit den aufkommenden Nationalbewegungen zum Anachronismus geworden.

Kleinstaaterei als Lösung?

Nach dem Ende des Ersten Weltkriegs oder dem Ende des britischen Kolonialreiches Ende der 1940er Jahre zerbrachen Reiche, junge Nationalstaaten mit ihren Grenz- und Minderheitenproblemen rückten nach, manche zerfielen weiter. Man mag unter dem in der Ökonomie bekannten Spruch „Small is beautiful", den die aus Österreich stammenden Wissenschaftler Ernst Friedrich Schumacher und Leopold Kohr prägten, der Kleinstaaterei etwas abgewinnen. Österreich und die Schweiz und einige andere europäische Kleinstaaten dürfen sich dank ihrer wirtschaftlichen Erfolgsgeschichten auch als gelungene Beispiele dieser Entwicklung präsentieren.

Kohr begab sich in seinem 1957 publizierten und lange unbeachteten Buch „Breakdown of Nations" auf die Suche nach der „optimalen Größe des Gemeinwesens". Sein Plädoyer für kleine Einheiten gründete auf seiner konsequenten Ablehnung aller Großstaaten und aller „bigness" sowie der „Religion des Wachstums" schlechthin. Die Idee eines europäischen Superstaates, dessen Aufstieg er bis zu seinem Tod 1994 aufmerksam beobachtete, erschreckte ihn. Vielmehr interessierte ihn die Regionalisierung, die Rückkehr alter historischer Regionen. Eine Aufspaltung Belgiens in Flandern und Wallonien, wie sie sich angesichts des schweren politischen Patts seit 2007 abzeichnet, hätte der Autor wohl begrüßt. Brüssel als europäische Hauptstadt in einem zerfallenen Nationalstaat mag grotesk anmuten. Doch zugleich spiegelt diese Entwicklung die möglichen größeren Tendenzen auf unserem Kontinent wider. Wir erleben zeitgleich Integration und Desintegration, also eine Rückkehr des Regionalen und auch des Lokalen.[98] Die Unabhängigkeit Schottlands oder Kataloniens ist vielleicht nur mehr eine Frage der Zeit. Vor dem Hintergrund der Finanz- und Wirtschaftskrise könnten Implosionen etablierter westeuropäischer Staaten rascher als gedacht möglich werden.

Dass Imperien ein Ende finden, zeigt der Lauf der Geschichte in regelmäßiger Abfolge. Dieses Thema findet auf die USA bezogen viele neue Interpreten.[99] Leopold Kohr schrieb zum amerikanischen Imperium Folgendes: „[...] der letztlich mögliche, der ultimative Staat wird ähnlich verlaufen wie andere Staaten in der Geschichte zuvor. [...] Nicht ein Krieg wird sein Ende sein. Er wird nicht explodieren. Wie die alternden Kolosse des Sternenuniversums wird er von innen heraus allmählich zerbrechen, der wesentliche Beitrag für die Nachwelt werden seine Fragmente sein, die kleinen Staaten – bis dann ihre Festigung den Prozess der Großmächte wieder beginnt. Das ist keine angenehme Verheißung. Was aber angenehm erscheint, ist zu begreifen, dass in der Periode zwischen den intellektuellen Eiszeiten der Großmächte die Geschichte sich höchstwahrscheinlich wiederholen wird. Und es werden wieder Epochen von Freiheit und kultureller Größe kommen, wie sie die Kleinstaaten-Welten der Antike und des Mittelalters charakterisierten."[100] Kohr vergleicht Staaten mit lebendigen Gebilden, die nach einer Phase hoher Vitalität letztlich aus dem Inneren heraus kollabieren. Diese Prozesse sieht er nicht als angenehm voraus, doch gründet sich sein Optimismus auf eine Rückkehr zu den kleineren Einheiten. Kohr hofft also auf eine Renaissance von Kultur und weniger Uniformität dank eines neu erstarkten Mikrokosmos wie zur Blüte der Kleinstaaten des Mittelalters und des antiken Griechenlands.

Die Turbulenzen, die sich aber zwischen diesen historischen Umbrüchen abspielen, geben Anlass zu Sorge und Pessimismus. Eine Revolution in der Energiepolitik, die einer größeren Preiskrise folgen könnte, wird eventuell die Zerschlagung großer Einheiten beschleunigen und neue kleinere Einheiten schaffen, die sich an der jeweils möglichen Energieversorgung, wie kleiner Kraftwerke auf Basis erneuerbarer Energien, orientieren. Diese Transformation wird kaum friedlich verlaufen, da mit schwerer Rezession oft auch politischer Extremismus einhergeht.

Entlang welcher Linien Staaten zerfallen und sich neu ordnen, wird sich weisen. Ob das Primat der Ökonomie die Staatenwelt bestimmt oder doch die Politik eingreift, ist schwer zu sagen. Gegenwärtig beobachten wir die Rückeroberung verlorenen Terrains durch den Staat. Infolge der Übernahme von Banken und wichtigen Produktionsbetrieben versuchte der Staat, den Primat der Politik gegenüber dem freien Markt zu stärken. Fraglich ist, ob es den Staaten gelingen wird, diese Umwälzungen in kontrollierter Weise zu gestalten oder ob das Chaos für einige Zeit überhand nimmt und uns noch Planwirtschaft oder autoritäre Kontrollsysteme erwarten. Folgt man der umstrittenen Kulturthese von Samuel Huntington,[101] so könnten sich Gesellschaften verstärkt an ihren Kulturen und Religionen, die letztendlich Kern aller Kulturen sind, orientieren. Von Wertegemeinschaften ist neuerdings viel die Rede, doch herrscht Verwirrung, was einen „Wert" bildet und wie dieser zu pflegen ist. Kohr hat seine Thesen in erster Linie an der Entwicklung der europäischen Staatenwelt und der USA ausgerichtet. Wie es sich mit einer Neuordnung von Staaten in Afrika und Asien verhalten könnte, wo die Kolonialisierung entscheidend für die Entstehung der heutigen Nationalstaaten war, behandelt er nicht. Gerade diese Staaten sind von Implosion bedroht. Ob ein Libanon, Syrien, der Irak oder Afghanistan in Stadtstaaten und Stammesgebiete zerfallen, ist Gegenstand zahlreicher Analysen.

Die Risiken eines Staatenzerfalls sind seit den Invasionen 2001 in Afghanistan und 2003 im Irak gewachsen. Immer wieder ist auch von einer Konfessionalisierung des Nahen Ostens die Rede; dramatischer Schauplatz des Zerbrechens in religiös-ethnische Kantone ist gegenwärtig Syrien. Kurz nach dem Ersten Weltkrieg zirkulierten vor der Errichtung der britischen und französischen Mandate Entwürfe für die Schaffung mehrerer Kleinstaaten für die jeweils dominierende Bevölkerungsgruppe. So wäre eventuell ein maronitischer, drusischer oder alawitischer Staat begründet worden. Als Gegenmodell propagierten die arabischen Unterhändler die Idee eines Vereinigten Arabischen Königreiches. Der von den republikanisch denkenden arabischen Politikern betriebene Panarabismus wollte als säkulares Modell alle religiösen oder ethnisch bestimmten Modelle eliminieren. Diese Ideologie scheiterte kläglich an ihrer eigenen Irrationalität und der Realität der von Frankreich und London beschlossenen Neuordnung der Karten des Nahen Ostens.

Im Nahen Osten entstand 1948 mit dem Staat Israel erstmals ein rein konfessionelles Staatswesen. Das Staatsbürgerschaftsgesetz besteht aus zwei Artikeln, dessen erster Artikel besagt: Jeder Jude kann nach Israel einwandern. Dieser automatische Erwerb einer Staatsbürgerschaft für Einwanderer ist weltweit einzigartig. Das Prinzip des Citoyen, also des mit Rechten und Pflichten versehenen Bürgers unabhängig von seiner religiösen, ethnischen und sonstigen Herkunft, wie es die Grundlage moderner Territorialstaaten im 17. Jahrhundert wurde, findet hier keine Anwendung.

Es ist das Stammesdenken, welches das politische System im gesamten Orient bis zum Hindukusch bestimmt. Man denke nur an die Rolle der Stammeschefs in Afghanistan oder im sogenannten „North-Western-Frontier"-Bereich, den noch das britische Kolonialreich 1899 im Grenzland zu Afghanistan als Puffer für die Kronkolonie Indien eingerichtet hatte. Die Stammeschefs besonders der Paschtunen hatten sich als unbezwingbare Gegner erwiesen. London erließ eine Autonomie, die bis heute in Kraft ist. Der pakistanische Staat hat keine Autorität in dieser Region, weder gilt pakistanisches Recht noch können pakistanische Sicherheitskräfte das Gebiet kontrollieren. Von einer „Talibanisierung" dieses Grenzlandes, also einer Verbreitung extremistischen Gedankenguts wie sie in Afghanistan unter diesen Koranschülern[102] in den 1990er Jahren erfolgte, ist mit der fortschreitenden Verschlechterung der Sicherheitslage in Afghanistan nun die Rede. Fragile Staatsgebilde, die koloniale Grenzziehungen und Neuaufteilungen erlebten, deren geopolitische Rolle, ob als Rohstofflieferanten oder Transitrouten, zu weiteren Interventionen führten, sind von einer noch gewaltvolleren Implosion bedroht, als dies zuletzt in Jugoslawien und in der Sowjetunion der Fall war.

Der mögliche Zerfall des Irak ist weiterhin auf der Tagesordnung, denn die kurdische Autonomie im Norden wächst seit 1991, als Bagdad infolge der von den Alliierten verordneten Flugverbotszone die Kontrolle über die Region verlor, und tendiert in Richtung Staatlichkeit. Dies lässt sich unter anderem am Auftreten der kurdischen Regionalregierung in Verhandlungen über Erdölfördervertäge erkennen, die sie im Alleingang mit internationalen Konzernen abschließt. Wenn es tatsächlich zu kurdischer Staatlichkeit im Irak kommen sollte, worauf vieles hindeutet, würden die wohl nachfolgenden irredentistischen Bewegungen in der Türkei, in Syrien und eventuell auch im Iran zu einem Dominoeffekt von möglichen kriegerischen Grenzverschiebungen führen. Der Irak würde zerfallen, wobei der schiitisch dominierte Süden eventuell unter stärkeren iranischen Einfluss kommen könnte. Der Iran als Staatsnation, die mehrere Bevölkerungsgruppen seit mehr als 2500 Jahren auf einem Staatsgebiet vereint, scheint trotz aller Fragmentierung in den Nachbarstaaten weniger von ethnischen Auseinandersetzungen gefährdet.

Ob daher Kleinstaaten, jeweils von einer ethnischen Gruppe dominiert, die Antwort auf all die zentrifugalen Kräfte unserer Zeit sein werden, darf in Abrede gestellt werden. Denn die Gründung ethnischer Staaten wird von den Brutalitäten „ethnischer Säuberung" begleitet werden. Was im Falle von Bosnien-Herzegowina zu Völkermord und Vertreibung führte, weitet sich im Irak angesichts des Kampfes um Kontrolle des strategischen Rohstoffes Erdöl zu einem interregionalen Krieg aus.

Von der Balkanisierung des Libanons und der Libanisierung des Balkans

Zurück zum Terminus der Balkanisierung. Welcher geografische und politische Konnex zwischen der Levante und der Adria besteht, ließ sich 1990/91 gut beobachten, wenn man die Waffenlieferungen zwischen den Kriegsschauplätzen im Nahen Osten und jenen auf dem Balkan untersuchte. Mit dem offiziellen Ausbruch der Balkankriege am 25. Juni 1991, als Kroatien und Slowenien ihre Unabhängigkeit erklärten und aus der Bundesrepublik Jugoslawien austraten, wie es grundsätzlich die jugoslawische Bundesverfassung vorsah, wiederholte sich ein historischer Vorgang, wie ihn dieser Raum rund 70 Jahre zuvor bereits erlebt hatte. Neue, kleinere Nationalstaaten entstanden vor dem Hintergrund eines Gemetzels, das neben Hunderttausenden Todesopfern und Invaliden zu den größten Flüchtlingsströmen auf dem europäischen Kontinent seit 1945 führte. Dieses Mal wurden Journalisten und Politologen nicht müde, von der „Libanisierung Jugoslawiens" zu sprechen. Noch vor dem Ausbruch dieser neuen Balkankriege, die sich seit dem Tode von Josip Broz Tito 1980 infolge der Wirtschaftskrise und eines wachsenden Nationalismus führender Politiker zusammenbrauten, schrieb der libanesische Historiker Georges Corm über das Kräfteverhältnis zwischen Europa, dem Balkan und dem Nahen Osten unter dem Titel „Europa und der Orient. Von der Balkanisierung zur Libanisierung. Geschichte einer unvollendeten Moderne".[103] Corm nahm mit seiner vergleichenden historischen Analyse der beiden Regionen, ihrer Gemeinsamkeiten als Erben von Vielvölkerreichen, die Kriege von 1991 bis 1999 im Balkan vorweg.

Im Libanon erfolgte ein religiöser Proporz zur Machtaufteilung auf Basis eines bloßen „Gentleman's Agreement" außerhalb der Verfassung. Der komplizierte Schlüssel konfessioneller Quoten in allen öffentlichen Ämtern funktionierte nicht und wirkte mehrfach als Kriegsauslöser. Über die Vorzüge und Nachteile dieser Form eines interreligiösen Ausgleichs und einer Konsensualdemokratie, in der Parlamentssitze, Kabinettsposten und Militärränge bis hin zu Institutsleitern in öffentlichen Forschungseinrichtungen nach religiöser Zuordnung und nicht gemäß persönlicher Eignung verteilt werden, mag man unterschiedlicher Meinung sein. Die Befürworter führen ins Treffen, dass dank dieser Quoten alle Volksgruppen an den Entscheidungsprozessen mitwirken. Niemand werde von der demografischen Mehrheit überrollt. Die Gegner eines solches Proporzes betonen das demokratische Mehrheitsrecht im Sinne von „one man – one vote". So lautete der Ruf des schwarzafrikanischen Widerstands im weiß regierten Südafrika, den die schiitische Hizbollah im Libanon für sich in Anspruch nimmt, denn auch die Schiiten haben zahlenmäßig die christlich-arabische Bevölkerung, die vom Quotensystem profitiert, überholt. Konsenslösungen für die Mitwirkung aller Minderheiten sind zweifellos in einer Übergangsperiode nützlich, doch das Risiko ist groß, dass sie langfristig Politik und Gesellschaft erstarren lassen. Denn das Leben, das berufliche Fortkommen eines Menschen wird von Geburt an durch seine konfessionelle Zugehörigkeit und nicht durch seine individuellen Talente bestimmt.

Die für den Irak in den USA ausgearbeitete und per Referendum im Herbst 2005 in Kraft getretene Verfassung übernahm aber diese „libanesische Formel" für die neue Ämterverteilung zwischen den Volksgruppen. Von der Libanisierung des Irak wurde daher in der Folge oft gesprochen. Wie auch die Gefahr einer Irakisierung Syriens oder des Libanons für weitere Debatten sorgte. Allein die wachsende Zahl der Begriffe sollte uns zu denken geben. Denn neben der Balkanisierung und der Libanisierung sprechen wir angesichts von Staatenfragmentierung nun auch schon von Irakisierung oder Afghanisierung.

Im Hafen von Jounieh, nördlich von Beirut, konnte man im Herbst 1990, als die Syrer die Karten im kriegszerstörten Libanon neu mischten, Folgendes beobachten: Die Waffen christlicher Milizen, wie der Phalange, wurden verladen. Die Fracht ging an die dalmatinische Küste. Der Waffenmarkt verlagerte sich im Oktober 1990 vom Libanon nach Jugoslawien. Genau neun Monate später brach der Jugoslawienkrieg aus. Mit diesen Schiffen gelangte nicht nur das Kriegsmaterial, sondern die gesamte moderne Milizmentalität von der Levante in die Adria. Was man zuvor in Beirut oder Tripolis erlebt hatte, fand nun in Sarajewo und Banja Luka statt. Jene jungen Männer, die zuvor arbeitslos waren, doch dank Sonnenbrille, Maschinenpistole und ergebener Truppe rasch zu mächtigen Chefs der von ihnen kontrollierten Stadtteile aufstiegen, fanden sich bald in den paramilitärischen Banden der Kroaten, Serben oder Bosniaken.

Doch vielen Beobachtern blieben diese Zusammenhänge zunächst verschlossen. Erst mit einer gewissen Zeitverzögerung begannen Historiker vergleichende Studien über die Kriege im Libanon und in Bosnien anzustellen. Analogien sollen nie in extremis geführt werden, doch gewisse Parallelen lassen sich in der urbanen Guerilla von Beirut und den Scharfschützen von Sarajewo feststellen. Wer die byzantinischen Machtgefüge aus Clan, Klerus, Miliz und Partei im Libanon einmal begriffen hatte, war auf die bosnischen Verhältnisse vorbereitet.

Der Faktor Religion, ob in seiner islamistischen Ausprägung, in der wiedererlangten politischen Rolle der orthodoxen Staatskirche oder einer anderen politisch verbrämten Heilsidee, spielt bei so mancher Staatsimplosion eine Rolle. Die Loyalität zur Religionsgemeinschaft kann ähnlich wie im Falle von Ethnonationalismus, wenn die Idee der Staats- und Kulturnation zugunsten einer exklusiv verstandenen Ethnizität an Bedeutung verliert, die Bindung zum Staat, dessen Bürger man ist, verdrängen. Die inneren Bruchlinien, entlang welcher der Staat zerfällt, können ethnisch und zugleich religiös bestimmt sein. Nicht zu vergessen ist aber, dass ethnische oder religiöse Motive oft Deckmäntelchen für Machtkämpfe anderer Art sind. Dies trifft aktuell vor allem auf die sogenannten „frozen conflicts"[104] im Kaukasus zu, ebenso auf die vielen Konflikte auf dem afrikanischen Kontinent, etwa im rohstoffreichen Sudan und dem Kongo, und auf die möglichen Fragmentierungstendenzen im Nahen Osten.

Die Kategorie des republikanischen Citoyen – frei von aller ethnischen Zuordnung – scheint in Auflösung begriffen. Ob die Fünfte Republik in Frankreich die gegenwärtigen Krisen ungeschoren übersteht, bleibt abzuwarten. Jugoslawien ist indes von der Landkarte und aus dem Vokabular verschwunden. Bis 2004 existierte noch der seltsame Name Ex-Jugoslawien, der schließlich der Bezeichnung Serbien und Montenegro weichen musste. Mit dem Austritt Montenegros aus dieser Restföderation und der Unabhängigkeitserklärung des Kosovo fand vorerst der letzte Akt von Balkanisierung statt. Weitere souveräne Staaten auf dem Gebiet des ehemaligen Jugoslawien sind nicht auszuschließen. Man denke nur an die schwache Föderation Bosnien-Herzegowina.

Der Libanon hingegen hat die Kriegs- und Nachkriegsjahre überstanden. Allen Widrigkeiten zum Trotz ist das kleine Land, das auf den antiken Stadtstaaten von Byblos bis Tyros fußt, weiterhin ein funktionierendes Mitglied der Staatengemeinschaft. In seinem Klassiker „Koexistenz im Krieg" beschreibt Theodor Hanf das interessante Paradoxon von „Staatszerfall und Entstehung einer Nation im Libanon", wie der Untertitel lautet. Der englische Titel bringt es noch griffiger auf den Punkt: „Decline of a State and Rise of a Nation".[105] Eine zerrissene Nation voller konfessioneller Gräben hat alle düsteren Prognosen eines Zerfalls des Landes in Kantone überlebt. Ein Grund hierfür mag darin liegen, dass sich die internationale Staatengemeinschaft im Libanon im Vergleich zum massiven Engagement der Staatengemeinschaft auf dem Balkan – abgesehen von einem kurzen Einsatz einer multinationalen Friedenstruppe zwischen Herbst 1982 und November 1983 und der eher ohnmächtigen UN-Truppen der UNIFIL im Südlibanon – kaum engagierte. Die libanesischen Bürgerkriegsparteien mussten sich unter syrischer und israelischer Okkupation in ihrer Machtaufteilung arrangieren. Diese fragile Waffenruhe kann aber jederzeit ihr Ende finden, wenn die Sponsoren der Bürgerkriegsparteien wieder Interessen an einem größeren Waffengang haben sollten. Vielleicht war es eben jene Nichtintervention der Staatengemeinschaft, welche die innere Kohäsion des Landes stärkte. Eine solche Schlussfolgerung steht in klarem Gegensatz zum weltweiten Trend von Interventionen, „nation-building" bis hin zu internationaler Strafgerichtsbarkeit. Die Frage, die sich Politik und Diplomatie stellen müssen, lautet: Hat die sogenannte Staatengemeinschaft, die sich aus nationalen Regierungen mit ihren jeweiligen politischen und finanziellen Grenzen und Möglichkeiten zusammensetzt, den Willen, die Mittel und die Zeit, sich in Interventionen zur Stabilisierung zerfallender oder bereits zerfallener Staaten zu engagieren? Vorausgeschickt sei die knappe Antwort: immer weniger und immer seltener. Der Höhepunkt internationalen Engagements, das wir seit den frühen 1990er Jahren vom Balkan bis zum Hindukusch beobachten, ist wohl bereits überschritten. Allein die Finanz- und Personalnöte vieler Truppensteller, die Probleme nationaler Sicherheit und wohl auch die ernüchternden Ergebnisse dieser Missionen werden dieses Kapitel internationaler Politik unter großer allgemeiner Verwirrung zu einem abrupten Ende bringen.

Intervenieren in gescheiterten Staaten

Die US-Intervention in Somalia im Dezember 1992, die inhaltlich schlecht, medial aber sehr umfassend vorbereitet worden war, reiht sich in die lange Liste von Interventionen in gescheiterten Staaten. So setzten das Militärkommando der US-Armee die damals in Somalia tätigen karitativen Organisationen unter Hausarrest, niemand fragte um ihren Rat, um sich im Dickicht rivalisierender Clans und Milizen richtig zu bewegen. Umso intensiver war aber die mediale Inszenierung der Invasion. An der somalischen Küste nahmen TV-Kameras Aufstellung, um die Landung der Truppen festzuhalten. Bernard Kouchner, damals Staatssekretär für humanitäre Fragen in der Regierung von François Mitterand, trug einen Sack Reis und fand in dieser Pose auf die Titelblätter. Dieses Bild steht symbolisch für den humanitären Aktionismus, der außenpolitische Arbeit in den Hintergrund drängte und zu einer unheilvollen Allianz von Medien, Hilfsorganisationen, Militärs und einigen Außenpolitikern führte.

Im Sommer 1993 musste US-Präsident Bill Clinton, der die Somalia-Invasion gleichsam als Kuckucksei von seinem Vorgänger

George H. Bush geerbt hatte, die US-Truppen nach dem Desaster abziehen, das als „Black Hawk Down" in die Filmgeschichte eingehen sollte. Der Abschuss eines gleichnamigen Militärhubschraubers, die Gefechte in Mogadischu und die Bilder getöteter US-Soldaten, die von siegreichen Milizionären durch die Straßen geschleppt werden, führten zum Abzug. Somalia wurde in der Folge zu einer terra incognita am Horn von Afrika. Von hier aus mobilisierten sich terroristische Verbände für Anschläge in Ostafrika, der Zerfall des Landes erfolgte nach dieser humanitären Intervention noch blutiger. Im Herbst 2006 marschierte die äthiopische Armee mit dem Segen und der finanziellen Unterstützung der USA unter dem Titel „Bekämpfung des islamistischen Terrors" in Somalia ein. Anfang 1992 entrüstete sich der damalige UN-Generalsekretär Boutros B. Ghali, dass die Welt nur auf einen „Konflikt der Reichen" blickte, während Afrika niemanden interessierte. Mit jenem Konflikt meinte er die neu ausgebrochene Balkankrise. Indes kam es in den 1990er Jahren in vielen Regionen gleichzeitig zu Staatenimplosionen. Die Balkanisierung erfasste nicht nur den Balkan selbst, sondern spielte sich in Form von ethnisch bestimmten Bürgerkriegen im Kaukasus und auf dem afrikanischen Kontinent ab. Eben erst war die Europäische Gemeinschaft über den Vertrag von Maastricht zur Europäischen Union geworden, so begannen zeitgleich Staaten wie die Sowjetunion und Jugoslawien zu zerbrechen. Die Überraschung war groß, denn was sich in jenen Wendejahren weltpolitisch abspielte, überforderte viele Staatskanzleien. Diplomaten waren mit zwei gegenläufigen Tendenzen, der Integration und dem Zerfall, konfrontiert. Sie verstanden es aber nicht, auf diese neuen außenpolitischen Herausforderungen richtig zu reagieren.

Staaten zerfallen, scheitern, implodieren, und das so entstandene Chaos hat Konsequenzen für Nachbarstaaten wie auch für weiter entfernte Regionen. Die Diplomatie muss sich mit „failed states" befassen, die Flüchtlingselend ebenso exportieren wie extreme Ideologien und Gewalt. Die Westfälische Ordnung 1648 auf Basis von Territorialstaaten ist deutlich in Unordnung geraten, wie dies an der veränderten Kriegsführung, einer Entstaatlichung des Kriegs, erkennbar ist. Bislang ist es der Diplomatie nicht gelungen, einen

Staatenzerfall zu verhindern oder einen der gescheiterten Staaten als lebensfähigen Staat wieder aufzubauen. Das vielzitierte „nation-building" riskiert eher die Belebung weiterer Zentrifugalkräfte, sodass nach Evaluierung einiger Lektionen aus diesen Erfahrungen des Wiederaufbaus vielmehr „state- and institution-building" angestrebt werden.

Sowohl die Nationale Sicherheitsstrategie der US-Regierung vom September 2002 als auch die Europäische Sicherheitsstrategie vom Dezember 2003 werten das Problem zerfallender bzw. bereits gescheiterter Staaten als eine der wesentlichen Bedrohungen internationaler Sicherheit. So heißt es im betreffenden Dokument der US-Regierung von September 2002: „America is now less threatened by conquering states than we are by failing ones."[106] Dass die Gefahr für die westliche Hemisphäre – ob man nun an Terrorismus oder die international organisierte Kriminalität denkt – nicht vom Expansionismus starker Staaten, sondern vielmehr von geschwächten Staaten ausgeht, war jedoch schon vor dem 11. September bekannt. Im Dezember 2000 legte der US-Nachrichtendienst CIA unter dem Titel „Global Trends 2020" eine lesenswerte Studie vor, die das Thema des Staatenzerfalls als das wesentliche Bedrohungsszenario beschrieb und hierbei auch die Möglichkeit eines Zerfalls Chinas analysierte. Die Gefahr fortschreitender Balkanisierung in vielen fragilen Staaten hat sich mit den Kriegen im Irak und in Afghanistan nur vergrößert. Die EU betont in ihren Stellungnahmen zur internationalen Sicherheitspolitik die Verbindungen des internationalen Terrorismus, der organisierten Kriminalität sowie der Verbreitung von Massenvernichtungswaffen mit dem Auseinanderbrechen eines Staatswesens. Es ist aber noch nicht der Zerfall des Staates als solches, sondern vielmehr sind es die damit verbundenen Missstände, die zu Sicherheitsbedrohungen für eine ganze Region werden können.

Auf Geberkonferenzen wird zum „nation-building" aufgerufen. Der Begriff der „good governance" dominiert die Debatten von den Foren der Weltbank bis zu den Treffen beteiligter NGOs. Von „good governance" kann dann gesprochen werden, wenn ein Staat in den Augen seiner Bürger über hohe Legitimität verfügt, leistungsfähig ist, seinen Ordnungs- und Verteilungsfunktionen nachkommen kann.

Gemeint ist damit nicht nur die Staatsführung, sondern die Beziehung zwischen Staat und Gesellschaft. Für „state-building" gibt es keine allgemein gültigen Vorlagen, dennoch zeigt sich immer wieder, in welchem Umfang die westlichen Staatskonzepte anderen Gesellschaften übergestülpt werden. Historisch betrachtet sind leistungsfähige Staaten mit funktionierendem Gewaltmonopol eher ein junges Phänomen. Von der Westfälischen Ordnung, die Mitte des 17. Jahrhunderts das Konzept gleichberechtigter souveräner Territorialstaaten schuf, bis zur Demokratisierung benötigten viele westeuropäische Staaten rund 400 Jahre. Heute wird ein solcher Prozess binnen zwei Jahren eingefordert, wenn es um den Wiederaufbau eines kriegszerstörten Landes wie Afghanistan oder den Kongo geht.

Die westliche Diplomatie arbeitet unter einem Zeithorizont, der mit Wahlen, Regierungsprogrammen und öffentlicher Unterstützung für ein zivil-militärisches Engagement im Gleichschritt gehen soll. Der Prozess von Befriedung und Wiederaufbau staatlicher Institutionen kann in Staaten, die am Neuanfang stehen, Jahrzehnte in Anspruch nehmen. Weder ermöglichen die Mandate internationaler Organisationen, die im Schnitt meist nur auf sechs Monate mit der Option auf Verlängerung ausgerichtet sind, noch die Zusagen nationaler Regierungen, Truppen, Logistik und Finanzen für derart lange Missionen zur Verfügung zu stellen, die erforderliche Einsatzdauer. Diese Missionen des staatlichen Wiederaufbaus stehen unter enormem Zeitdruck. Die intensive Rotation unter den Missionsleitern, ob Militärs oder Diplomaten, schafft ebenso Probleme. Nicht selten wird mit der Befehlsübergabe auch das Rad in manchen Bereichen wieder neu erfunden. Die betroffenen Personen im Krisengebiet beginnen müde zu werden, wenn sie dem neuen Missionschef einen komplexen Sachverhalt neu erklären müssen. Ein mögliches Machtvakuum während Übergangsperioden, Phasen der Einarbeitung oder Abschiedscocktails wissen wiederum lokale Machthaber, ob nun Bürgermeister in einem Krisengebiet im Balkan oder Stammeschefs am Hindukusch, für ihren persönlichen Vorteil zu nutzen.

Fragile Staaten sind mit abnehmender staatlicher Legitimität nach innen und außen konfrontiert. Der Staat kann nicht die Sicherheit der Bevölkerung garantieren, viele Grundleistungen des Staates werden kaum mehr zur Verfügung gestellt. Der gesellschaftliche Zusammenhalt nimmt ab, es existiert keine Orientierung am Gemeinwohl. Vielmehr wird der Staat als eine Ressource betrachtet, an der sich alle bedienen können. Die schwarzafrikanischen Eliten der sogenannten „fat cats" verkörpern sprichwörtlich diese Einstellung. Sie war auch in der Bundesrepublik Jugoslawien in den späten 1980er Jahren gang und gäbe. Ebenso herrscht im Libanon jene Mentalität vor, in der nicht nur jede konfessionelle Gruppe meist nur ihre Interessen durchsetzen möchte, sondern beinahe jeden Tag eine besondere historische Rolle zu spielen glaubt. Im Irak und im Kosovo verhält es sich nicht unähnlich. In diesem Ränkespiel von Mikrointeressen die Übersicht zu behalten, sich nicht für Kommunalpolitik oder Vendetta zwischen verfeindeten politischen Clans missbrauchen zu lassen, ist die Herausforderung für die Diplomaten und die von ihnen beratenen Politiker. Zudem müssen auch für jeden Einzelfall die Möglichkeiten und Grenzen einer Mission, sei sie humanitär oder militärisch, richtig bewertet werden. Korrekte Evaluierung findet dort ihre Grenzen, wo ein Politiker „seine" Außenpolitik geschickt den Medien, der Wählerschaft und auch dem Parlament, das die finanzielle Kontrollaufsicht hat, zu erklären bzw. zu verkaufen versucht. Die Grauzone zwischen ernsthafter Diplomatie zur Lösung eines internationalen Problems auf friedlichem Weg und Außenpolitik, die wie viele andere politische Bereiche zu Populismus verkommt, verschwimmt weiter.

Die westliche Diplomatie war mit der neuen Situation schlicht überfordert. Ob Slawonien, Slowenien oder Slowakei, selbst in unmittelbarer Nachbarschaft, am Wiener Ballhausplatz, taten sich die Balkanexperten schwer, all die Nationen oder vielmehr Nationalitäten auseinander zu halten. Hinzu kommt der grundlegende Fehler, europäisch gewachsene politische Konzepte wie das des Nationalstaats oder der Rolle des Individuums auf andere Regionen zu übertragen. Mit dem Ende des Kriegs in Bosnien im Dezember 1995 zog ein Tross von Diplomaten, pensionierten Militärs und jungen Politologen im Gefolge der Nato-Truppen nach Sarajewo. Die Organisation für Sicherheit und Zusammenarbeit in Europa, die OSZE, startete ihren größten Einsatz zum Wiederaufbau der Institutionen und der Zivilgesellschaft. Der Brite Paddy Ashdown löste seine im

Jahre 2002 gemachte Ankündigung, der letzte Hohe Beauftragte für Bosnien-Herzegowina zu sein, nicht ein. Dieses internationale Protektorat besteht fort, während jenes für Kosovo in einer völkerrechtlich bedenklichen „überwachten Souveränität" vorerst endete. Hier findet ein diplomatischer Eiertanz statt. Soll die Unabhängigkeit betrieben werden oder ist die Furcht vor neuen souveränen Kleinstaaten und deren Wunsch, Mitglieder der EU zu werden, doch größer?

Der aus Travnik/Bosnien stammende Autor Ivo Andrić, Literaturnobelpreisträger von 1961, beschreibt mit seinem historischen Roman „Wesire und Konsuln" ein Sittenbild der europäischen Diplomaten im Bosnien zur Zeit der Napoleonischen Kriege, womit er das Dilemma des Hohen Beauftragten der Staatengemeinschaft im 21. Jahrhundert trefflich vorwegnimmt. Die Gesandten von Frankreich und Österreich und ihre Stäbe werden in diesem Roman zu hilflosen Spielbällen der Interessen von Gemeindepolitikern zwischen Travnik und Sarajewo. Andrić zeichnet ein Psychogramm der Konsule und ihrer Familien, die sich im politischen Dschungel und dem widrigen Alltag im osmanisch regierten Bosnien zurecht finden müssen. Die Schicksale in dieser Ecke des Balkans und die große Weltpolitik, wie die Napoleonischen Eroberungskriege, kreuzen sich immer wieder auf elegante Weise. Oftmals hielt ich beim Lesen dieses Romans im Sommer 2002 inne und war schlicht beeindruckt, wie zeitgenössisch und aufschlussreicher als viele politische Analysen diese Literatur war. Die Lektüre dieses Werkes sollte Pflichtteil aller Vorbereitungen für einen diplomatischen Einsatz in der Region sein.

Zu Beginn der Balkankriege, vor allem vor der Anerkennung der Unabhängigkeit von Kroatien und Slowenien durch die Staatengemeinschaft,[107] sah es ganz danach aus, als würden die wesentlichen Akteure, vor allem im UN-Sicherheitsrat, am Fortbestand der jugoslawischen Föderation festhalten. Mit der Auflösung der Sowjetunion im Herbst 1991 vollzog die internationale Diplomatie eine Volte. Hintergrund war wohl die Einsicht, dass die Zerfallsprozesse nicht mehr aufzuhalten waren und man sich auf neue souveräne Staaten und Grenzen einzustellen hatte. Die europäische Diplomatie musste lernen, mit dieser neuen Dynamik umzugehen. Tabus zur Unveränderlichkeit von Grenzen, wie sie die Helsinki-Schlussakte von 1975 zum Abschluss der Konferenz für Sicherheit und Zusammenarbeit KSZE festschrieb, sind schon früher gefallen. Das Völkerrecht, auf welchem das Staatensystem aufbaute und die Diplomatie seit dem Wiener Kongress immer stärker bestimmte, war ebenso im Umbruch. In Frankreich kam das Konzept der „ingérence humanitaire" auf. Betrieben wurde es u. a. von einer Expertengruppe, die zwischen Außenministerium und Vertretern von Nichtregierungsorganisationen angesiedelt war. Führend beteiligt war neben dem Theoretiker Mario Bettati u. a. der ehemalige Arzt und Gründer der Hilfsorganisation „Ärzte ohne Grenzen", Bernard Kouchner. Mehr Aktivist als Diplomat zeigte sich Kouchner in seiner vielfältigen politischen Karriere meist primär an TV-Bildern als an substanziellen Inhalten einer langfristig angelegten Außenpolitik interessiert. Die Grundidee war, die Staatengemeinschaft möge militärisch intervenieren, um eine humanitäre Katastrophe infolge massiver Menschenrechtsverletzungen, eines Kriegs etc. zu vermeiden. Einem besonderen Selbstverständnis französischer Außenpolitik entsprungen, wobei die „France humanitaire" die andere Seite der Medaille einer „France militaire" ist, lässt sich der Begriff der „ingérence humanitaire" nur schwierig übersetzen. Denn eine Ingerenz sollte weniger als eine Intervention, die geltendem Völkerrecht widerspricht, und doch mehr als eine Serie diplomatischer Demarchen sein.

Die erste „ingérence humanitaire", die als solche bezeichnet wurde, erfolgte Mitte des 19. Jahrhunderts zugunsten der von ihren muslimischen Nachbarn bedrohten Christen des Libanongebirges. Eine Koalition europäischer Staaten entsandte in bester Tradition europäischer Kanonenbootdiplomatie ihre Soldaten in die Levante, welche Teil des Osmanischen Reiches war. Das Ergebnis war unter anderem die Schaffung einer autonomen Verwaltung für die Region von Beirut und des Mont Liban. In der Folge sollte sich aufgrund größerer politischer und wirtschaftlicher Freiheit dieses Gebiet rascher entwickeln. Doch in der Wahrnehmung des Osmanischen Reiches und in der Geschichtsschreibung in weiten Teilen der islamischen Welt wurden unter dem Deckmantel der Humanität europäische Interessensphären erweitert. Es verwundert daher nicht, dass der Aufschwung derartiger militärischer Missionen als eine neue Form der Kolonialisierung wahrgenommen wird. Sowohl China als auch Indien als wichtige UN-Mitglieder, ebenso wie der Sudan und andere betroffene Staaten, haben die wachsende Zahl humanitärer Missionen von Anbeginn mit Skepsis und Misstrauen verfolgt.

Aus Kriegen wurden humanitäre Interventionen

Seit Mitte der 1990er Jahre lässt sich eine Verschmelzung von zivilem und militärischem Bereich beobachten, die sich vor allem in den neuen Mandaten der UN-Missionen zur Friedenserhaltung findet. Ausgangspunkt hierfür war die 1992 vom damaligen UN-Generalsekretär Boutros B. Ghali formulierte Agenda für den Frieden, wonach das veränderte Umfeld der Konflikte ein breit ausgelegtes militärisches Mandat benötigte, das die Wahrnehmung gesellschaftlicher und staatlicher Aufgaben durch die Blauhelme der UN-Friedenstruppen umschloss. Das Spannungsfeld zwischen dem Wunsch nach Schutz von Menschenrechten und Sicherung humanitärer Mindeststandards einerseits sowie dem völkerrechtlichen Gebot des Respekts für die Souveränität aller Staaten andererseits war neu aufgebrochen. Was in den Kreisen humanitärer Organisationen Ende der 1980er Jahre begonnen hatte, nämlich die Forderung nach präventiver militärischer Aktion, hatte nun auch die Zirkel der UNO und in weiterer Folge einige andere westliche Regierungen erreicht. Kanada errichtete im November 2000 die internationale Kommission über Intervention und staatliche Souveränität. Im Abschlussbericht unter dem Titel „The Responsibility to Protect" sprachen sich die 12 Kommissionsmitglieder für das Recht auf humanitäre Intervention aus.[108] Es ging darum, zukünftig Völkermorde, wie sie etwa in Ruanda 1994 oder im bosnischen Srebrenica 1995 stattgefunden hatten, zu verhindern.

Die dahinter stehende Logik, dass nämlich im Namen der Verhinderung von Völkermord und des Schutzes von Menschenrechten die Souveränität eines Staates in den Hintergrund rücke, ist zweischneidig. Denn jegliche Einmischung in die inneren Angelegenheiten eines Staates löst eine neue Dynamik aus. Die Intervention durch die Staatengemeinschaft kann rasch in Besatzung umschlagen und neue Turbulenzen für die Bevölkerung schaffen. Zum anderen stellt sich immer wieder die Frage, welche Instanz auf Basis welcher Kriterien über eine solche Intervention entscheidet, falls der betreffende Staat selbst nicht fähig ist, ein Mindestmaß an Schutz für die Bevölkerung sicherzustellen. Das Konzept dieser Initiative „Responsibility to Protect" fügte sich ursprünglich in den Entwurf einer UN-Reform ein. Um einen erweiterten UN-Sicherheitsrat mit neuen Mandaten zu versehen, hätte sich auch der Souveränitätsbegriff weiterentwickelt, sprich, er wäre aufgeweicht worden. Verständlicherweise widersetzten sich dieser Initiative von Anbeginn zahlreiche Staaten, vor allem jene, welche die Erfahrung des Kolonialismus gemacht hatten. Als ich Anfang der 1990er Jahre in Paris über das Instrument humanitärer Interventionen recherchierte, erschien mir das Konzept anfänglich sehr attraktiv, um Menschenrechte glaubwürdig zu garantieren. Doch habe ich mich von dieser damaligen Illusion entfernt.

Es wäre naiv, sich in dem Glauben zu wiegen, dass irgendeine Intervention der jüngeren Geschichte, ob auf dem Balkan oder im Nahen Osten, dem Wunsch nach Sicherung humanitärer Standards entsprungen wäre. Konkrete politische Interessen der intervenierenden Staaten, ob nun Angst vor Migration oder Sicherung einer regionalen Vormachtstellung, waren stets das Leitmotiv. Im Zuge der 1990er Jahre kam es zu einem rapiden Ansteigen von Interventionen. Die Staatengemeinschaft verwaltet im 21. Jahrhundert zahlreiche Protektorate. Die Zahl der UN-Missionen zur Friedenssicherung steigt an, ohne dass hierfür ausreichend Truppen und Finanzierung vorhanden wären. Konflikte wurden „eingefroren", aber nicht gelöst, wie die latent schwelenden Dispute im Kaukasus und auf dem Balkan zeigen. Konflikte werden vielfach mehr gemanagt als gelöst. Entsprechend umfangreich ist die Zahl der „Institute für Konfliktmanagement". Neue Geschäftszweige entstanden, Nichtregierungsorganisationen entsenden auf Rechnung internationaler Organisationen und ihrer Mitgliedsstaaten Experten, um eine Zivilgesellschaft aufzubauen, die Justiz zu reformieren und die Medien neu zu ordnen et cetera. Gewaltige Anstrengungen wurden und werden unternommen, um fragile Staaten zu konsolidieren. Über die Ergebnisse lässt sich diskutieren. „In kein anderes Land investierte die Staatengemeinschaft so viel Geld und guten politischen Willen wie in den Kosovo mit so kleinen Resultaten", stellte ein Mitarbeiter der OSZE-Mission im Kosovo in einem Gespräch im Dezember 2007 fest. Die Diplomatie wird Teil einer Maschinerie des „nation-" bzw. „state-building", doch stehen sich Dutzende Apparate, regionale und internationale Organisationen und Hunderte Vereine oftmals im Wege. Die diplomatische Arbeit verliert sich im Koordinieren von Resolutionen und der vielen Akteure in einem Krisengebiet. Für eine klare politische Vorgabe fehlen Zeit, Wille und wohl auch die hierfür befähigten Mitarbeiter. Es entsteht vielmehr eine für alle Beteiligten undurchschaubare Gemengelage.

Diese institutionelle Verwirrung trifft auch die Militärs, die meist den Kern dieser internationalen Einsätze stellen. Untersucht man die UN-Einsätze im Kosovo oder in Osttimor, so sieht man, in welchem Umfang zur militärischen Komponente immer häufiger humanitäre Hilfe und Entwicklungszusammenarbeit treten, die als Teil des Krisenmanagements gelten. So werden militärische und zivile Akteure Teil der gleichen Intervention. Die einst klaren Grenzen zwischen zwei unterschiedlichen Aufgabenbereichen verschwimmen. Das Vorstoßen des Militärs in zivile Bereiche war eine politische Entscheidung, oft unter dem Druck öffentlicher Meinung. Die Wählerschaft und die Medien riefen im Falle von Bosnien-Herzegowina und Kosovo nach Intervention. Mangels echter politischer Strategie war zunächst humanitäre Hilfe unterstützt durch militärischen Schutz vorausgeschickt worden. Erst die großangelegten militärischen Operationen führten zumindest in Bosnien-Herzegowina Ende 1995 zum Waffenstillstand. Sowohl Militärs als auch humanitäres Personal mussten sich in diese neuen gemeinsamen Aufgabengebiete über Versuch und Irrtum einarbeiten.

Beispiel dieser integrierten Missionen sind die „Provincial Reconstruction Teams" in Afghanistan. Diese Teams werden in relativ autonomer Form vom jeweiligen Entsendestaat geführt. Zivile Ministerien der Entsendestaaten sind mit unterschiedlichen Agenden, die vom Aufbau der Polizei durch Beamte des Innenministeriums über die Bekämpfung des Drogenhandels bis hin zum Aufbau der Wasserversorgung durch private Firmen reichen, betraut. Diese Teams verstehen sich als internationale Hilfsangebote auf Zeit, die auf die Kooperationsbereitschaft lokaler Entscheidungsträger bzw. auch der Warlords, also der Milizchefs, die im Fall von Afghanistan meist zugleich Stammesführer sind, angewiesen sind. Wenn daher europäische Diplomaten und britische Agenten mit diesen Personen über inoffizielle Kanäle direkt verhandeln, kann die Ausweisung dieser Staatenvertreter durch die afghanische Regierung die Folge sein. So ereignete es sich im Dezember 2007. Der afghanische Präsident Hamid Karzai warf den Betroffenen vor, durch ihre Verbindungen zu den Aufständischen die Regierung zu unterminieren. Dabei handelte es sich wohl um den pragmatischen Versuch einiger europäischer Regierungen, mit jenen Entscheidungsträgern in dem von Stämmen und Volksgruppen beherrschten Land in Kontakt zu kommen, die dank ihrer Autorität und Gefolgschaft in bestimmten Fragen – wie dem Drogenhandel – „durchgreifen" können, was von einer schwachen Zentralregierung nicht zu erwarten ist.

Es zeigt sich neuerlich, wie kompliziert der Balanceakt von Verhandlungen ist, wenn konventionelle Armeen und Staatenvertreter einem asymmetrischen Konflikt ausgesetzt sind. Soll die offiziell gestützte Zentralregierung alleiniger Ansprechpartner sein oder muss man sich früher oder später auch mit Rebellen, Stammesführern und religiösen Autoritäten auseinandersetzen? Wird durch eine solche Vorgehensweise der ohnehin fragile Staat weiter geschwächt oder führt an Verhandlungen mit Rebellen kein Weg vorbei? Was auf militärischer Ebene schon seit Jahren trainiert und gelehrt wird, nämlich die konventionelle Kriegsführung auf aktuelle Szenarien asymmetrischer Konfrontationen, ob in urbaner Guerillataktik oder Infiltrieren von Untergrundorganisationen, vorzubereiten, das fehlt zweifellos noch in der diplomatischen Ausbildung und täglichen Arbeit. Ab welchem Zeitpunkt, unter welchen Bedingungen, mit welchem Mandat sollen und dürfen Staatenvertreter solche inoffiziellen Kontakte aufbauen und nützen? Was gegenwärtig in den Einsatzgebieten von Afghanistan und Irak fast täglich sowohl in Militärrängen als auch in akademischen Zirkeln debattiert wird, hat in

Westafrika, im Kaukasus und in Lateinamerika ebenfalls Relevanz: Es geht um die Herausforderung Staatenzerfall. Wie lässt er sich aufhalten oder begrenzen?

Die Frage, die zuvor geklärt gehörte, sollte lauten, ob es sinnvoll und machbar ist, einen Staat vor dem Zerfall zu bewahren. Im Falle der Bundesrepublik Jugoslawien fanden sich binnen weniger Jahre die EU, USA und viele andere westliche Staaten mit der Tatsache ab, dass diese südslawische Föderation, an deren Zustandekommen unter anderem die britische Diplomatie ihren Anteil hatte, in mehrere kleine Staatengebilde zerfiel. Mit Unbehagen verfolgten Russland und China die fortschreitende Desintegration des serbischen Rumpfstaates, von dem sich 2006 Montenegro abspaltete. Als es 2008 dann auch noch zur Unabhängigkeitserklärung des Kosovo kam, verweigerten neben der großen Mehrheit der internationalen Gemeinschaft auch diese beiden Staaten sowie fünf EU-Mitglieder die Anerkennung. Zu letzteren gehören Spanien und Rumänien, die mit sezessionistischen Bewegungen auf ihrem Staatsgebiet konfrontiert sind. Ihre Ablehnung gründete darauf, dass Serbien sich dieser Sezession widersetzte und mit der Verletzung der Integrität des serbischen Staatsgebietes einen Völkerrechtsbruch erfolgt sah. Die Befürworter der Anerkennung beriefen sich hingegen auf das Selbstbestimmungsrecht der Völker. Angesichts der Tatsache, dass ein albanischer Staat bereits existiert, überzeugt die Notwendigkeit, einen zweiten albanischen Staat zu errichten, aber nur wenige.

Im Falle von Afghanistan geht es neben dem „Krieg gegen den Terror" auch um die Rolle des Landes als Transitroute für Pipelines und Schmugglerrouten. Die Nato ist seit 2001 in Afghanistan, um ein „sicheres Umfeld" im Lande wiederherzustellen. Die internationale Sicherheitsunterstützungstruppe ISAF ist unter Führung der Nato auf Basis der UN-Sicherheitsratsresolution 1386 (2001) stationiert. Es handelt sich um eine friedenserzwingende Mission, das heißt, die daran beteiligten Staaten wirken in regelrechten Kämpfen mit den Aufständischen, Terroristen etc., um das Mandat umzusetzen. Ziel ist neben der bislang nicht sehr erfolgreichen Terrorbekämpfung auch die Stabilisierung des Landes, um aus dem jahrelang vernachlässigten „failed state" ein stabiles Staatswesen zu machen.

Die Vorgehensweise, mit 8000 Soldaten „Terroristen zu jagen" und jeglichen Wiederaufbau hintanzustellen, hat sich als der falsche Weg für die Bevölkerung und für die Nato-Truppen erwiesen. Das lag schon an der zu geringen Truppenstärke, 2009 stockte Präsident Obama das Kontingent auf. Der 2008 erfolgte Kurswechsel hin zu mehr „soft skills", wie die Einbeziehung von Ethnologen, um den richtigen Draht der Militärkommandanten zu den Stammeschefs und religiösen Würdenträgern zu finden, kam vielleicht schon zu spät. Wie „embedded journalists", also im Militärverband mitgenommene Medienvertreter, kaum einer objektiven Berichterstattung nachgehen, so erscheinen diese „embedded anthropologists" in den Augen der Bevölkerung als verlängerter Arm der Besatzer.

Die politischen Entscheidungsträger im unmittelbaren Umfeld von Bush, Rice, Rumsfeld & Co. hätten von Anbeginn auf die Vorschläge der Diplomaten hören sollen, die von Washington mehr Übersetzer und Zivilbeamte als Militärs für den Einsatz in Afghanistan verlangten. Einer der vielen Gründe für das Scheitern der Nato-Mission in Afghanistan, an der 37 Staaten beteiligt sind, liegt im Zick-Zack-Kurs der USA. Bereits im Herbst 2002 wurde Personal, insbesonders Regionalexperten aus den Nachrichtendiensten, von Afghanistan in Richtung Irak abgezogen. Die Vorbereitungen für den Irak-Krieg liefen auf Hochtouren.

Die in Afghanistan gewonnenen Erfahrungen zivil-militärischer Kooperationen zeigen, dass es hier sowohl an Kompetenzen, insbesondere im Aufbau des Rechtsstaates, als auch an Personal mangelt. Zudem erweisen sich die sehr kurzen Intervalle von oft nur drei bis sechs Monaten als Handicap der Missionen. Weder können in so kurzen Einsätzen echte Vernetzungen und Vertrauen entstehen, noch werden gewonnene Erfahrungen richtig weitergegeben. Wie schon am Beispiel Bosnien dargestellt, bewahrheitet sich in einem so schwierigen Umfeld aufs Neue: Die ansässigen Clans, Milizen und Kommunalpolitiker beginnen die Gesandten der Staatengemeinschaft als Spielbälle rivalisierender Interessen gegeneinander auszuspielen bzw. als Vehikel für ihre eigene Ambitionen zu missbrauchen.

Jede Einmischung von außen, sei sie noch so behutsam und gut vorbereitet, verändert die Lage im Land, das Gleichgewicht der

Akteure. Wie soll die intervenierende Macht mit den vielen Akteuren – einer schwachen Regierung, rebellischen Kriegsherren und Aufständischen – umgehen? Soll man Rebellen militärisch niederschlagen oder diplomatische Kanäle zu allen Beteiligten aufbauen? Dass Besatzungsarmeen Guerillakriege gegen einen quasi unsichtbaren Feind, der sein Terrain perfekt kennt und von der Bevölkerung geschützt wird, militärisch nicht gewinnen können, hat die Geschichte oft genug bewiesen.

Der Krieg sollte die Ausnahme, nicht der zentrale Hebel aller Aktivitäten einer internationalen Terrorismusbekämpfung sein. Da dieser Krieg gegen den Terror, der typische Fall einer asymmetrischen Konfrontation zwischen staatlichen und nichtstaatlichen Akteuren, nicht zu gewinnen ist, setzt sich in den Etagen der US-Diplomatie nun zumindest ein neuer Begriff durch. Immer öfter ist von „Global Counter-Insurgency", also umfassender Bekämpfung des Aufstandes, die Rede. Wenn es um den Umgang mit Terrorismus geht, zeichnet sich zudem im Sprachgebrauch einiger europäischer Regierungen der Wunsch ab, eher von Kriminellen zu sprechen. Denn einen Feind ohne Territorium mit einer konventionellen Armee bekämpfen zu wollen, wird sich neuerlich als ausweglses Unterfangen erweisen. Dass die Terroranschläge seit dem offiziellen Beginn des „war on terror" um ein Vielfaches zugenommen haben, ist jeder diesbezüglichen Statistik zu entnehmen. Schaden nimmt zudem das humanitäre Völkerrecht, da mit der teilweisen Aberkennung der Anwendbarkeit der Genfer Konvention von 1949, die etwa den Status von Kriegsgefangenen regelt, und mit der Aufweichung des Folterverbots, das als zwingendes Völkerrecht einen besonderen Schutz genießt, Tür und Tor für weiteren Rechtsbruch geöffnet wurden. Hinzu kommt eine gefährliche Vermischung politischer und religiöser Heilsideologien. Fast hat man den Eindruck, eine zeitgenössische Auflage des Trojanischen Kriegs zu erleben, nämlich „meine Götter gegen deine Götter" auftreten zu lassen.

6. Wenn Ideologien versagen, wird Gott mobilisiert

„Das 21. Jahrhundert wird ein religiöses sein oder es wird nicht sein."
André Malraux (1901–1976)[109]

Es ist ein alter Konflikt und er wird bis heute in allen Religionen ausgetragen: der Wettstreit um Einfluss und Macht zwischen geistlicher und weltlicher Autorität. Mit dem Rücktritt von Papst Benedikt XVI. im Februar 2013 hat dieses Verhältnis eine neue Dynamik, jedenfalls für die christliche Welt, erhalten. Gemäß katholischem Kirchenrecht ist der Papst Stellvertreter Christi auf Erden und dies auf Lebenszeit. Mit dem Verzicht auf die Ausübung seines Amtes setzte Benedikt XVI. einen Präzedenzfall, der die katholische Kirche noch dauerhaft umwälzen könnte.

Der Theologe und Buchautor Joseph Ratzinger hat sich im Laufe seines Lebens intensiv mit der Rolle der Vernunft befasst. Seine Überzeugung ist, dass ein Glaube, der sich der Vernunft verschließt, in den Fundamentalismus abgleitet und nicht mehr gesprächsfähig ist. Zugleich sorgte er sich unter dem Titel „Diktatur des Relativismus" um die Risiken einer Vernunft, die sich nicht mehr an ethischen Gesichtspunkten orientiert. Er suchte also in seinen Publikationen den Mittelweg zwischen Erklärungsmodellen zur Welt in der Geistes- und in der Naturwissenschaft. Darum hatte dieser Theologe auch begriffen, dass Gott nicht die Antwort auf alle Probleme liefert. In der dritten Enzyklika schrieb Benedikt im Juli 2009 vom Erfordernis einer „dem Recht untergeordneten politischen Weltautorität", um die globalen Probleme von Finanzkrise über Hunger bis Klimawandel in Angriff zu nehmen.[110] In seiner Rücktrittserklärung heißt es: „Aber die Welt, die sich so schnell verändert, wird heute durch Fragen, die für das Leben des Glaubens von großer Bedeutung sind, hin- und hergeworfen. Um trotzdem das Schifflein Petri zu steuern und das Evangelium zu verkünden, ist sowohl die Kraft des Körpers als auch die Kraft des Geistes notwendig".[111] Der Papst hatte in seinem Anspruch auf Vernunft also konsequent gehandelt, indem er durch diesen Schritt den Nimbus des Amtes beschnitt. Was immer an Intrigen in der Schlangengrube namens Vatikan zwischen Geldwäsche, Korruption und all den zusätzlichen Skandalen, die sein Pontifikat beschäftigten, noch eine Rolle gespielt haben mag, der Papst erkannte seine Grenzen. Damit mag die ohnehin schon recht zersplitterte Christenheit, die ebenso ihr Nord-Süd-Gefälle, ihre Rivalitäten zwischen Progressiven und Reaktionären und ihre vielen anderen Absetzbewegungen erfährt, noch in größere Turbulenzen geraten. Was den Rücktritt in meinen Augen so interessant macht, ist aber dieses mutige Eingeständnis, dass neue Institutionen, neue Grundlagen und wohl auch neue Köpfe erforderlich sind, um die vielen Herausforderungen in dieser sich so schnell wandelnden Welt zu meistern.

Zeitgleich toben in jenen arabischen Staaten, die ihre politischen Ordnungen und Gesellschaften durch Revolution verändern wollten, eben diese alten Machtkämpfe zwischen religiöser und weltlicher Autorität. Es geht ein Riss durch die Bevölkerung, ob in Tunesien oder Ägypten, wo ein Teil der Bevölkerung für eine klare Trennung von Politik und Religion demonstriert, während ein anderer Teil, der heute die Mehrheit in den Parlamenten und die Regierungsparteien stellt, für eine islamistische Ordnung auftritt. Der Wahlslogan der Muslimbrüder in Ägypten war stets die einfache und gefährlich vereinfachende Formel: „Der Islam ist die Lösung". So zersplittert wie die christlich geprägten Gesellschaften sind, präsentiert sich auch die islamische Welt. Die alte Kluft zwischen Schia und Sunna, welche seit dem Tod des Propheten Mohammed im Jahre 632 die islamische Welt mitprägt, spielt hier ebenso ihre Rolle. Was die Kirche Schisma nennt, heißt im Arabischen „fitna". In der islamischen Tradition wird darunter jene Spaltung bezeichnet, die zur Feindschaft zwischen den Muslimen führt. Die vielen Auseinandersetzungen innerhalb der islamischen Welt zeigen den hohen Blutzoll, den die innerislamische Gewalt zwischen Schiiten und Sunniten fast täglich fordert.

Die Trennung von Politik und Religion war in fast allen Weltreligionen schon einmal klarer. Was wir heute erleben, ist nicht nur eine gewaltvolle Auseinandersetzung im Anspruch auf die eine, absolute

Wahrheit, wie es die vielen Kriege im Namen Gottes einforderten. Es kommt hinzu eine neue Verführbarkeit der Menschen, Religion und Politik zu vermengen, wenn alle anderen säkularen Heilsversprechen versagt haben. Was sich in der islamischen Welt schon seit Jahrzehnten abspielt, könnte auch in unseren Gesellschaften noch schlagend werden, nämlich ein militantes Christentum, wie es teils in den USA in Gestalt der „wiedergeborenen Christen" und anderer evangelikalen Freikirchen, im Konflikt in Nordirland oder auch in Gestalt neuer konservativer Jugendbewegungen in Europa bereits im Gange ist.

Die Rückkehr des Religiösen auf die politische Tagesordnung

„Die Rache Gottes" lautet die deutsche Übersetzung eines Buches des französischen Soziologen Gilles Kepel, das er 1991 veröffentlichte. Es geht darin um die Rückeroberung der Welt durch extreme religiöse Strömungen. Militante Kräfte bahnen sich unter Berufung auf Gott im ideologischen Vakuum nach dem Zerfall des Kommunismus den Weg zurück in die politische Arena. Jene, die behaupten, sie wüssten, wie Gottes Wille lautet und welche politischen Parteien er unterstützt, mobilisieren in seinem Namen. Gilles Kepel beschrieb bereits Ende der 1980er Jahre die Tendenz der Rückkehr der Religion auf die politische Bühne, lange bevor noch wiedergeborene Christen im Weißen Haus regierten und Islamisten die Wahlen in Ägypten oder Algerien gewannen.[112] Wie stark der Konfessionalismus als ideologische Instrumentalisierung der eigenen Konfessionszugehörigkeit in Auseinandersetzung mit dem konfessionell Anderen um sich greift, lässt sich nicht nur an den Kriegsschauplätzen Libanon und Balkan ablesen. Frankreich durchläuft seit Jahren eine brisante Phase im Umgang mit seiner muslimischen Diaspora und dem neuerlich erstarkten Antisemitismus. Von einer Konfessionalisierung Frankreichs, dessen Bürger im Sinne eines kontroversen „communautarisme" immer öfter in Juden, Muslime etc. eingeteilt werden, und der Notwendigkeit von Quoten zwecks Förderung marginalisierter

Jugendlicher nichtfranzösischer Abstammung in den Vororten ist die Rede. Zu einer Balkanisierung Frankreichs wäre es dann auch nicht mehr weit.[113]

Das passiert Gott nicht zum ersten Mal in der langen kriegerischen Geschichte des Monotheismus. Denn mit der Ablöse der Vielgötterei und ihrem toleranten Zugang zu anderen Kulturen und deren Göttern, die man als Eroberer zwecks Inspiration oft bereitwillig übernahm, kam mit dem Glauben an den einen Gott der Anspruch auf die absolute Wahrheit auf. Der Pluralismus auf dem Olymp war damit zu Ende. Viel Kulturgut wurde zerstört, so mancher Bau für neue Zwecke adaptiert, Feste der alten Götter zur Verehrung für den einen Gott umgewandelt. Aus römischen Markthallen wurden christliche Kirchen, Tempel dienten als Steinbruch. Die einträglichen Geschäfte mit den einstigen vielen Gottheiten wurden nicht nur in der christianisierten Welt verboten. Auf der Arabischen Halbinsel führte dies zum Aufstand der Geschäftswelt und zur Flucht des Propheten Mohammed von Mekka nach Medina im Jahre 622. Bei seiner Rückkehr nach Mekka einige Jahre später ließ er die Heiligtümer der Götter al-Manat und anderer schleifen. Nicht anders verhielt es sich mit den Bilderstürmern späterer Jahrhunderte unter den Christen, als die Heiligenbilder der Katholiken Ziel eines reformerischen Zorns wurden. Orte religiöser Verehrung sind stets auch mit wirtschaftlichen Interessen verbunden. Dies galt für die bunte Vielfalt des Polytheismus der Antike viel mehr, doch wussten findige Verkäufer auch mit dem Monotheismus ein Vermögen zu scheffeln.

Die drei monotheistischen Weltreligionen beziehen sich auf Abraham und sind auf vielfache Weise verwandt. Doch sie bekämpften einander in der Vergangenheit und ihre radikalen Anhänger tun es heute mit neuem Elan. Geht es doch um die wahre und einzige Offenbarung, die jeder für sich beansprucht. Wer die Deutungshoheit innehat, kontrolliert die Auslegung der wesentlichen religiösen Texte. Und die Interpretation gehört in unserer Epoche immer mehr den Fundamentalisten, die am Buchstaben kleben, auch wenn das Wort der Heiligen Schrift infolge zahlreicher Fehlübersetzungen nichts mehr mit der eigenwilligen Poesie der Autoren der Bücher der Thora wie des Neuen Testaments zu tun hat.

Gilles Kepel beschreibt die eindrucksvollen Parallelen in Programm und Methode zwischen Fundamentalisten der drei monotheistischen Weltreligionen. In seinen Feldstudien zur Rolle des Islams in den französischen Vororten in den 1980er Jahren befasste sich Kepel bereits mit dem neuen Konservativismus in Gestalt wachsender Frömmigkeit unter muslimischen Jugendlichen der zweiten und dritten Generation. Die evangelikalen Kirchen und ihre Missionierung untersuchte er auf dem amerikanischen Kontinent ebenso wie den demografischen und politischen Aufstieg der national-religiösen jüdischen Siedler in Israel. Wie Recht er mit dieser These der Rückkehr des Religiösen in die Politik haben sollte, ließ sich in den folgenden beiden Jahrzehnten, ob in den USA, beim militanten Hinduismus in Südasien oder beim Urnengang in arabischen Staaten beobachten. Wurde der Sieg islamistischer Parteien in Algerien 1991 und in den palästinensischen Gebieten 2006 noch unterdrückt, so ließ sich an deren Wahlerfolgen im Zuge des Arabischen Frühlings, ob in Tunesien oder Ägypten, nichts mehr ändern.

Trotz aller interessanten und fast kuriosen Ähnlichkeiten, welche die Anhänger egal welcher göttlichen Brigade verbindet, sind doch die historischen Entwicklungen und damit Unterschiede im Auge zu behalten. Religion wird neuerlich vielerorts zum blutigen Vehikel der Barbarei, so in den Balkankriegen in den 1990er Jahren und in den Kriegen im Irak und in Syrien. Die enge Allianz zwischen dem politischen und religiösen Machtzentrum zeitigt ihre Folgen nicht nur in der brutalen Unterdrückung von Menschen in Staaten wie Saudi-Arabien und dem Iran. Auch die orthodoxe Kirche Russlands wirkt als enge Verbündete der autoritären Führung unter Vladimir Putin. Der Patriarch und der Präsident legitimieren einander wechselseitig. Die Kirche ist willfähriges Instrument des Kremls, der wiederum vom Segen des spirituellen Führers profitiert. Angesichts der massiven Verbrämung von Politik und Religion in seinem Land spricht der russische Schriftsteller Wiktor Jerofejew von einem iranischen Modell.[114]

Der Gottesstaat ist nicht ein ideologisches Modell, das sich auf den Islam reduzieren lässt. Auch das Christentum kennt Epochen in der Geschichte, die eine solche Verbindung von weltlicher und geistiger Macht ermöglichten. Der katholischen Kirche sind in der nördlichen Hemisphäre großteils ihre politischen Verbündeten abhanden gekommen, im Süden hält mancherorts die Allianz zwischen Bischöfen und dem jeweiligen Regime. Doch die Renaissance eines militanten Katholizismus ist auch für verarmte Massen im grundsätzlich säkular ausgerichteten Europa nicht auszuschließen. Denn wenn alles versagt, jegliche politische Partei unglaubwürdig ist, der Staat als Wohlfahrtseinrichtung verschwindet, dann könnte die Religion wieder an Zulauf gewinnen. Die Rückbesinnung auf traditionelle islamische Werte, zur Schau getragene Frömmigkeit und der Ruf nach einer religiösen politischen Ordnung in der islamischen Welt erklären sich teils als Reaktion auf eine solche Entwicklung.

Der Staat Israel, gegründet auf der Basis einer säkular, aber ethnisch zentrierten Ideologie des Zionismus, könnte noch am tiefen Graben zwischen dem nicht-religiösen Mittelstand nationalistisch-religiöser Siedler sowie den Orthodoxen zerbrechen, wenn nicht die Bedrohung von außen als politische Klammer die tief zerrissene Gesellschaft kittete. Mit der Verschärfung der sozialen Lage spitzen sich alte Debatten zu, vor allem was die Rolle der Religion anbelangt. Die Nationalreligiösen gewinnen seit den 1980er Jahren an Zulauf und aus einigen tausend Orthodoxen zur Staatsgründung 1948 ist indes ein Anteil von 15 Prozent an der Sieben-Millionen-Bevölkerung geworden. Ob nun alle jüdischen Staatsbürger den langen Militärdienst leisten oder die religiösen Haredim weiterhin davon ausgenommen werden sollen, ist nur ein kontroverses Thema unter vielen anderen im jüdischen Staat.

In seinem „Theologisch-politischen Traktat" befasst sich der Philosoph Baruch Spinoza (1632–1677), der Vordenker der Aufklärung, mit den Folgen religiös verbrämter Ideen für die außenpolitische Ausrichtung eines Landes: „Denn wenn Menschen ihr Recht auf Gott übertragen wollten, so müssten sie wie die Hebräer mit Gott ausdrücklich einen Vertrag oder Bund schließen, wozu nicht bloß die Einwilligung derer nötig, welche ihr Recht übertragen wollen, sondern auch die Einwilligung Gottes, auf welchen es übertragen werden soll. Nun hat aber Gott durch die Apostel offenbart, dass der Bund mit Gott ferner nicht mit Tinte, noch auf Tafeln von Stein, sondern mit dem Geiste Gottes in die Herzen geschrieben werde. Ferner dürfte eine solche Staatsform noch für Leute nützlich sein, welche für sich allein, ohne auswärtigen Verkehr leben, und sich in ihren eigenen Grenzen einschließen und von der übrigen Welt absondern wollen, nicht aber für solche, welchen der Verkehr mit anderen Völkern ein Bedürfnis ist. Es kann daher diese Staatsform nur sehr wenigen Menschen von Vorteil sein."[115]

Die Rückkehr religiöser Faktoren in die politische Auseinandersetzung, wie sie in vielen fundamentalistisch bestimmten Parteien zu beobachten ist, wirkt sich offenbar auch auf die Arbeit in internationalen Gremien aus. Denn wenn mit Gottes Willen und Auserwähltsein anstelle der Idee der Gleichheit aller souveränen Staaten argumentiert wird, so verliert sich auch politisches Handeln in theologischer anstelle von rechtlicher Doktrin. Einige Staaten laufen Gefahr, sich in solche selbst erwählte Isolation zu begeben. Und dies ist keine Besonderheit des Orients oder Asiens. Die Idee vom auserwählten Volke ist auch fest in der US-amerikanischen Gründungsgeschichte verankert. Und der ehemalige britische Premier Tony Blair, der den „Krieg gegen den Terror" auch aus einer gewissen religiösen Erlösungsdoktrin befürwortete, ist ein Beispiel für diese verhängnisvolle Vermischung von radikaler religiöser Gesinnung und Tagespolitik.

Der Zusammenprall der Fundamentalisten

Am Beginn des 21. Jahrhunderts steht ein Kampf der Fundamentalisten. Die Anschläge vom 11. September 2001 lieferten den exzellenten Vorwand, Kriege in jene Weltregionen zu tragen, die man ob ihrer geopolitischen Lage, ihrer Rohstoffe oder aus anderen Gründen mitkontrollieren wollte. Von „heiligen Kriegen" war im Herbst 2001 oft die Rede. Dort der Dschihad, eine militärische Anstrengung der Muslime gegen Nichtmuslime. Hier der Kreuzzug zur Rettung des freien Abendlandes, indem man gleichsam präventiv Kriege gegen die Andersgläubigen führte und zugleich nicht müde wurde zu

behaupten, dass nicht Krieg gegen den Islam geführt werde. Der britisch-pakistanische Regisseur und Autor Tariq Ali sprach angesichts dieses brisanten Duells vom „Clash of Fundamentalists"[116].
Wir verbinden den Begriff des Fundamentalismus rasch mit einem radikalen Islam. Das Konzept der fundamentalistischen Religion entstammt aber der protestantischen Glaubensrichtung in den USA um 1900.[117] Die Vordenker dieses christlichen Fundamentalismus, der bis heute vor allem die vielen evangelikalen Freikirchen bestimmt, wandten sich mit ihren radikalen Vorstellungen gegen jegliche liberale Theologie und vor allem gegen eine Interpretation der Bibel im Sinne der historischen Kritik. Die „wiedergeborenen Christen" weisen mit den Salafisten des Islams, die leben wollen wie die einstigen Gefährten des Propheten, gewisse Wahlverwandtschaften auf, beide sind zur historischen Analyse einer religiösen Lehre unfähig. Die Idee einer Evolutionstheorie ist ihnen ebenso zuwider wie die Akzeptanz einer Relativität der offenbarten Schrift. Doch für Mobiltelefonie und perfide Waffen erwärmen sich beide Gruppen, auch wenn sie in einer geistigen, religiösen Starre verharren.

Im Herbst 2006 führte ich nach einem Vortrag an der Diplomatischen Akademie in Teheran mit einem der Verantwortlichen ein interessantes Gespräch. Am Ende unserer Überlegungen meinte der Iraner: „Früher oder später werden Präsident Bush und Präsident Ahmadinedschad einander treffen und sie werden einander hervorragend verstehen. Denn beide behaupten, Gott schon begegnet zu sein." Die Parallelen zwischen den vereinigten Frommen dieser Welt sind teils bestechend. Was in einigen islamischen Staaten bereits Praxis ist, nämlich, das göttliche Wort wieder als Quelle allen Rechts und damit politischer Gestaltung gelten zu lassen, wirft über die christlichen Fundamentalisten seine Schatten in unsere Zeit voraus.

Religiöse Erneuerungsbewegungen sind in vielen Weltregionen auch als Gegenentwurf zur Globalisierung zu verstehen. Religion stiftet Identität in einer gleichsam uniformen Welt, die sich am „USway of life" orientiert. Diesen Stil inklusive Vorgaben zu Kleidung, Film- und Musikindustrie wollen sich die Menschen entweder nicht mehr leisten oder sie verweigern ihn aus dem Wunsch heraus, sich abzugrenzen. Statt Coca Cola wird Mecca Cola getrunken, anstelle von Hollywood-Blockbustern sieht man Filmepen über einstige Helden aus der Ära der rechtgläubigen Kalifen. Was in vielen muslimischen Gesellschaften seinen Ausgang nahm, nämlich eine oft radikale Rückbesinnung auf religiöse Werte bis hin zu traditioneller Bekleidung, greift auch andernorts um sich. Auch in Mitteleuropa zeichnet sich ein neuer Konservativismus ab. Die Trachtenmode findet starken Zulauf unter den 15- bis 20-Jährigen und die Sehnsucht nach Geborgenheit in den eigenen Wurzeln, auch wenn es mehr Folklore sein mag, wächst. Dies versteht sich auch aus dem Wunsch heraus, etwas bewahren zu wollen und sich damit gegen raschen Konsum auszusprechen. Ein solcher Zeitgeist gründet oft in der Ablehnung all dessen, was wir gegenwärtig noch mit einer Globalisierung in Gestalt hoher Verschwendung von Ressourcen und anderen Auswüchsen verbinden. Wenn nach dem Bankrott wesentlicher politischer Ideologien des 20. Jahrhunderts nun auch das Konzept der Globalisierung versagt, werden alte Heilsversprechen eventuell wieder attraktiver. Die Religion kann zum Auffangbecken all dieser Verzweifelten werden und auch zum neuen politischen Machtinstrument. Und dies ist keine Besonderheit des islamischen Raums.

Gott ist mit uns –
Gewalt im Namen einer Religion

Die drei monotheistischen Weltreligionen entstanden im Orient, und zwar in den kargen Landstrichen, nicht in den fruchtbaren Gegenden der ersten Hochkulturen am Nil oder im Zweistromland Mesopotamien. Wo die Vegetation üppig wucherte, dort wurden Gottheiten in Bäumen, Flüssen und anderen Wundern der Natur vermutet. In der Wüste hingegen, wo der Mensch verwundbarer ist, die Suche nach Nahrung und Schutz viel mehr Aufwand erfordert, entwickelte sich der Glaube an den einen allmächtigen Gott in einem anderen geografischen und geistigen Ambiente. Der Gott Abrahams und seiner Nachfahren war ein Gott der Rache, der für sein auserwähltes Volk als oberster Heerführer auch einschreiten sollte.

Als ein umtriebiger Rabbiner namens Jesus von Nazareth eine neue Sekte begründete, die sich nicht mehr bloß an der Erfüllung des Gesetzes ausrichtete, sondern die Botschaft der Liebe und Barmherzigkeit verkündete, war diese kleine Schar von Anhängern zu Beginn kaum sichtbar. Vielmehr wurde sie von staatlicher Seite wie auch innerjüdisch verfolgt. Der Begriff des Märtyrers, der zum Heiligen aufsteigen konnte, war entstanden. Die Anzahl der Übertritte zu dieser neuen Erlöserreligion wuchs aber stetig und dies vor dem Hintergrund des wachsenden Trends auch innerhalb der heidnischen Kulte, sich auf eine einzige höchste Gottheit zu konzentrieren. Zu Beginn des 4. Jahrhunderts stellten die Christen rund zehn Prozent der Bevölkerung im Imperium Romanum. Unter Kaiser Konstantin aber begann dann ab 313 mit der Gleichstellung des Christentums mit anderen Religionen der militärische und politische Siegeszug der neuen Religion. Auch Konstantin ließ sich taufen, wobei ihm offenbar die christliche Vergebung der Sünden sehr entgegenkam, nachdem er einen Teil seiner Verwandtschaft hatte ermorden lassen.

Das Christentum sollte sich der Lehre Jesus zufolge nicht mehr auf die Juden beschränken, sondern strebte durch Mission nach Universalismus. Diese Besessenheit, den Rest der Welt zu bekehren, wie sie Islam und Christentum praktizieren, war und ist dem Judentum fremd. Als Jude wird man geboren, was ethnische Grenzen zieht. Die alte Debatte, ob das Judentum eine Religion oder ein Volk umfasst, erstreckt sich bis in die Gegenwart. Das Christentum wollte aber mit seiner Sehnsucht nach universeller Erlösung und damit globaler Bedeutung die alten Stammesstrukturen des Judentums, also das Konzept vom auserwählten Volk, durchbrechen.

Der dem Hellenismus tief verbundene Jude Saulus war dem Prediger Jesus zu Lebzeiten nie begegnet. Er sollte aber als bekehrter Apostel Paulus nach einer Blendung vor Damaskus zum wesentlichen Missionar werden, der emsig das Mittelmeer durchreiste, um seine Interpretation einer Heilsgeschichte aus Galiläa zu verkünden. Was wäre, wenn? Diese Frage zum Verlauf der Geschichte lässt sich auch an der Person Paulus und der Verwandlung des Christentums von einer im Orient gewachsenen jüdischen Reformsekte zur hellenistisch und dann westlich geprägten neuen Religion stellen. Jesus war sicher kein Europäer, zu welchem ihn der am Weg nach Damaskus bekehrte und dann missionarisch aktive Paulus machte. Was wäre geworden, wenn nicht Griechisch und später Latein, sondern Aramäisch, die semitische Sprache von Jesus, die christlichen Botschaften verkündet hätte? Die rasche Verbreitung der Lehre Jesu und ihr Aufstieg zur vorerst noch wichtigsten Weltreligion wären wohl nicht so erfolgt. Vielleicht wäre es dann auch nie zum Antisemitismus der letzten 1500 Jahre gekommen. Vielleicht hätten weniger Übersetzungsfehler weniger Leid über die Menschheit gebracht. Vielleicht hätte sich das Judentum ganz anders entwickelt. Vielleicht wäre es auch nicht zu dem erbitterten Gegensatz zwischen Orient und Okzident gekommen, wie er sich infolge der Kreuzzüge, des Aufstiegs des Islams und der gegenwärtigen Konfrontation zwischen den Religionen und handfester Machtpolitik ergibt. Denn ein orientalisches Christentum hätte anders auf den Verlauf der Weltgeschichte gewirkt als dies das christliche Abendland tat.

An der Person Paulus', vor allem am Charakterzug eines gewissen Fanatismus, der Bekehrten oft eigen ist, ließen sich einige interessante Fragen durchdenken. Der assimilierte Korinther Saulus machte aus dem aramäisch und jüdisch geprägten Urchristentum eine neue Bewegung, die sich der griechischen und lateinischen Sprache und deren Geisteshaltung zuwandte. Mit dem Hellenismus verschmolzen dann in der Spätantike auch viele Kulte kleinasiatischer Religionen, wie jener der Fruchtbarkeitsgöttin Artemis, mit den neuen christlichen Festen. Dies lässt sich unter anderem an der Marienverehrung studieren, wobei meist sogar die Festtage beibehalten wurden. Der ehemalige Christenverfolger Saulus durchlebte selbst eine ideologische Volte und sollte zum erfolgreichen Vermarkter des Christentums werden. Entscheidend war hierbei auch die Verpflanzung der jungen Sekte von Judäa und Samarien nach Ephesos, Korinth und schließlich Rom. Es war auch Paulus, der den Anspruch auf absolute Wahrheit in der alternativlosen und damit gefährlichen Formel festschrieb: „Wer nicht mit uns ist, der ist gegen uns."

Ein Satz, den US-Präsident George W. Bush in der Ära nach 9/11 regelmäßig einsetzte – so auch in der Auseinandersetzung innerhalb der Europäischen Union und der Nato, ob Krieg gegen den Irak geführt werden sollte. Ein Spaltpilz zog sich durch wichtige internationale Institutionen, wobei komplexe Sachverhalte auf diese radikale Vereinfachung heruntergebrochen wurden. Paulus war trotz seiner umfassenden hellenistischen Bildung, die in der westlichen und östlichen Philosophie ihre Wurzeln hatte, jener späteren manichäischen Weltauffassung tief verbunden, in der sich das Reich des Guten und jenes des Bösen im Sinne einer sehr banalen Schwarz-Weiß-Malerei bekämpfen. Dieser Dualismus von Licht und Dunkel, der sich auch in den altpersischen Religionen findet, sollte in der Folge zur eigenen Religion der Manichäer aufsteigen. Christliche und manichäische Weltvorstellungen prägten einander auf Jahrhunderte wechselseitig. Und um noch einen US-Präsidenten zu bemühen, Ronald Reagan bezeichnete in einer Rede am 8. März 1983 die Sowjetunion als ein „Reich des Bösen". Die Schriften des Paulus werden von den oft bibelfesten US-Politikern gerne in die Politik verwoben. Papst Johannes Paul II. unternahm einen mutigen, aber nicht von Erfolg gekrönten Anlauf, Gott und alle religiöse Legitimierung eines Waffengangs im Irak herauszuhalten, indem er Anfang März 2003 an Präsident Bush schrieb. Dem Papst war die Gefahr einer religiösen Konfrontation und langfristigen Vergiftung des Klimas zwischen Christen und Muslimen bewusst. Doch die US-Regierung war überzeugt, mit einem Krieg gegen den Irak Gottes Willen zu erfüllen.[118]

In Europa hat sich die Rolle des Religiösen in Staatskanzleien gewandelt, wenngleich der ebenso religiös-fanatische britische Premier Tony Blair den Irak-Krieg als Christ und später konvertierter Katholik mittrug. Doch das Gottesgnadentum des Absolutismus sollte mit der Aufklärung und dem modernen Vernunftrecht im Laufe des 18. und 19. Jahrhunderts durch von Menschenhand geschriebene Verfassungen abgelöst werden. Positives, also von Menschen gesetztes Verfassungsrecht[119] sollte von nun an den göttlichen Willen und dessen Interpretation durch den Monarchen und Klerus ablösen. Die Säkularisierung der Staatsgewalt erfolgte über Revolutionen und Kriege. Doch dies bedeutete noch nicht eine Säkularisierung der Bürgergesellschaft. In den westlichen Gesellschaften zeigt sich dies besonders deutlich in den USA. Eine klare Trennung von Politik und Religion war in den USA von Anbeginn nicht beabsichtigt.

Die Trennlinie zwischen der Macht Cäsars und jener Gottes ist aber eine wesentliche Grundlage aller Rechtsstaatlichkeit und damit einer wechselseitigen Kontrolle der Institutionen.

„So gebt dem Kaiser, was des Kaisers ist, und Gott, was Gottes ist"

Wie auch immer man zur katholischen Kirche in ihrer Rolle als globale Macht, die in der Politik bis in die Gegenwart hinein mitmischt, stehen mag, ihre Hierarchie ermöglicht eine gewisse Linie. Eine solche organisatorische Spitze in Gestalt eines Papstes, des Kardinalskollegiums und der Verwaltung namens Vatikan fehlt den protestantischen Kirchen. Sie fehlt ebenso seit der Abschaffung des Kalifats durch den türkischen Staatsmann Kemal Atatürk 1923 den sunnitischen Muslimen. Auch die vielen Freikirchen, die vor allem im angelsächsischen Raum sowie in den Elendsvierteln dieser Welt wie die Pilze aus dem Boden schießen, lassen hierarchische Strukturen vermissen. Weder inhaltliche Vorgaben noch ein theologischer Mindeststandard regeln die Verbreitung der Lehre und die Interpretation, vielmehr konkurrieren selbsternannte Prediger um zahlende Kundschaft und verkünden ihre Heilsbotschaften und Weltuntergangsgeschichten. Ähnlich verhält es sich mit den Sekten inner- und außerhalb traditioneller Religionen.

Die katholische Kirche als politische Institution und die Kirche als Seelsorgerin sind zwei Funktionen, die bis in die Gegenwart in Ungleichgewicht sind. Hätte sich die Kirche gemäß der Botschaft Jesus auf Barmherzigkeit und Nächstenliebe konzentriert, wäre der Lauf der Weltgeschichte ein anderer gewesen. Doch die Versuchung, an der weltlichen Macht mitzunaschen, ist bis heute heftig. Geht es gegenwärtig unter anderem um die Intransparenz von Finanzen und möglicher Verbindungen zum organisierten Verbrechen, war das Verlangen nach einer weltpolitischen Rolle in der Vergangenheit noch viel ausgeprägter. Der Investiturstreit gilt als der Höhepunkt des Konflikts zwischen geistlicher und weltlicher Macht um die Amtseinsetzung (Investitur) Geistlicher. Dieser Zwist zog sich von 1076, dem Reichstag in Worms, bis zum Wormser Konkordat 1122. Letztlich musste das Kaisertum auf seinen Einfluss zugunsten des Papstes verzichten. Die Bischöfe bauten ihre Territorien aus, der Streit zwischen den beiden Machtzentren sollte fortdauern. In Erinnerung an jene wilden Schlagabtäusche, Exkommunikation des Kaisers, Verhaftung von Päpsten und brutaler Beseitigung der Gefolgschaft des jeweils anderen – muten die heutigen Zwiste rund um den Vatikanstaat geradezu niedlich an. Der „Bandenkrieg der Kardinäle"[120] um die Nachfolge von Päpsten, Beeinflussung politischer Debatten, ob in Italien, Spanien, Mexiko oder andernorts, ist bedauerlich, aber viel weniger bedeutsam als in früheren Epochen.

Dabei hätte doch die Trennung von weltlicher und geistlicher Macht von Anfang an klar sein sollen. Als eine der Referenzen für eine andere Ordnung gilt ein Gleichnis von Jesus, das der Evangelist Matthäus überliefert. Als dem Wanderprediger in Galiläa von jüdischen Rechtsgelehrten die Fangfrage gestellt wurde, ob die Menschen in den jüdischen Provinzen den römischen Besatzern Steuern zahlen sollten, soll er nach einem Geldstück verlangt haben. Auf der Drachme war das Abbild des Kaisers, worauf Jesus meinte: „So gebt dem Kaiser, was des Kaisers ist, und Gott, was Gottes ist."[121]

Dieses Gleichnis darf neben den vielen anderen Interpretationen, für die es herhalten muss, auch als eine Referenz für die Trennung von Politik und Religion herangezogen werden. In diesem Lichte habe ich es stets gelesen und darin Argumente für Anerkennung der staatsbürgerlichen Rechte und Pflichten des Citoyens jenseits seiner religiösen Zugehörigkeit gefunden. Religion sollte demnach Privatsache sein, doch der jeweils Gläubige hat auch loyal gegenüber dem Staate zu sein. Dies ist eine sehr persönliche Betrachtung und Lesart, denn mit der Linie der katholischen Kirche zu Beginn des 21. Jahrhunderts hat sie wenig zu tun. Diese orientiert sich weniger an den Beschlüssen des Zweiten Vatikanischen Konzils (1962–1965), das zur Erneuerung und zum Dialog mit Andersgläubigen führen sollte. Vielmehr verweigert sich die Kirchenspitze der internen Kritik und sehnt eine stärkere politische Verbreitung ihrer Dogmen herbei. Ein Tandem zwischen weltlichen und geistlichen Machthabern zu schaffen, ist vielen ihrer Vertreter ein ernstes Anliegen, steht aber in Widerspruch zu jenem Gleichnis.

Der politische Islam und die fehlende Gewaltentrennung

Einen völlig anderen Anfang und Verlauf nahm der Islam, der sich als Reform der beiden anderen Buchreligionen, Judentum und Christentum, sowie als letzte und damit endgültige Offenbarung von Gottes Wort versteht. Der Koran wurde in jener Sprache verfasst, die man im 7. Jahrhundert unserer Zeitrechnung auf der nördlichen Arabischen Halbinsel sprach. Daraus wurde das klassische Arabisch. Der Koran ist für die Muslime ein Buch der Offenbarung und Rechtsquelle für die Ordnung von Staat, Gesellschaft wie das Individuum gleichermaßen. Für den Nichtmuslim ist dieses Buch ein Lehrbehelf für das Studium der klassischen arabischen Sprache. So hatte ich den Koran in erster Linie stets als Grammatikbuch empfunden, denn ist man unschlüssig in der Schreibweise oder Wortfolge, so kann man stets im Koran nachschlagen. Anders als die Bibel leidet der Koran nicht an all den folgenreichen Übersetzungsfehlern. Doch andererseits ist der Großteil der 1,6 Milliarden Muslime weltweit nicht der arabischen Sprache mächtig. Dies gilt für die Asiaten, welche die meisten Muslime stellen, ebenso wie für Türken, Iraner und nicht zuletzt die wachsende Diaspora in Europa. Koran-Übersetzungen gewinnen daher zusehends an Bedeutung. Doch eine historisch-kritische Lesart des Islams, wie sie Reformer zu allen Epochen der islamischen Geschichte einforderten, tritt in den Hintergrund. Die wortwörtliche Umsetzung des göttlichen Wortes, an dem es nicht zu rütteln gilt, prägt viele islamistische Herrschaftssysteme. Dies gilt für Saudi-Arabien, Pakistan, den Iran und viele andere Staaten, die zudem ob ihres finanziellen und politischen Radius bedeutsam sind.

Vertreter des offiziellen Islam versuchen kleine Schritte einer Öffnung. So lud die iranische Regierung im Februar 2001 den Wiener Kardinal Christoph Schönborn ein, da der schiitische Klerus von der katholischen Kirche lernen wollte, wie selbige mit dem Zweiten Vatikanischen Konzil den anachronistisch gewordenen Apparat in das 20. Jahrhundert gesteuert hatte. Bedauerlicherweise ist aber die aktuelle Kirchenspitze von ihren einst mutigen Reformschritten wieder abgerückt. Saudi-Arabien, das mit dem wahabitischen Islam, einer extremen Version des sunnitischen Islam, einen rigiden und fatalen Kurs fährt, gibt sich gerne das Image des gemäßigten pro-westlichen Partners und unternimmt kleine Schritte des interreligiösen Dialogs. Doch jenseits dieser staatlich kontrollierten religiösen Strukturen wirken die vielen eigenständig operierenden Gruppen extremistischer Muslime. Kohorten solcher Dschihadisten kämpften in den 1990er Jahren in den Balkankriegen neben anderen Söldnern. Die „Generation post Afghanistan" zieht vom Irak nach Syrien weiter. Ihre Quellen und spirituelle Führung findet sie oft im Internet, doch ihr heiliges Buch interpretieren sie im Geiste des 7. Jahrhunderts ohne Bezug zur Gegenwart.

Der Prophet Mohammed war von Anbeginn nicht nur Religionsstifter, sondern zugleich politischer und militärischer Führer der Umma, der Gemeinschaft der Muslime. Anders als im Christentum, wo zunächst der Dualismus zwischen Papst und Kaiser den Kampf um die Kontrolle der jeweils anderen Macht bestimmte, waren die beiden Pole im Islam immer schon miteinander verbunden. Die weltliche Macht, die „sulta", und die Nachfolge des Propheten als spirituellem Führer, die „halifa", befanden sich von wenigen Ausnahmen abgesehen fast durchwegs in Personalunion. Die Herrschaftsdynastien, die von den Omajaden in Damaskus über die Abbasiden in Bagdad und zahlreichen weiteren Familien bis zur langen Phase der Osmanen dauerten, kannten meist diese Form der Personalunion.

Mohammed war es noch gelungen, binnen weniger Jahre bis zu seinem Tod 632 n. Chr. den Islam auf der Arabischen Halbinsel zu verbreiten. Trotz der Zwiste um seine Nachfolge, die letztlich zur Spaltung in die sunnitische und schiitische Strömung führten, gingen die Eroberungszüge weiter. Jene Gruppe, die sich um seinen Schwiegersohn und Cousin Ali als rechtmäßigen Nachfolger scharte, wurde die Schia Ali, die ParteiAlis. Ihre Anhänger wurden in der Folge Schiiten genannt, sie fügten aber der letzten Offenbarung des

Propheten noch manches hinzu. Dies machte sie in den Augen der Sunniten zu Abtrünnigen und Gotteslästerern, zumal sie auch die wesentlichen Imame nach Ali verehren. Die Sunniten hingegen konzentrieren sich auf den Koran und die Auslegungen der Glaubenspraxis des Propheten, was als Sunna zusammengefasst werden kann. Die Sunniten sollten die Schiiten unmittelbar nach dem Tode des Propheten heftig verfolgen. Die Schlacht bei Kerbala 680 n. Chr. im heutigen Irak legt davon beredtes Zeugnis ab. Vor dem Hintergrund der vielen geopolitischen Umwälzungen in der Region hat die Kluft zwischen diesen beiden Strömungen an Brisanz und blutiger Gewalt gewonnen. Die Schiiten stellen zwar weltweit nur rund zehn Prozent der Muslime, doch sie bilden die Mehrheit im nicht-arabischen Iran, im Irak, im Libanon. Wichtige schiitische Glaubensgemeinschaften leben zudem in Pakistan, in Afghanistan und in Saudi-Arabien.

Die Expansion gegen Ostrom und das Perserreich der Sassaniden schritt zügig weiter. Die Gründe hierfür sind vielfältig. Zum einen hatten die kriegsmüden Völker des Nahen Ostens und Nordafrikas binnen eines Jahrzehnts oft die Herrschaft gewechselt, ihre Loyalität war nicht sehr gefestigt, innerchristliche Dispute über den wahren Glauben taten das ihrige. Zudem ist die Rolle der arabischen Kavallerie, die ihren gepanzerten Gegnern an Schnelligkeit und Wendigkeit überlegen war, nicht zu unterschätzen. Mit der Eroberung von Damaskus nach längerer Belagerung im Jahre 634 n. Chr. war eine wichtige Wende erreicht. Zugleich setzten die Eroberer nun auf eine neue Vorgehensweise. Anstelle der Zwangsbekehrung zum Islam trat nunmehr der Respekt für die nichtmuslimische Bevölkerung, sofern es sich um die Anhänger der Buchreligionen, also Juden und Christen handelte. Hierbei stand das Geschäft im Mittelpunkt. Denn diese nun als „dhimmi" (Schutzbefohlene) bezeichneten Nichtmuslime, waren zwar von der religiösen Pflicht der Armensteuer (Zakat) und der Teilnahme am Dschihad, also der religiösen Anstrengung, wie einem Waffengang, befreit. Im Gegenzug mussten sie aber eine relativ hohe Kopfsteuer leisten. Diese schwemmte Einnahmen in die Staatskassen.

Im Korsett der konfessionellen Zugehörigkeit

Die neuen arabischen Herren übernahmen die von Byzanz geprägten Verwaltungsstrukturen, die den religiösen Gruppen eine weitgehende Autonomie zugestanden. Die Osmanen sollten dann dieses als Millet-System bekannte Erbe noch ausfeilen. Im ethnisch und religiös vielfältigen Orient wurde den Religionsgemeinschaften, die infolge von Heirat innerhalb der Gemeinschaft zu eigenen ethnischen Volksgruppen wurden, eine starke Autonomie zugestanden. Die Gesellschaft ist von Grund auf konfessionell organisiert. Besonders deutlich manifestiert sich dies im Libanon. Konfessionelle Quoten regeln das gesamte öffentliche Leben mittels eines Proporzes, denn keine der Religionsgruppen stellt die Mehrheit. Der Libanon praktiziert das osmanische Milletsystem auch bald 100 Jahre nach dem Ende des Osmanischen Reiches bis zur Perfektion. Diese Politik ermöglicht zwar ein brüchiges Nebeneinander von 18 Konfessionen in einem gebirgigen Land von rund 10.000 Quadratkilometern. Andererseits haben die Bürger nicht die Möglichkeit, jenseits der zustehenden Quoten Ämter anzunehmen. Von der Wiege bis zur Bahre ist der Mensch Teil seiner Religionsgemeinschaft, nicht aber Individuum und Citoyen, um seine Talente und Wünsche zu entfalten. Die für den Irak in den USA ausgearbeitete und per Referendum im Herbst 2005 in Kraft getretene Verfassung übernahm die „libanesische Formel" für die neue Ämterverteilung zwischen den Volksgruppen. Von der Libanisierung des Iraks wurde daher in der Folge oft gesprochen. Wie auch die Gefahr einer Irakisierung Syriens oder des Libanons für weitere Debatten sorgte.

Ähnliche Entwicklungen könnten sich auch noch in anderen Staaten ergeben. Denn ein überdehnter Schutz von Volksgruppen, der per Quote deren Teilnahme am öffentlichen Leben regelt, kann auch zur Lähmung des politischen Systems führen, wenn Menschen nicht mehr aufgrund ihrer persönlichen Befähigung, sondern ihrer Gruppenzugehörigkeit ausgewählt werden. Eine solche fatale Entwicklung hat u. a. Südafrika durchlaufen, wo zwecks Rückabwicklung des menschenverachtenden Apartheidsystems neue Diskriminierungsformen im Sinne einer Bevorzugung der zuvor ausgeschlossenen schwarzen Mehrheitsbevölkerung eingeführt wurden. Diese Quoten haben etwa das Niveau in der Justiz, im Gesundheitswesen und in vielen anderen Bereichen dramatisch einbrechen lassen.

Die religiös-ethnische Definition des Menschen steht in krassem Widerspruch mit dem Ideal der Aufklärung, die den Menschen als Individuum mit Rechten und Pflichten, nicht als Teil des Kollektivs sah. Kurioserweise wurde gerade das Judentum, dessen Vertreter einen so entscheidenden Beitrag zur philosophischen Aufbereitung des Bodens und später zum politischen Engagement für die Aufklärung und Stärkung des Individuums lieferten, zum neuen Inbegriff für ethnische Ausgrenzung. Was ein Baruch de Spinoza oder ein Emmanuel Levinas (1906–1995), Befürworter des ethischen Primats des Subjekts, durchdacht hatten, sollte im Zuge der Kollektivierung einer Volksgruppe neu gedacht werden. Denn mit der Idee eines Judenstaates forderte die jüdische Nationalbewegung des Zionismus, ein Spätling unter den vielen nationalistischen Strömungen des 19. Jahrhunderts, die nationale Definition des Judentums ein. Ausschlaggebend für sein Engagement in der Umsetzung eines Judenstaates zwecks Einigung des jüdischen Volkes in einem eigenen souveränen Staat waren Theodor Herzls ernüchternde Erfahrungen als Gerichtsreporter in Paris beim Prozess gegen den französischen Offizier Alfred Dreyfus. Herzl kam angesichts der scharfen antisemitischen Stimmung im Frankreich der Dritten Republik zum Schluss, dass alle Assimilierung der Juden seit ihrer rechtlichen Gleichstellung in vielen europäischen Staaten keine echte Gleichberechtigung geschaffen hatte. Vielmehr war der Antisemitismus teils noch angewachsen. Herzl sah nur in der Sammlung aller Juden in einem Staat die nationale Lösung. Ihm war es anfänglich egal, auf welchem zu erwerbenden Gebiet ein solcher neuer Musterstaat geschaffen werden sollte. Uganda und Madagaskar standen zur Debatte. Man entschied sich bald für Palästina, da die Rückkehr nach Jerusalem auch für nicht fromme Juden eine bestimmte Anziehungskraft ausüben würde.

Es ist eine heftige Debatte – reich an politischen Emotionen –, die nicht nur in Israel geführt wird und sich um das Verhältnis zwischen dem modernen Bürgerbegriff und Glaubensgemeinschaften dreht.

Denn genau diese Errungenschaft der Moderne, Bürger eines Staates und nicht bloß Angehöriger einer ethnischen oder religiösen Gemeinschaft zu sein, steht heute vielerorts auf dem Spiel.

Im Frühling 2011, in jener Aufbruchsstimmung revolutionärer Umstürze in der arabischen Welt, hielt ich mich für Buchrecherchen in Ägypten auf. Zwischen zwei Terminen verblieb Zeit und ich flanierte am Nilufer im Stadtteil Zamalek, wo neben der neuen Oper auch ein Museumskomplex von japanischen Sponsoren errichtet worden war. Ich begab mich ins Museum für zeitgenössische Kunst und erlebte in jenem Museum die surreale und zugleich brisante Stimmung, dass die dargestellte Kunst auf tiefe Ablehnung der zuständigen verschleierten Wächterin traf. Selten wurde mir die Kluft zwischen der hier gelebten Moderne und dem neu erwachten religiösen Konservativismus so klar und auch fast körperlich spürbar wie in diesem Museum. Und dennoch würde ich dies nicht auf Ägypten oder die islamische Welt reduzieren wollen. Wir könnten in vielen Gesellschaften in eine Vormoderne zurückfallen, wenn uns die letzte Utopie des Konsums nicht mehr möglich ist, weil vielleicht das Geld ausgeht.

Es ist vielleicht nur mehr ein kleiner Schritt, bis wir einander auch wieder in Westeuropa in Protestanten und Katholiken einteilen. Allein das Wiederaufflammen des Nordirland-Konflikts trotz aller erreichten Aussöhnung zwischen den Religionsgruppen seit dem Karfreitagsabkommen vom 10. April 1998 gibt Anlass zur Sorge. Die Unterhändler dieses Friedensprozesses waren als Experten auch zu Konferenzen im Nahen Osten gereist. Doch die Erfolgsgeschichte wurde von der sozialen Frage eingeholt und wird von vielen Nordiren infrage gestellt. Heute hüllen sich junge Protestanten in die britische Flagge ein, um ihren Wunsch nach täglichem Hissen dieser Flagge kundzutun. Hier geht es weniger um Polemik und verkannten Nationalstolz als vielmehr um das alte Problem der gesellschaftlichen Verlierer. Angesichts der grassierenden Krise blieben auch viele junge Menschen hier immer mehr auf der Strecke. Die Religion, die Flagge und so manches andere Symbol wird begierig als Ersatz in diesem Vakuum aufgegriffen. Als der Nordirland-Konflikt in seiner regelmäßigen Gewalt auch über die arabischen TV-Bildschirme flimmerte, kursierte dort folgender Witz: „An einem Checkpoint in Belfast wird ein Mann aufgehalten mit der Frage: ‚Sind Sie Katholik oder Protestant?' Dieser antwortet: ‚Ich bin Muslim!' Darauf entgegnet der Paramilitär voller Eifer: ‚Okay. Aber sind Sie katholischer oder protestantischer Muslim?'" Diese Anekdote zeugt zumindest von der Fähigkeit, über sich selbst zu lachen. Totalitäre Systeme zeichnen sich aber seit jeher durch ein Fehlen allen Humors aus. Dies bekommen Kritiker bestimmter Verhältnisse heute vielerorts wieder zu spüren.

Das dritte Rom und das autoritäre System

Die Verknüpfung zwischen Moskau und Rom fügt sich in eine apokalyptische Sicht auf die Welt. Denn das Fürstentum Moskau verstand sich nach dem Untergang Roms mit dem Ende des Imperium Romanum und dem Fall von Konstantinopel 1453 infolge der osmanischen Eroberung als das logische Machtzentrum. In einer Welt in Chaos sollte Moskau als drittes Rom den einen wahren, nämlich orthodoxen Glauben weitertragen. Die Idee dieses „russischen Messianismus" fand ihren politischen Platz auch in der atheistischen Sowjetunion. Seit deren Zusammenbruch erlebt dieses Konzept eine beachtliche Renaissance. Russische Denker des 19. Jahrhunderts werden entsprechend bemüht. Und die Machtkonstellation in Russland unter Vladimir Putin, der seit Mitte 2000 in verschiedenen Funktionen regiert, ist auch in der engen Verbindung zwischen Kirche und Staat zu verstehen. Ob es nun um den sogenannten Jahrhundertprozess gegen die russische Punkband „Pussy Riot"[122] im Sommer 2012, die russische Position zur Krise in Syrien 2011 / 12 oder die russische Linie gegenüber Serbien und der Balkanfrage geht, der russische Staatsapparat und die Mehrheit der Bevölkerung sind vom alten Feindbild des katholischen bzw. säkularisierten Westens geprägt.

Es geht hierbei auch um einen konstanten ideologischen Code in Gestalt der Vereinigung von Staat und Kirche. Unter dem Motto „Orthodoxe Zivilisation" soll eine neue Utopie geschaffen werden, die nie völlig aus der russischen Politik, egal ob in zaristischer, sowjetischer oder neuer republikanischer Zeit, verschwunden war. In einer solchen religiös-orthodoxen Ordnung ist klar, wer Feind und wer Freund ist. Der Staat hält die Hebel in der Hand, um das moralische und politische Klima zu steuern. Eine ähnliche Situation findet sich auch in einigen anderen Staaten mit orthodoxer Tradition. So verwehrten sich die orthodoxen Serben konsequent gegen all die westliche Einmischung, die in der militärischen Intervention der Nato von 1999 gipfelte, unter anderem auch unter Berufung auf die alte Konfrontation zwischen Ost- und Westkirche. Die alte Achse von Belgrad zu Mütterchen Russland wurde damals auch im Namen des gemeinsamen wahren Glaubens aktiviert. Der serbische Schriftsteller Milos Tsernianski bereitet in seinem Romanepos „Bora", das von einer serbischen Soldatenfamilie erzählt, die nicht bloß Wehrbauern für Wien sein wollen, sondern lieber in russischen Diensten stehen, dieses alte Thema literarisch auf.[123] Religion und Politik vermengen sich auf das Engste, vor allem in Zeiten des Umbruchs und der völligen Verunsicherung der Menschen. Hier mag sich der Westen mit einer berechtigten Kritik an der Repression der bürgerlichen Rechte in Russland leicht tun, doch kann sich auch in unseren Gesellschaften die Debatte um Empörung religiöser Gefühle noch weiter drehen. Die hierfür erforderlichen Straftatbestände gibt es jedenfalls in vielen mitteleuropäischen Staaten.

Das Verfahren gegen „Pussy Riot" und die Frage der Erregung religiöser Gefühle wurde in der breiten russischen Bevölkerung anders wahrgenommen. Denn auch viele orthodoxe Christen fanden sich im Frühjahr 2012 unter den Demonstranten, die gegen eine neuerliche Wahl von Vladimir Putin ins Präsidentenamt protestierten. Offenbar war es dem Kreml gelungen, die Opposition zu spalten. Es war das russische Staatsfernsehen, das dem Prozess gegen die drei Frauen viel Aufmerksamkeit schenkte und so dem lächerlichen Delikt eine Verurteilung der Punkerinnen wegen Rowdytums aus religiösem Hass ermöglichte, was von der breiten Bevölkerung mit Wohlwollen aufgenommen wurde. Denn eine russische Mehrheit fühlt sich religiösen Traditionen verpflichtet und zeigte sich über die Aktion in der größten Moskauer Kirche empört. Übrigens kennt auch das österreichische Strafgesetzbuch mit Paragraph 188 den strafrechtlichen Tatbestand der Herabwürdigung religiöser Lehren. Das russische Strafrecht stellt also in dieser Frage keine Besonderheit dar. Doch zweifellos mutet die Verurteilung zu drei Jahren Arbeitslager wegen religiösen Rowdytums in einem Staat der systemischen Korruption und des hohen Gewaltpegels für Körperdelikte sehr seltsam und überzogen an. Und dennoch könnte dieser Prozess aus einem geopolitischen Grunde in die jüngere Geschichte eingehen. Denn er zeigt, wie tief bei orthodoxen Russen die Ablehnung moralischer Maßregelungen durch den säkularisierten Westen sitzt.

Russland versteht sich als alte Schutzmacht der Orthodoxie, die mit dem Langzeitpolitiker Vladimir Putin wieder eine neue politische Rolle in der Innen- und Außenpolitik erlangt. Russland ist seit 2012 Mitglied der Welthandelsorganisation WTO, was sich als Synonym einer liberalen Marktwirtschaft versteht. Doch von einer gemeinsamen Wertegemeinschaft scheinen Ost und West wieder weit entfernt. Die Euphorie der frühen 1990er Jahre, in der man im Reformer Michail Gorbatschow einen Partner gefunden glaubte, sollte nur von kurzer Dauer sein. Gorbi, wie er bis heute liebevoll von den Deutschen genannt wird, war der beliebteste Politiker Deutschlands. In den Augen vieler Russen steht er bis heute für den Zerfall der einstigen Ordnung und Macht. Mit Putin übernahm im Jahr 2000 ein Machtmensch die Verantwortung, der den „göttlichen Willen" ins Spiel brachte. Russland beschreitet zügig einen bedrohlichen Weg zurück in eine Episode der Einschüchterung, die geistliche und weltliche Macht gemeinsam bedienen und für sich nützen.

Utopie Konsum und das nächste Vakuum

Die große Errungenschaft der Aufklärung des 18. Jahrhunderts, deren zentrales Thema die Mündigkeit des Individuums und die Religionskritik war, liegt in der Entkopplung von Religion und Moralität. Immanuel Kant verschob das Gewicht der göttlichen Gebote zugunsten der moralischen Pflichten. Bürgerliche Sittlichkeit war also säkularisiertes Christentum geworden. Religion sollte sich allmählich zur Privatsache entwickeln, womit ein wesentlicher Schritt in die Moderne möglich wurde.

Der Liberalismus, der seine Wurzeln im Protestantismus hat, ermöglichte gemäß dem deutschen Soziologen Max Weber (1864–1920) den Geist des Kapitalismus. In seiner Schrift „Die Protestantische Ethik und der Geist des Kapitalismus" erläutert Weber den engen Zusammenhang zwischen der Industrialisierung, später also dem Kapitalismus, und den religiösen Weltanschauungen der Protestanten, insbesondere der Calvinisten. Denn Letztere maßen der Akkumulation von Kapital und dem Einsetzen dieser Gewinne, so eben in der Industrialisierung, einen wichtigen Stellenwert im gesellschaftlichen Wirken bei. Weber schrieb seine Aufsätze zu diesem Thema unter dem Eindruck einer Reise in die USA, wo die vielen protestantischen Sekten seit Anbeginn des Staates ihre Rolle in Wirtschaft und Politik spielten. Weber befasste sich mit den vielen Quellen des Religiösen, insbesondere im Puritanismus, um das besondere Ethos in Arbeit und Gottesdienst zu analysieren. Dieser Protestantismus verpflichtet den Einzelnen zum Ruhme Gottes Besitztum zu erhalten und durch ständige Arbeit zu mehren, wobei sich gedankliche Wurzeln bis ins Mittelalter zurückführen lassen. Für Weber ist nicht die bloße Begünstigung der Kapitalbildung die wesentliche Folge dieses puritanischen Lebens, vielmehr führe diese Lebensführung zum „modernen Wirtschaftsmenschen" als Träger der kapitalistischen Expansion.[124] Zur Zeit Webers hatte sich die Ethik bereits von ihren religiösen Fesseln befreit. Der neue kapitalistische Geist benötigte nicht mehr diese religiöse Stütze.

Wenn wir auf unsere gegenwärtige Epoche blicken, in der vielleicht auch der Kapitalismus letztlich an sich selbst, der völligen Deregulierung, an einer gewaltigen Rückkehr der sozialen Frage, die schon manche Revolution vom Zaun gebrochen hat, oder vielleicht an seiner Rettung zerbrechen könnte, dann wäre es möglich, dass in dieses Vakuum wieder allerhand religiöser Fanatismus einbricht. Denn man muss sich schon fragen, ob ein Kapitalismus, der gerettet werden muss, wie dies mit den Bankenrettungen seit 2007 offiziell der Fall ist, überhaupt noch ein Kapitalismus ist.[125]

Der politische Islam der Gegenwart ist unter anderem auch eine Antwort auf das Versagen von Utopien. In Europa werden wir vielleicht in den kommenden Jahren zu Zeugen des Abtritts der wesentlichen Utopie unserer Zeit. Dies sind zum einen eine europäische Integration, zum anderen die Glücksversprechen des Konsums. Verschuldung und Massenarbeitslosigkeit werden dieser Form des Wohlstands voraussichtlich ein Ende bereiten. Diese Lücke könnten dann religiöse Heilsvorstellungen aller Art ausfüllen. Damit wäre der Rückschritt in eine Zeit vor der Aufklärung, wie wir ihn auf vielen anderen Ebenen schon gefährlich unternommen haben – ich denke vor allem an die Rückkehr der Folter als Verhörtechnik –, auch auf dieser Ebene vollzogen. Die Folge wäre wohl die Aufhebung des Bürgerbegriffs zugunsten des Mitglieds einer Religionsgemeinschaft bzw. einer Ethnie. Genau diese Entwicklung fand mit dem Zerfall Jugoslawiens in den 1990er Jahren statt. Sie wiederholte sich in den Kriegen im Irak und in Syrien. Und im multikonfessionellen Libanon versucht eine Handvoll junger libanesischer Bürger ‚die Idee einer zivilen Ehe anstelle des konfessionellen Familienrechts durchzusetzen. Doch darin sind sich alle zerstrittenen religiösen Würdenträger einig: Eine Säkularisierung der zersplitterten Religionsgemeinschaften kommt nicht in Frage. Die muslimischen Bosniaken hatten bis zum Schluss dem Staat Jugoslawien die Treue gehalten, sie wussten um den Schutz des Bürgerstatus, der mit dem Zerfall des Staatswesens entlang ethnischer und religiöser Linien verenden sollte.

Ob die Idee des Citoyen noch in diesen Umbruchszeiten Bestand haben wird, hängt nicht zuletzt davon ab, ob Politik und Religion getrennt bleiben. Die inneren Machtkämpfe in den arabischen Staaten werden das ihre dazu beitragen, ob sich die Idee des Gottesstaates oder das Konzept des säkularen Rechtsstaates durchsetzen kann. Letzteres bleibt innig zu hoffen. Die freiwillige Begrenzung des Papsttums könnte eine Dynamik für die katholischen Gesellschaften entfalten. Joseph Ratzinger ist in der Tradition der Philosophen der Aufklärung aufgewachsen. Die Notwendigkeit einer weltlichen Autorität, die dem Recht und nicht Gott unterstellt sei, ist seine Antwort auf die vielen Krisen dieser Zeit. Wie sich die Umbrüche abspielen, wird von all dem Elend abhängen, das die Menschen bewältigen müssen. Denn die Krisen treffen grausam zusammen, es geht um weniger Energie, weniger Arbeit, weniger Freiheit und letztlich auch um weniger Würde in einer recht chaotischen Phase einer Welt mit einer zersplitterten Gesellschaft, die sich neu formieren muss.

7. Das Pendel der Geschichte

„Historia magistra vitae."
(„Die Geschichte ist die Lehrmeisterin des Lebens.")
Cicero, „De oratore"

Gegenwärtig wird in Europa spürbar, wie ein Gemisch aus Verschuldung, Massenarbeitslosigkeit und Wut der Menschen allmählich zur sozialen Explosion führt. Derzeit wird es noch als Krawall bezeichnet, wenn Demonstranten und Sicherheitskräfte aufeinander treffen, aber ein Kippen in Bürgerkriegsgewalt ist nicht auszuschließen. Die soziale Frage, die im 19. Jahrhundert einige Revolutionen auslöste und den Boden für autoritäre Regime zwischen den Weltkriegen aufbereitete, ist zurück. Ein Bismarck erkannte ihre Brisanz und ließ ab 1881 schrittweise eine allgemeine Sozialversicherung in Deutschland einführen, deren Grundzüge bis heute in vielen Staaten gelten. Die neuen demografischen Verhältnisse und die Wirtschaftskrise stellen ihre Finanzierbarkeit in einer immer älter werdenden Gesellschaft allerdings in Frage. Ein Metternich, Staatskanzler der Habsburger, unterschätzte die politische Dimension von Armut und stürzte über die Revolution von 1848, die zornige, junge, arbeitslose Akademiker losgetreten hatten. In Wien erhob sich zunächst die Studentenschaft gegen die Autoritäten. Junge Männer bildeten eine Akademische Legion, Arbeiter schlossen sich ihnen an. Auf dem Lande, vor allem in den Kronländern, kam es zu Erhebungen der Bauern. Ihnen gelang die Befreiung von der Feudalherrschaft und der Blutgerichtsbarkeit durch den Grundherrn.

Eine tiefe Entfremdung zwischen der politischen Führung und den Bürgern ist das Dilemma unserer Zeit, so wie sie es damals war. Die Anekdote ist überliefert, dass Kaiser Ferdinand beim Anblick der Aufmärsche auf den Straßen Wiens im März 1848 einen Höfling fragte: „Ist das eine Revolte?", worauf dieser entgegnete: „Majestät, nein. Es handelt sich hier um eine Revolution."[126] Der alte Kaiser soll mit ungläubigem Kopfschütteln die legendäre Aussage getätigt haben: „Jo, derfen s' denn des?" Untertanen erheben sich immer wieder gegen eine absolutistische Herrschaft, wenn sie mit dem täglichen Überleben ringen. Das geschieht bis in die Gegenwart, wie die arabischen Umbrüche 2011 zeigten. Dass Revolutionen in Chaos und Anarchie münden können, autoritäre Schreckensherrschaften schließlich wieder an die Macht kommen, weil die Menschen nur mehr Ordnung ersehnen, ist gewissermaßen auch ein wiederkehrender Rhythmus. Der beste literarische Chronist dieser fatalen Gesetzmäßigkeit von Elend-Revolution-Chaos-Schreckensherrschaft ist und bleibt in meinen Augen George Orwell. Sein Buch „Animal Farm" („Die Farm der Tiere") beschreibt anhand einer Revolution der Vierbeiner das Schicksal der Revolutionäre, die durch Schauprozesse vernichtet, in ihren Idealen betrogen und letztlich zum Schlachter gebracht werden. Während Orwell beim Schreiben vor allem das Abdriften der Russischen Revolution in den Stalinismus, den Staatsterror jener Zeit vor Augen hatte, wusste er auch um den Gang der Französischen Revolution vom Aufbruch über Staatskollaps bis hin zur „Terreur" und letztlich der Machtübernahme durch Napoleon Bonaparte. Viele weitere Revolutionen sollten folgen, die nach einer Frühlingsstimmung in tiefer Depression, Angst und Elend endeten. In Europa erleben wir gegenwärtig die ersten Anzeichen von Unruhe und wachsender Wut in beinahe allen Milieus. Der große Unterschied zu früheren Revolutionen ist aber, dass die heutigen Aufmärsche gegen gewählte Volksvertreter erfolgen. Es handelt sich also zugleich um eine tiefe Krise der Demokratie.

Was der bulgarischen Regierung im Februar 2013 zum Verhängnis wurde, nämlich der Protest der Menschen gegen Strompreise, die ein Viertel des Monatseinkommens ausmachen, kann sich jederzeit weiter westlich wiederholen. Die Strompreise waren in Bulgarien, wo rund 40 Prozent der Bevölkerung von Armut betroffen sind, letztlich nur mehr der Auslöser. Darunter liegt der Filz des organisierten Verbrechens, ministerieller Fehlbesetzungen und eine völlig misslungene Privatisierung der Energiebetreiber. Die Energiewende, wie sie Deutschland seit Juni 2011 durch einen phasenweisen Ausstieg aus der Atomkraft umsetzt, wird zu Strompreiserhöhungen führen. Die Kosten für einen massiven Ausbau der

Netze und die Subventionen der erneuerbaren Energien werden auf den Kunden übertragen. Die Übertragungskapazitäten des Stromes, erzeugt in Windparks, und weniger die Produktion erneuerbarer Energie bildet gegenwärtig den Kern des Dilemmas. Ähnlich spitzt es sich in Frankreich und Großbritannien zu, wo infolge längst überfälliger Reformen der nationalen Energiebilanz die Preise steigen werden. Armut, insbesondere Energiearmut, ist nicht mehr ein Thema, das sich auf Länder der Dritten Welt beschränkt. Sie ist auch in Mitteleuropa angekommen.

Wenn die Menschen dann doch noch zu den Urnen gehen, manifestiert sich Politikverdrossenheit. Protestparteien können binnen kurzem zu Wahlsiegern werden, da die Wähler jede unkonventionelle Bewegung mit offenen Armen empfangen. Die traditionellen Parteien haben ausgedient, bei Wahlen kommt es zur Aufsplitterung der Ergebnisse, die letztlich ein Patt bewirken. Kaum eine politische Führungspersönlichkeit verfügt über die Glaubwürdigkeit, Autorität und Gefolgschaft für einen Neuanfang. Der Aufruf nach einer Zerschlagung bestehender Systeme inklusive Aufgabe vertraglicher Verpflichtungen wird immer lauter. Es herrschte in den letzten beiden Jahrzehnten eine Kasinomentalität, die uns gegenwärtig auf den Kopf fällt. Es wurde hoch gepokert in der irrigen Annahme, dass der Bogen des Budgets sich mit kreativer Buchhaltung weiter spannen lässt. Fehlendes Sachwissen wurde wettgemacht durch parteipolitische oder sonstige Zugehörigkeit, egal ob in Gebietskörperschaften oder in großen Unternehmen, staatsnah oder börsennotiert. Die Sorgfaltspflicht des ordentlichen Kaufmanns, eine wesentliche Richtschnur im Handelsrecht, wurde von Risikofreudigkeit verdrängt. Buchhalter sollten das Nachsehen haben, es kamen die MBA-Kandidaten, wobei kaum ein Arbeitgeber die Noten überprüfte, sondern sich vom Namen des „Diplomherstellers" blenden ließ. Angesichts der hohen Zahl von Anbietern auf einem privatisierten Bildungsmarkt, die um zahlende Kunden, sprich Studierende, werben, würde ich eher von „akademischer Laufkundschaft" als von solider Ausbildung sprechen. Während jeder Absolvent einer einfachen Handelsschule einst noch Bilanzen erstellen und lesen konnte, weiß heute auch der Vorstand vieler Banken nicht mehr, was in den Büchern steht.

Gefährliches Spiel mit dem Rechtsstaat

Dass die Korruption Teil einer Kultur wird, hat nicht nur mit dem fehlenden Unrechtsbewusstsein wesentlicher Akteure zu tun. Die Schwächung der Justiz als dritte unabhängige Gewalt im Staat ermöglicht den Aufstieg der Misswirtschaft und organisierter Kriminalität. Wenn das Recht nicht mehr durchsetzbar ist, die Täter um ihre Straffreiheit wissen, dann zerbricht der Staat allmählich. Ich entsinne mich eines Dialogs zwischen Vater und kleinem Sohn im Libanon inmitten des Bürgerkriegschaos. Um das Kind einzuschüchtern, sagte er nicht: „Wenn Du ungehorsam bist, kommt die Polizei." Der Polizist existierte nicht in der Anarchie. Vielmehr hieß es: „Sonst kommt der Chauffeur von Monsieur X." Gemeint war ein lokaler Milizchef, dessen Chauffeur und Leibwächter über Autorität verfügten. Um das Ansehen des Staates und seiner Organe wiederherzustellen, bedarf es dann wieder mindestens zweier Generationen, die Vertrauen fassen und dieses weitergeben. Die weithin grassierende Kriminalität in Staaten wie Südafrika und Mexiko ist in meinen Augen weniger die Folge der Armut, die gibt es andernorts noch viel heftiger als in diesen vielgerühmten aufstrebenden Volkswirtschaften; es ist vielmehr die völlig dysfunktionale Exekutive, die den hohen Gewaltpegel mitverursacht. Wenn in Johannesburg Polizisten ihre Autos untervermieten und am Drogenhandel mitverdienen, hochrangige Beamte in Mexiko-Stadt an illegalen Bordellen mit Menschenhandel mitmischen, dann riskiert der Staat zu scheitern.

Ein anderer brisanter Aspekt zur Diagnose, wie es um das Ansehen und die Effektivität des Rechtsstaates bestellt ist, liegt in der Wahrnehmung seiner wesentlichen Organe. Wie Politiker den Richterstand öffentlich kritisieren, sagt viel über deren staatsrechtliches Denken aus. In Italien setzte sich Silvio Berlusconi als Regierungschef systematisch über Urteile hinweg, kritisierte die Richter als kommunistisch gesinnt, ähnlich tat es Präsident Nicolas Sarkozy in Frankreich während seiner Amtszeit.[127] Und der österreichische Bundeskanzler Wolfgang Schüssel, so auch einige Minister seiner Regierung, tadelte neben den nationalen Richtern den Europäischen Gerichtshof in einem Generalangriff, weil er mit einem Richterspruch nicht einverstanden war.[128] Es ließen sich noch weitere Politiker nennen, deren Umgang mit der Justiz mich stets irritierte. All das verursachte Risse im Vertrauen in eine Gewaltentrennung, wie sie der französische Rechtsphilosoph Charles de Montesquieu (1689–1755) in seinem Grundsatzwerk „De l'esprit des loix" („Vom Geist der Gesetze") 1748 darlegte und damit die Grundlagen des Rechtsstaates schuf, wenngleich die parlamentarische Kontrolle der Exekutive, also der Regierung, bedauerlicherweise in vielen europäischen Parlamenten nicht funktioniert. Da ist so manches hartes „hearing" von Mitgliedern der Regierung, der Armee oder Bankvorständen im US-Kongress aufschlussreicher, obzwar auch diese Untersuchungen leider meist folgenlos bleiben.

Unsere Epoche durfte aufbauen auf dem Erbe der Aufklärung, also der Postulierung der Würde des Einzelnen und seiner Grundrechte, sowie der Trennung von Politik und Religion, überwunden geglaubtem Nationalismus, auf einem bürgerlichen Leistungsprinzip unabhängig von Stand, Partei und sonstiger Zugehörigkeit. Diese Grundlagen haben wir in den letzten Jahren verspielt. Mangels Kontrollen und Sanktionen sind Verwaltungen abgestumpft und garantieren nicht mehr die Umsetzung von Normen. Allein die Skandale in der umstrittenen Nahrungsmittelindustrie zeigen, wie viel auf nationaler und europäischer Ebene schiefgelaufen ist. Wenn Inspektoren fehlen, um die Zustände in der Massentierzucht zu überprüfen, weil kein Geld vorhanden ist – auch im reichen Niedersachsen –, dann muss das gesamte System neu gegründet werden. Die Deregulierung der Finanzwirtschaft hat zu deren Dominanz im Vergleich zur Realwirtschaft, also dem Unternehmertum, geführt. In den sechs Jahren seit Beginn der Finanzkrise kam es nicht zu den erforderlichen Strukturbereinigungen. Die Rechtsstaatlichkeit als Grundlage allen freien Zusammenlebens gilt es zu wahren, doch schwerer wiegen finanzielle Interessen. Politik hat sich auf das tägliche Spielchen „wie beruhige ich die Märkte" reduziert. Dies wird im Zusammenhang mit den vielen Phasen der sogenannten Euro-Rettung mit täglichem Rechtsbruch erkauft, wobei es sich noch als besonders fatal erweisen wird, dass europäische Institutionen das von ihnen selbst beschlossene Recht brechen. Für den früheren Chefvolkswirt der EZB,

Jürgen Stark, findet eine „extreme Dehnung des europäischen Rechts bis hin zu Rechtsbruch" statt.[129]

Von Rechtsdehnung und Rechtsbeugung ist in vielen Bereichen die Rede. Hier läuft unsere Gesellschaft Gefahr, ihre wesentlichen Referenzen zu verlieren. Zuvor war dies bereits in den Vorbereitungen für den Irak-Krieg 2003 auf einer anderen Ebene der Fall gewesen. Mit dem Argument, dass der Irak Massenvernichtungswaffen hätte, wurde die Propaganda für den Waffengang betrieben. UN-Sicherheitsratsresolutionen wurden von einigen Delegationen instrumentalisiert, um mittels Beugung des Völkerrechts ein Mandat für den Angriff auf den Irak zu erwirken. Dass keine solchen Arsenale im Irak bestanden, ergaben dann auch die US-Untersuchungen während der Besatzung des Landes. Der ehemalige UN-Generalsekretär Kofi Annan sagte im September 2004 in einem BBC-Interview erstmals eindeutig, dass der Irak-Krieg illegal und eine Verletzung der UN-Charta gewesen war.[130] Ähnlich verhielt es sich mit der systematischen Verletzung des humanitären Völkerrechts durch die Aussetzung des Kombattantenstatus und damit Schutzstatus des Kriegsgefangenen für bestimmte Personengruppen. Das US-Gefangenenlager von Guantánamo, das sich in einem völligen Rechtsvakuum befindet, ist ein Beispiel unter mehreren. Der Einsatz von unbemannten Flugkörpern, den Drohnen, wirft weitere Rechtsfragen auf, die keine Regierung beantworten möchte.[131] Juristen sind zweifellos keine geborenen Diplomaten, da sie aufgrund ihres Handwerks dazu neigen, auf bestimmten Interpretationen einer Norm zu beharren und das politisch Machbare übersehen. Doch wenn Recht systematisch gebeugt und gebrochen wird, dann riskiert eine komplexe Gesellschaft wie unsere ihre wesentlichen Grundlagen zu verlieren. Denn eines muss im Kopf behalten werden: Ohne Recht gibt es keinen Frieden, wir riskierten die Rückkehr zum Faustrecht, auf dass sich der Stärkere durchsetze, wie dies in archaischen Gesellschaften der Fall war. Ohne Recht gäbe es keinen Verfassungsstaat, entbehrten die politischen Entscheidungsträger, ob Abgeordnete oder Minister, ihrer Mandate. Die Politiker dürften dann öffentlich debattieren, aber nicht entscheiden.[132] Letztlich würde der Staat auch sein Gewaltmonopol verlieren. Jedermann könnte offen seine Waffen tragen.

Scheibchenweise tragen wir aber bereits die Errungenschaften des europäischen Models eines Rechtsstaates ab, indem wir einen Rechtsverlust in der EU und auch in internationalen Organisationen mittragen. Wie sehr es aber an Bewusstsein hierfür fehlt, lässt sich am Desinteresse vieler Entscheidungsträger für das Recht erkennen. Sich über das Gesetz hinwegzusetzen, ist Teil einer Unkultur geworden, die Korruption letztlich zementiert.

Von der Arroganz der Macht

Viel war schon die Rede davon, ob unsere Kultur nun dem Untergang geweiht ist wie so viele andere vor ihr. Kulturen gehen nicht einfach zugrunde, weil sie in die Jahre gekommen sind. Was oft zum Einsturz von Reichen und den dahinter stehenden Zivilisationen führte, ist die Anmaßung. Die griechische Sprache kennt hierfür den Begriff der Hybris, der in der klassischen Tragödie oft vorkommt. Die Hauptfigur ignoriert in ihrer Überheblichkeit den Willen der Götter. Hochmut kommt vor dem Fall. Diese Vermessenheit wurde von der individuellen Ebene auf jene der Reiche gehoben und zum Sinnbild für den Aufstieg und Fall. Herodot (ca. 585–425 v. Chr.), der Vater der Geschichtsschreibung, befasste sich mit der Hybris in seinen ersten Einteilungen von Zivilisationen und Epochen. Herodot ortete in den von ihm verglichenen Imperien der Perser, der Neo-Assyrer, Ägypter und Neo-Babylonier jeweils Spitzen der Macht und ihren anschließenden Niedergang. Die Hybris zeigte sich in der eigenen Selbstüberschätzung am deutlichsten zu eben jenen Machtspitzen. Dies galt für die Reiche der Antike ebenso wie für ihre Nachfolger der Neuzeit und für die sehr kurzlebigen Mächte des 20. Jahrhunderts, wie das Dritte Reich, das 12 Jahre dauerte, aber in seinem Programm 1000 Jahre angestrebt hatte.

Der Wiener Ökonom und Soziologe Friedrich Wieser (1851–1926) befasste sich in seinem Werk „Das Gesetz der Macht" mit den geschichtsphilosophischen Zusammenhängen des Aufstiegs, Abstiegs und letztlich Verschwindens von Völkern, wobei militärische Kraft letztlich nur ein Aspekt unter vielen ist. Denn einen Radius der Macht können Zivilisationen auf vielfache Weise entfalten. Während Sparta eine überragende militärische und politische Ordnungsmacht war, blieb es als Kulturmacht völlig unbedeutend. Der Stadtstaat Athen hingegen konnte den römischen Weltsieger zur Unterordnung unter die griechische Kultur bewegen. Die Römer ihrerseits waren eine Ordnungsmacht sondergleich, sowohl militärisch als auch rechtsbildend und politisch. Die Folgen dieser Epoche wirken bis in unsere Zeit: im Straßennetz sowie Rechtswesen und in politischen Strukturen.

Wieser schreibt dazu: „Im Lauf der Jahrtausende sind noch manch andere Weltreiche durch Waffenmacht und politische Macht gegründet worden. Die meisten sind verschwunden, ohne andere Spuren ihrer einstigen Größe zu hinterlassen, als Reste der gewaltigen Baudenkmale, in denen ihre Gewalthaber das Bild ihrer Macht verewigen wollten. Wenn man all der vergangenen Herrenpracht gedenkt, so drängt sich unwillkürlich die Meinung auf, daß Kampfmacht vergeht und nur Kulturmacht besteht. Für die Attilas und Tamerlans gilt dies in der Tat so, denn ihre Siege haben zerstört, für die Siege des Römervolkes gilt es nicht. Trotz aller Ausschreitungen im einzelnen sind die Römer in der großen Wirkung für das ganze Mittelmeerbecken ein wahre Ordnungsmacht geworden, wenn sie auch nicht imstande waren, alle unterworfenen Völker zu einem geschlossenen Volkstum zu einigen und ihr Reich gegen die Stürme der Barbaren auf die Dauer zu behaupten. Das Werk der von ihnen geschaffenen Zivilisation ist mit ihrem Reiche nicht untergegangen."[133] Mit den „Attilas und Tamerlans" spielt der Autor auf die militärischen Invasionen zu allen Zeiten an, eine Zivilisation wurde zerstört, doch keine begründet. Es reicht also keineswegs, bloß neue Gebiete zu erobern, Völker zu unterwerfen und militärisch die Nachbarn das Fürchten zu lehren. Denn ein Dschings Khan wurde um 1400 zum „Herrscher der Welt", wie sein Name besagt. Seine mongolischen Nomaden sollen bis zu 40 Millionen Menschen hingemetzelt haben. Das größte Reich, das je geschaffen wurde, reichte östlich von Wien bis Peking. Allein das Herrschaftsgebiet der Goldenen Horde sollte bis ca. 1500 nördlich des Schwarzen Meeres bestehen, die anderen Teile zerfielen rasch. Keine Literatur, kein Rechtssystem, aber einige Kriegstaktiken wurden übernommen. Der Mongolensturm wurde zum Inbegriff einer mörderischen Invasion bis in unsere Zeit. Auch der irakische Diktator Saddam Hussein verglich im April 2003 die Invasion der USA und ihrer Verbündeten mit dem Mongolensturm von 1258. Doch gelang den mongolischen Truppen binnen kurzem eine Wiederherstellung von Ruhe und Ordnung, denn sie verstanden es schlicht besser, Verbündete im Land zu gewinnen.[134] Von Tragweite waren diese Turbulenzen des 13. Jahrhunderts für die Suche nach neuen Handelsrouten. Die asiatischen Nomaden brachten die Seidenstraße unter ihre Kontrolle, woraufhin der Rest der Welt sich dann für den Seeweg entscheiden sollte. Dies wiederum legte die Grundlage für den Aufstieg der Seemächte und den Beginn des Imperialismus.

Wenn auch die Staatsmacht zerbricht, so tragen doch die Überlebenden die als zerstört empfundene Kultur weiter. Wissen geht verloren, Mentalitäten verändern sich im Zuge langer Gewalterfahrung, doch ein Stück der Kulturen, der Lebens- und Bauweise erhält sich doch erstaunlicherweise allen Widrigkeiten zum Trotz immer wieder und wird von anderen Völkern weitergetragen. So verhielt es sich insbesondere mit dem griechischen Erbe, das auch nach der Unterwerfung durch Rom gepflegt wurde. Alexandria bildete fast zehn Jahrhunderte ein Zentrum griechischer Kunst und Philosophie, nicht nur weil diese Großstadt der Antike eine Gründung von Alexander dem Großen war, sondern auch weil die Eliten des Römischen Reiches hier ihren griechischen Idolen huldigten. Kleopatra entstammte einer hellenistischen Dynastie, die nach dem Untergang der Pharaonenreiche die Nachfolge am Nil angetreten war. Die berühmte Liebesbeziehung zwischen ihr und dem römischen Soldaten Marc Anton war nicht nur von tiefer Zuneigung zweier Menschen füreinander getragen. Hatte Kleopatra zuvor beim erfolgreichen Feldherrn Cäsar Schutz gesucht, so verband sie mit dessen Weggefährten Marc Anton noch eine tiefere Gemeinschaft als es die gemeinsamen Kinder und eine offenbar lang anhaltende erotische Bindung schon waren. Beide meinten, eine zivilisatorische Mission zu erfüllen, und unterstützten sich in ihren Ambitionen. Ihr gemeinsames Ziel war eine weitere Verschmelzung der hellenistischen und orientalischen Kulturen im östlichen Mittelmeer. Wären sie nicht von Octavian, dem späteren ersten römischen Kaiser Augustus, gestürzt worden, so hätte sich vielleicht der östliche und nicht der westliche Mittelmeerraum als Zentrum politischer Macht und Kultur durchgesetzt.

Zu Beginn der Neuzeit hatte Giambattista Vico (1668–1744) in seinem einflussreichen Werk „Scienza Nuova" („Die neue Wissenschaft über die gemeinschaftliche Natur der Völker") behauptet, die Geschichte verlaufe in wiederkehrenden Zyklen. Diese wären seiner Sicht zufolge eingeteilt in ein göttliches, ein heroisches und ein menschliches Stadium. Durch die Vernunft erhebe sich der Mensch über die Barbarei. Diese Studien sollten in der Folge Montesquieu und Goethe und auch noch einen James Joyce beeinflussen. Ob nun Herodot, Vico, Spengler, Kohr, Toynbee oder Kennedy, die Schar der Autoren, die sich mit dem Wesen der Kulturen, ihren Phasen des Aufstiegs und Untergangs befassten, ist groß. Und neben diesen europäisch geprägten Denkern beschäftigten sich ebenso Intellektuelle im arabischen und asiatischen Raum mit diesen Fragen. Einer der klassischen Autoren, dessen Werken ich beim Studium der arabischen Sprache in Tunis begegnete, war der dort geborene Ibn Khaldun (1332–1406). Dieser Universalgelehrte befasste sich neben seinen Geschichtswerken zu den Berbern mit dem Aufgang und der Dekadenz von Zivilisationen ganz allgemein. Sein Werk „Al Muqqadima", zu Deutsch die „Einleitung", bildet in den Augen vieler Historiker die Grundlage moderner Geschichtsphilosophie. Ibn Khaldun ist als islamischer Intellektueller auch ein Vorbild an wissenschaftlicher Präzision, wie sie heute bei jenen Personen, die meinten, den Islam verteidigen zu müssen, nicht anzutreffen ist. Köpfe wie ein Ibn Khaldun hatten aufbauend auf dem Kulturerbe, das sie studierten, auch die Grundlagen moderner Soziologie geschaffen. Sie wussten losgelöst von einer religiösen Identität gewisse menschliche Verhaltensweisen zu ergründen und zu beschreiben.

Als im Herbst 2000 zwei Buddha-Statuen im afghanischen Bamyan von radikalen Islamisten, den Taliban, gesprengt wurden, ging ein Aufschrei durch die Welt. Den Drahtziehern ging es offensichtlich darum, nichtislamische und in dem Fall heidnische Götzen zu zerstören, wie es einst in Mekka und Medina geschehen war. Was viele übersahen und in ihrer Ignoranz offensichtlich nie begriffen hatten, war die Entstehungsgeschichte des Buddhismus in dieser Region zwischen dem heutigen Pakistan und Afghanistan. Betrachtet man die ersten Buddha-Darstellungen, so lächelt einen nicht ein rundlicher Chinese mit Glatze an, wie dies auf den Massenanfertigungen späterer Jahrhunderte der Fall ist. Vielmehr sitzt hier in sich ruhend ein hochgewachsener Mann mit Schnurrbart und den Zügen jener Menschen, die auch heute noch im pakistanischen Swat-Tal anzutreffen sind. Der Buddhismus war hier einst die dominierende Religion, bevor der Islam von der Arabischen Halbinsel über den Iran bis nach Zentralasien und Indien expandierte. Mit dem vorislamischen Erbe können fundamentalistische Muslime selten gelassen umgehen. Die vorislamische Epoche wird von Muslimen als „jahiliya", als Zeit der Ignoranz und Dunkelheit, beschrieben. Erst mit der Offenbarung des Islams habe Kultur begonnen. In diesem Exklusivitätsanspruch ähneln sie jenen Christen, die auf das Monopol der Zivilisation pochen, während andere als Barbaren zu bekämpfen oder jedenfalls zu bekehren seien. Solche archaisch anmutenden Überzeugungen halten sich bedauerlicherweise. Jeglicher kultureller Aufstieg bedarf neben innerer Ruhe, wirtschaftlicher Stärke letztlich der Freiheit des Geistes. In welchem Umfang wir in wirtschaftlich schwierigen und politisch wohl sehr turbulenten Zeiten den erforderlichen Freiraum für unabhängiges wissenschaftliches Arbeiten ermöglichen, ist nicht absehbar. Forschung als Nebenprodukt militärischer Interessen dominiert nicht nur in den Naturwissenschaften. Das aktuelle Interesse an der Gehirnforschung wird stark von dem Wunsch einiger Förderer mitgetragen, die „perfekte Kampfmaschine" zu erzeugen. Die Übergänge zwischen freiem Denken und Handeln und autoritären Vorgaben sind oft fließend, doch es gibt sie. Wer sich traut, auf bestimmte Risiken hinzuweisen, kann aber mit dem Rauswurf aus dem Karrieresystem, das füttert und befördert, bestraft werden.

Von der Republik zum Imperium

In Anlehnung an die Weltherrschaft der Römer spricht man von „pax americana", wie man vor 2000 Jahren die römische „pax romana" nannte. Das römische Reichssystem war durch die Geschichte hindurch stets Vorbild des Aufstiegs, der Kontrolle und Erhaltung eines Weltreichs und zugleich Warnung vor dem Untergang, des Bruchs der Herrschaftssysteme. Die Analogien finden sich sowohl bei Napoleon und dessen expansivem französischen Kaiserreich vor 200 Jahren als auch im Aufstieg des Dritten Reichs unter Hitler in den 1930er Jahren. Napoleon nannte sich Konsul und Kaiser. Er wollte der moderne Cäsar sein, der eine dauernde Herrschaft begründete. Sie war eine Diktatur, die nicht wie bei den Römern oder im antiken Athen in einer vorübergehenden Ausnahmesituation mit einem Sondermandat an Macht ausgestattet war. Seine Herrschaft war aber nicht von Dauer, sondern bloß der Übergang von Revolution, Bürgerkrieg zur Restauration absoluter, dynastisch legitimierter Monarchien. In der Endphase der Weimarer Republik in Deutschland nach dem Ersten Weltkrieg lässt sich das Verhältnis zwischen Reichspräsident Paul von Hindenburg, damals schon über 80 Jahre alt, und dem aufstrebenden Führer der NSDAP, Adolf Hitler, als ein solcher Kampf zwischen Republik und Imperium nachzeichnen, wie er so oft in der Geschichte stattgefunden hatte und sich noch wiederholen wird. Der alte preußische General, geprägt von Absolutismus und militärischer Disziplin, verkörperte die Republik. Der 1933 demokratisch gewählte Hitler war der Inbegriff von Imperium, das er mit der Errichtung des Dritten Reiches, das tausend Jahre währen sollte, erschaffen wollte. Die Kategorien republikanisch und imperial können oft voller Widersprüche sein.

Auch der Wechsel im Kreml Ende 2000 zwischen dem chaotischen Boris Jelzin und dem nüchternen Ex-Geheimdienstoffizier Vladimir Putin kann als eine solche Wende eines sehr kurzen republikanischen Zwischenspiels in Russland seit dem Antritt des Reformers Michail Gorbatschow hin zum neu erstarkten Imperium unter Putin bezeichnet werden. Gewisse rechtliche Analogien sind auszumachen, wenngleich die handelnden Personen und die jeweiligen politischen

Umstände gesondert zu würdigen sind. Doch der Übergang von Republik zu Chaos und Diktatur scheint eine gewisse Konstante in der Geschichte zu sein. Nicht umsonst fürchtete Clemens Metternich, der langjährige Kanzler der Habsburger in der ersten Hälfte des 19. Jahrhunderts, nichts mehr als revolutionäres Chaos. Er hatte die Auswüchse der französischen Schreckensherrschaft der Jakobiner als junger Mann in den 1790er Jahren miterlebt.

Mit Rom verbinden wir spontan meist das Römische Reich, das Cäsarentum. Doch gab es auch rund 500 Jahre eine römische Republik. In dieser Gemeinschaft einer „res publica", in welcher die Bürger sich mit dem Staat identifizierten, bestimmte eine durchdachte Form von „checks and balances", also eine Kontrolle der Macht, die Verwaltung. Rom funktionierte deshalb so erfolgreich, weil alles unternommen wurde, um Machtfülle für einen Politiker zu verhindern. So erklärt sich auch das System der beiden Konsuln. Wichtig für die politische Praxis und die Eigenwahrnehmung war die Wertschätzung für die alten römischen Tugenden, auf welche sich die römischen Bürger so gerne beriefen. Diese konservative Haltung kam dann im zweiten Jahrhundert v. Chr. immer mehr ins Wanken. Rom wurde größer, nichtrömische Kulturen gewannen stark an Einfluss. Korruption, billige Importe und Verarmung der Bauern, soziale Aufstände und letztlich eine Serie von Bürgerkriegen führten zum Ende der Republik.

Als sich Rom unter dem Konsul und erfolgreichen Feldherrn Cäsar allmählich in eine Alleinherrschaft verwandeln sollte, war es um die Republik geschehen. Das römische Recht sah die Einrichtung einer zeitlich befristeten Diktatur bei Kriegsgefahr vor, um in einer solchen Ausnahmesituation eine effektive Hierarchie zu ermöglichen. Cäsar ließ sich mit allen anderen Ämtern, die er bei sich vereinigte, vom Senat auch das des Diktators übertragen und er ließ diese Sonderfunktion nach Ablauf der gesetzlichen Frist erneuern. Damit hob er den Sinn der Diktatur im wesentlichen Punkte auf. Er steigerte sie aus einer vorübergehenden zu einer ständigen außerordentlichen Gewalt und begründete die Cäsarenherrschaft. Von Cäsar leiteten sich in der Folge bekanntlich auch die Titel Kaiser und Zar ab. Wieser begreift diesen Schritt so: „Er hatte erkannt, daß die alte römische

Stadtverfassung den Notwendigkeiten des Weltreiches nicht mehr genüge und daß eine neue Verfassung das Reichsinteresse wahrnehmen und neben den römischen Bürgern auch noch die ganze übrige unterworfene Bevölkerung in ihren Gesichtskreis einstellen müsse." Gegen Ende des römischen Kaiserreichs erfuhr dieser demografische Aspekt eine zusätzliche Dynamik. Denn Rom verfügte in der Spätantike nicht mehr über genügend Bürger, um die Legionäre zu stellen. Als die Germanen dann zu Kommandanten in der Armee aufrückten, fragten sie sich: „Wozu brauchen wir noch Rom?"[135]

Mit der Ermordung Cäsars im Senat im Jahre 44 v. Chr. weitete sich letztlich im Nachfolgekrieg zwischen Marc Anton und Cäsars Adoptivsohn Octavian, der testamentarisch bevorzugt worden war, der Bürgerkrieg neuerlich von Italien in fast alle Landesteile aus. Die Schlacht von Actium 30 v. Chr., ein regelrechtes Blutbad zwischen römischen Truppen, war letztlich entscheidend. Das Herrschaftssystem sollte sich unter Octavian-Augustus in ein Kaisertum verändern. Mehrfach in der Geschichte wiederholten sich ähnliche Entwicklungen. Die Republik fällt zugunsten eines absolutistischen Machtanspruches. Auf die Revolutionsdiktaturen oder Linksdiktaturen folgten die Ordnungsdiktaturen oder Rechtsdiktaturen. Sie bilden stets Übergänge und können sich nur so lange an der Macht halten, als der Druck von außen auch inneren Zusammenhalt ermöglicht und die Versorgung der Bevölkerung sichergestellt ist.

Dieses Hin und Her zwischen Republik und Diktatur findet sich in vielen neuen Demokratien, in jungen souveränen Staaten wie nach der Entkolonialisierung in Afrika und Asien, aber auch gegenwärtig in Staaten wie Russland, Ungarn oder Rumänien. Auslöser waren zum einen Kriege, wie vor allem der Erste Weltkrieg, der mit dem Auseinanderbrechen multinationaler Großreiche und der Entstehung von Nationalstaaten in Mitteleuropa, auf dem Balkan und im Nahen Osten endete. Dem zweiten großen Krieg folgt die Entkolonialisierung, die ab 1947 mit der Unabhängigkeit von Indien begann und aus afrikanischer Sicht mit der Auflösung des südafrikanischen Apartheid-Regimes 1992 endete. Die Anzahl souveräner Mitglieder der Staatengemeinschaft wuchs infolge der Umwälzungen in Afrika und Asien auf über 156. Es folgte dann zwischen 1989 und 1991 der

Zusammenbruch einer Ideologie, der den Zerfall der Sowjetunion bewirkte und jenen Jugoslawiens. Gegenwärtig zählt die UNO 193 Mitgliedsstaaten, die Staatengemeinschaft als solche über 200. Die Balkanisierung führte zur Entstehung zahlreicher Kleinstaaten auf dem Staatsgebiet der ehemaligen Föderation der südslawischen Völker. Ging es hier vorrangig um die Durchsetzung nationaler Selbstbestimmung, so könnten zukünftige Implosionsprozesse im Nahen Osten und auf dem afrikanischen Kontinent noch mehr Sprengkraft bergen, weil es sich um rohstoffreiche Regionen handelt.

Weitere Kandidaten für eine Desintegration sind fragile Staatsgebilde wie Pakistan und Jordanien. Beide sind gleichsam das Nebenprodukt kolonialer Aufteilungen, ihre Legitimität wurde in der Vergangenheit immer wieder bestritten. Waren es Mitte des 20. Jahrhunderts u. a. die Anhänger des säkularen arabischen Nationalismus, des Panarabismus, welche diese Zerstückelung ihres Ideals einer territorialen Einheit rückgängig machen wollten, so werden einige junge Nationalstaaten gegenwärtig vor allem von radikalen Muslimen in Frage gestellt. Sie bekämpfen die prowestlichen Regime und streben die Integration einer utopischen islamisierten Gesellschaft in eine weiter gefasste islamische Gemeinschaft, eine Umma, an. Diese Prognosen mögen sehr düster wirken, doch das Risiko eines Zerfalls ist nicht auszuschließen. Sieht man sich die Landkarten an, welche in der nordirakischen Provinz Kurdistan kursieren oder in einigen Denkfabriken in den USA in den letzten Jahren eingesetzt wurden, so ist die Möglichkeit neuer Grenzen, neuer Staaten inmitten von territorial umstrittenen Grenzregionen, eine der kuriosen Optionen für eine „Neuordnung".

Europa als Wendebegriff

Wer im Frühjahr 1989 von einer Auflösung der Bundesrepublik Jugoslawiens, einem Ende der Sowjetunion und der damit verbundenen Entstehung neuer unabhängiger Staaten von Aserbaidschan bis Turkmenistan oder gar einer Trennung der Tschechen und Slowaken gesprochen hätte, wäre wohl schlichtweg für verrückt erklärt worden. Was sich aber im Zuge des Auseinanderbrechens dieser multinationalen Staaten offenbarte, war in gewisser Weise nur die Wiederholung eines Vorgangs, welcher zu Beginn des 20. Jahrhunderts schon einmal stattgefunden hatte. Die Ordnung der Pariser Vororteverträge von 1919/21 war jene des Nationalstaatsprinzips. Die 14 Punkte, welche US-Präsident Woodrow Wilson ohne Kenntnis der Verhältnisse auf dem europäischen Kontinent kurz nach Kriegsende verkündet hatte, beinhaltete als wesentliche Forderung das Selbstbestimmungsrecht der Völker. Auf den Territorien der zerfallenden Vielvölkerreiche waren nun junge Nationalstaaten entstanden, die sich in einer neuen Ära grundlegend veränderter geopolitischer Bedingungen und konfrontiert mit ebenso neuen ideologischen Bewegungen zurecht finden mussten. Was folgte waren unter anderem zahlreiche Konflikte um Minderheiten und ein Anstieg extremer politischer Bewegungen vor dem Hintergrund von Massenarbeitslosigkeit und Geldentwertung.

Am Anfang vom Ende der Sowjetunion und Jugoslawiens spielten auch Wirtschaftskrisen eine Rolle, das System war nicht mehr finanzierbar. Im Falle Jugoslawiens wollte der reichere Norden für die südliche Peripherie nicht mehr Zahlmeister sein. Ein Blick zurück in die späten 1980er Jahre bietet vielleicht warnende Lektionen für die EU unserer Tage. Das Recht auf Selbstbestimmung übten die Nachfolgestaaten Jugoslawiens und der Sowjetunion dann ab 1991 ihrerseits aus.[136] Dieser Wunsch nach nationaler Selbstbestimmung kann jederzeit neuerlich zum Entstehen unabhängiger Staaten führen, wie die Entwicklungen in Spanien, Großbritannien und Belgien zeigen. Die Europäische Kommission, die sich zwar stark machte für eine Unabhängigkeit des Kosovo, bis 2008 Teil Serbiens, warnte im Herbst 2012, dass eine Region, die sich von einem EU-Mitgliedstaat trennt, automatisch aufhören würden, Teil der EU zu sein.[137] Diese seltsamen Appelle von Kommissionspräsident José Manuel Barroso waren klar an die Regionalregierung von Katalonien gerichtet, das per Referendum die Katalanen über eine Loslösung von Spanien abstimmen lassen möchte.

„Was eine Metapher für Zerrissenheit war, wurde zur Parole für Einigung", so entzaubert der österreichische Philosoph Rudolf Burger die so widersprüchliche Instrumentalisierung von Europa als Utopie und der nach Hegel größten Schlachtbank der Geschichte.[138] Es gab eine Zeit des Aufbruchs und der überzogenen Erwartungen an eine große Bürokratie. In jenen Bereichen, in welchen die Nationalstaaten Kompetenzen an übernationale Institutionen in der Kommission übertragen hatten, wie etwa in Landwirtschaft und Fischerei, wuchs die Planwirtschaft. In vielen anderen Fragen versuchte man über mühsam errungene Konsensentscheidungen eine gemeinsame Linie vorzugeben. Doch als die Krisen mit aller Wucht zuzuschlagen begannen, wurde viel brüchig. Die alten Ressentiments zwischen Nord und Süd, die Schuldzuweisungen sind wieder da. Für Burger wurde Europa genau gegen seine Geschichte programmatisch mobilisiert: „Er [der Begriff Europa, Anm.] wurde zur politischen Pathosformel der Einigung, weil das, was er geographisch bezeichnet, historisch der blutigste aller Kriegsschauplätze war. Nichts verbindet so sehr wie gemeinsame Gräber."

Eine Renaissance der ehemaligen Autokraten von Tito bis Mussolini und Franco ist vor allem unter jungen Menschen in Europa zu beobachten. Sie kennen das Programm und die Epoche nur aus Erzählungen ihrer Großeltern. Für die Jugend in den jugoslawischen Nachfolgestaaten ist Tito der neue alte Held, der für eine gute Zeit steht. General Franco, Verbündeter Hitlers, später der von den USA favorisierte Garant gegen eine kommunistische Revolution, erlebt ebenso eine Hochkonjunktur im von Krisen gebeutelten Spanien. Eine Aufarbeitung des Bürgerkriegs der 1930er Jahre und der langen Zeit der Franco-Diktatur, die erst mit dessen Tod 1975 endete, fand in diesem Land nur in Ansätzen statt. Ein Parlamentsbeschluss 1979 garantierte allen Militärs und Politikern des Franco-Regimes Straffreiheit. Der juristische Versuch, diese Generalamnestien in Frage zu stellen, wie ihn der Richter Baltasar Garzón unternahm, endete mit dessen Verurteilung und einem elfjährigen Berufsverbot im Jahr 2012. Die neuen Franco-Patrioten propagieren mit der Parole „Vuelva General" eine Rückkehr der Diktatur, um die Krise zu lösen. Die positive Verklärung Stalins gewinnt in Russland an Anhängern. Nicht der Staatsterror gegen die eigene Bevölkerung, sondern der Sieg über Deutschland dominiert die Erinnerung. Ausdauer, Härte und Siegeswillen werden als russische Eigenschaften in Erinnerung an die Schlacht um Stalingrad hochgehalten. Dieser Kult motiviert junge Menschen, die sich als kampfbereite Patrioten bezeichnen. Daher wollen auch sie eine Rückbenennung von Wolgograd in Stalingrad. Die Erinnerung an die „gute alte Zeit" sozialer Absicherung für die Verlierer der Gesellschaft erklärt sich unter anderem aus den großen wirtschaftlichen Problemen. Sie haben meist keine oder schlecht bezahlte Arbeit, kaum Wohnraum. Die Sehnsucht nach einem starken Führer bewegt viele dieser jungen Menschen, die nicht unbedingt die wenig oder schlecht Ausgebildeten sein müssen. Viel Auslandserfahrung, zwei Diplome und dann doch keine Aussicht auf Arbeit bedingt verständliche EU-Skepsis, wie sie nicht nur unter den jungen Gefolgsleuten der italienischen Protestpartei von Beppe Grillo zu finden ist. Auch Grillo, der lange unterschätzte Komiker, ist in seinen Inhalten und seinem autoritären Stil eine Art unumschränkter Führer.[139] Hier tun sich zwischen den unterschiedlichen Vorstellungen von Europa tiefe Gräben auf.

Während der russische Reformpolitiker Michail Gorbatschow gerne vom „europäischen Haus" sprach und die schöne Vorstellung einer einzigen Wohlstands- und Friedenszone für Eurasien vielleicht in manches Herzen aufsteigen ließ, verwies der energische Präsident der Europäischen Kommission der 1980er Jahre, Jacques Delors, gar auf ein „europäisches Dorf". Angesichts der tiefen Sinnkrise, welche die bisherige Integration zerreißen könnte, fordern viele unbeirrbare Pro-EU-Stimmen einen europäischen Demos. Ihre Argumentation ist, dass Europa erst in allen Herzen und Köpfen ankommen muss, um dann auch durch direkte Wahl von Politikern, die eine solche geeinte europäische Öffentlichkeit voller „Europabewusstsein" vertreten, daran teilhaben zu können. Meine persönliche Skepsis gegenüber diesen Bestrebungen gründet auf Beobachtungen und vor allem Erfahrungen mit europäischen Institutionen und ihren Vertretern, die ich in all den Krisen vor 2004, als damals der Verfassungsentwurf von den Wählern in Frankreich und den Niederlanden abgelehnt wurde, gemacht habe. Dass es zu Problemen in der Eurozone kommen würde, erstaunte mich nicht. Persönlich hatte ich nie verstanden, wie unterschiedliche Volkswirtschaften und divergente Steuersysteme in einer Gemeinschaftswährung zusammengeführt werden könnten. Was mich gegenwärtig besorgt, ist diese mächtige Rückkehr der tiefsitzenden nationalistischen Reflexe. Und ich fürchte, dass alles Erzwingen von mehr Europa unter den aktuellen labilen Bedingungen genau das Gegenteil bewirken wird, nämlich eine Gefährdung des als Friedensprojekt begonnenen Einigungsprozesses. Erasmus-Austauschprogramme sind ein Aspekt, doch das turbulente Scheitern der europäischen Volkswirtschaften berührt die jungen Generationen, die heute angesichts der Jugendarbeitslosigkeit vielfach schon als „verlorene Generation" bezeichnet werden, noch viel mehr. Gemäß der nicht unumstrittenen Lissabon-Strategie, welche die EU-Staats- und Regierungschefs im März 2000 beschlossen haben, sollte die EU bis 2010 zum „wettbewerbsfähigsten und dynamischsten wissensgestützten Wirtschaftsraum der Welt" werden. Darin ist die Union nicht zuletzt aufgrund vieler hausgemachter Fehler, wie einer Regulierungswut, die Unternehmen vertreibt, und eines fragwürdigen Umgangs mit Bildungsfragen gescheitert. Für Probleme wie Jugendarbeitslosigkeit und soziale Krisen müssen die jeweiligen Nationalstaaten vorerst jeweils im Rahmen ihrer gewählten Institutionen Lösungen finden. Ein weiterer Fördertopf der Europäischen Kommission für arbeitslose Jugendliche wird kein Ausweg sein.

Ich darf nochmals Burger bemühen, der in etwas knapper, provokanter, aber zutreffender Form das mögliche Ergebnis so beschreibt: „Das Ende der Nationalstaaten wäre dann nicht die Emanzipation der regionalen Vielfalt, sondern die Provinzialisierung der Länder im Superstaat. Der aber müsste sich selbst als Klammer einer europäischen Nation begreifen, wenn anders er als Rechtsstaat ein demokratischer sein soll. [...] Ohne Nation keine Demokratie im modernen, flächenstaatlichen Sinn. Ein postnationaler Zustand wäre daher mit einem postdemokratischen unmittelbar identisch. Ansonsten gilt: ‚je mehr EU, desto weniger Demokratie' (Ralf Dahrendorf)."[140] Es wird immer offensichtlicher, dass unter Europa viele sehr Unterschiedliches verstehen, und in Fragen eines institutionalisierten Europas tun sich besonders tiefe Gräben auf, die auch von Generationen mitbestimmt werden. Zwischen Begriffen wie Zentralisierung und Föderalisierung schwanken die vielen Ideen, wie die Politik und die Gesellschaft zu gestalten seien. Zentrum versus Peripherie, die Idee der Subsidiarität, nämlich Lösung auf unterer Ebene anstatt alles auf die europäische zu heben, stand stets auf der Agenda, wurde aber nicht umgesetzt. Es wird sich zeigen, welche Entscheidungsmechanismen den Ausschlag geben werden.

Dorf, Markt und Stadt

Weltgeschichte ist die Geschichte des Stadtmenschen. Jede Frühzeit einer Kultur ist zugleich die Frühzeit eines Städtewesens. Zu Recht sieht Oswald Spengler das Entstehen von Städten und Bürgertum nicht bloß als eine Erweiterung vorhandener Siedlungen, vielmehr entscheidend ist das Werden der „Seele" einer Stadt. Welcher Stadtmensch kann schon auf Jahrhunderte bürgerlicher Abstammung zurückblicken? Auf tiefe urbane Tradition im besten Sinne dieses Wortes traf ich bei den alteingesessenen Tuchläden in Damaskus oder den Kaffeehäusern in Istanbul, in der einen oder anderen italienischen Stadt, die ihre Vergangenheit als Stadtstaat noch zu zelebrieren weiß, oder in den kleinen Buchhandlungen in Paris, bevor diese in Kleiderboutiquen umgewandelt werden. Madrid atmet wenig Stadtluft, zu jung ist diese Gründung um 1600 in der Mitte der iberischen Steppe. Ebenso wenig Stadt ist heute in Peking spürbar, wo Stelzenautobahnen alte gewachsene Viertel zerstört haben. Shanghai fällt da schon in eine andere Kategorie alter Metropole, die auch ein buntes Bürgertum von Händlern hervorbrachte, welches im Umfeld der Verbotenen Stadt des Pekinger Machtzentrums nicht möglich war. Die Weltausstellung in Shanghai im Herbst 2010 fand bezeichnenderweise unter dem Titel „Eine bessere Stadt, ein besseres Leben" statt. New York ist die Stadt der USA schlechthin und lebendiger als die grüne Hauptstadt Washington. Doch die Trennung in ethnische Viertel und das starke Gefälle im Wohlstand erlauben kosmopolitisches Ambiente nur an bestimmten Orten. Kaum internationales Flair versprüht Brüssel, das an der Bruchlinie des belgischen Nationalitätenkonflikts liegt und wo mehr Personen in fast uniformer

Bürotracht ihre Köfferchen für den Tagesausflug hinter sich herziehen als sonst wo auf dieser Welt. Nur wenige Städte strahlen durch ihre Menschen, Gebäude und Architektur unmittelbar spürbare städtische Lebensweise aus, denn nur wenige Städte sind mit einer angestammten Bevölkerung wirklich über Jahrhunderte hindurch gewachsen. Meist ist ihre Größe Ergebnis der Bevölkerungsexplosion infolge Landflucht.

Im Jahr 2008 verschob sich zum ersten Mal in der Geschichte das Verhältnis zwischen Land- und Stadtbevölkerung, denn mehr als die Hälfte der Weltbevölkerung lebt nun in Städten, wobei die fortschreitende Verstädterung vor allem die Megastädte mit mehr als 20 Millionen Menschen in Afrika und Asien prägen wird. Diese Urbanisierung wird von vielen UN-Organisationen als positiv erachtet, da diese Tendenz zu mehr wirtschaftlicher Dynamik, gesellschaftlicher Entwicklung, wie Aufstieg von Frauen, führe und auch den Druck von den ländlichen Räumen nehme, also großflächigen Umweltschutz erleichtere.[141] Der Schwerpunkt der Großstädte der Zukunft verschiebt sich von West nach Ost. Um aus diesen Agglomerationen mit riesigen Elendsvierteln Städte mit funktionierender Wasserversorgung, Abfallwirtschaft, Wohnraum und öffentlichem Nahverkehr zu machen, müssen Regierungen und Stadtverwaltungen enorme Beträge investieren, die weitverbreitete Korruption bekämpfen und die allgemeine Sicherheit für alle Bürger ermöglichen.

Einige Bürgermeister solcher Megacities haben sich schon international einen Namen gemacht, da sie für eine Bevölkerung und ein Wirtschaftsaufkommen zuständig sind, das bei weitem jene von mittleren europäischen Staaten übersteigt. Die brasilianische Küstenstadt São Paulo gehört zu diesen über 400 am schnellsten wachsenden Städten der Erde. Im Ballungsraum leben rund 20 Millionen Menschen, São Paulo ist die laut einer 2009 veröffentlichten Studie von PriceWaterhouseCoopers die zehntreichste Stadt der Welt. Mit einem Bruttoinlandsprodukt von 388 Milliarden US-Dollar übertraf die Metropolregion São Paulo 2008 die gesamte Volkswirtschaft der Schweiz.

Die Urbanisierung findet in der südlichen Hemisphäre in einem viel schnelleren Tempo und mit höheren Bevölkerungsraten statt, als dies in Europa zu irgendeinem Zeitpunkt in der Geschichte der Fall war. Unternehmensstrategen wollen in diesem Boom der 440 wichtigsten aufstrebenden Städte die neue Marktchance ausmachen.[142] Diese Studien haben einen interessanten Zugang, zumal auch die damit verbundenen gesellschaftlichen Umwälzungen, wie ein Rückgang feudaler Verhältnisse, stärkere Entfaltung des Individuums und auch die Erhaltung zusammenhängender Naturregionen, für die Urbanisierung sprechen. Der Stadtbewohner, der zu Fuß oder mit öffentlichen Verkehrsmitteln unterwegs ist, weniger Wohnraum nutzt, hinterlässt jedenfalls einen kleineren ökologischen Fußabdruck, schont Ressourcen also mehr als der Pendler mit Einfamilienhaus im Grünen. Noch wird aber das Lebensmodel von „Suburbia", also Häuschen im Grünen und täglichem Pendeln zum Arbeitsplatz, wie es von den USA in den 1950er Jahren ausging, von vielen Weltregionen übernommen. Selbst in Mumbai und Kapstadt wird die Vorstadtidylle beworben. Dies bedingt hohe Treibstoffkosten, gewaltige Staus, Umweltsünden und viel Zeitverlust. Die Attraktivität der Stadt zu fördern ist mittlerweile kein Randthema mehr, das sich Stadtgemeinden wie Hamburg oder Wien leisten, indem sie mit interessanten Angeboten in der Infrastruktur vor allem junge Familien als zukünftige Stadtmenschen gewinnen wollen. Das Konzept einer neu durchdachten Lebensqualität in der Stadt, die von städtischen Gemüsegärten auf den Dächern bis hin zu autofreien Vierteln und damit mehr Lebensqualität reicht, ist reizvoll. Weltweit leben bereits mehr Menschen in Städten als auf dem Land, in Europa mehr als 70 Prozent der Bevölkerung, Österreich liegt mit 68 Prozent knapp darunter.

Doch ich stelle eine Gegenthese auf. Die hohe Siedlungsdichte, die Verarmung breiter Schichten bzw. die Niedriglöhne und hohen Mieten sowie Lebenshaltungskosten, zudem die geringen Möglichkeiten zu einer Selbstversorgung in der Stadt haben die Menschen in Krisenzeiten immer wieder auf das Land zurückgetrieben. Von einigen Ausnahmen abgesehen, sind wir unmittelbare Nachkommen von Bauern, ob wohlhabenden Landwirten oder Kleinhäuslern, Knechten, Mägden oder den wenigen großen Grundbesitzern, die es im Lauf der Jahre in die Stadt zog. Die Franzosen pflegen mit Hingabe ihre ländliche Herkunft, auch wenn ihre Familien schon seit Generationen in Toulouse oder Paris leben. Solche Gefühle weiß wiederum die Politik zu bedienen, die dann in europäische Landwirtschaftspolitik und hohe Subventionen mündet. Im Jahre 1848, als eine Serie von bürgerlichen Revolutionen die Städte Mitteleuropas beherrschte, um auch gegen den Feudalismus aufzubegehren, lebte die große Mehrheit der Bevölkerung aber noch auf dem Lande. Selbst in Großbritannien, wo die industrielle Revolution 100 Jahre zuvor begonnen hatte, lag die Zahl der Landbewohner über jener der Stadtmenschen. Bereits 1870 hatte sich das Verhältnis in einigen westeuropäischen Staaten zu verschieben begonnen, der Zuzug in die Städte wuchs infolge des Aufstiegs einer neuen kapitalisierten Wirtschaft, die sich nicht mehr an Grundeigentum orientierte. Eine der Völkerwanderung ähnliche Landflucht setzte ein, nachdem infolge starker Bevölkerungsvermehrung kaum bebaubares Land vorhanden war, um den Menschen in der Landwirtschaft Arbeit zu geben. Verarmte Kleinbauern und landlose Arbeiter suchten in den Städten des 19. Jahrhunderts ihr Glück, verdingten sich als Lohnarbeiter, konnten aber von ihren Löhnen nicht leben. Belgische Bergbauleute nahmen sich noch bis 1900 regelmäßig frei, um je nach Saison ihre Felder zu bestellen. Die Einrichtung der Kartoffelferien ermöglichte nicht nur die Kinder zur Ernte heimzuholen. Die Arbeitslosen in den Städten Nordenglands heuerten regelmäßig als Erntehelfer an, wie auch die Weber in den Städten ihre Streiks mit ihren Einnahmen von der Heuernte teils finanzierten.[143]

Noch bis in die 1950er Jahre lebten 70 Prozent der Weltbevölkerung auf dem Lande. Auch in Frankreich und Österreich dominierte lange der Anteil der Landbevölkerung. Es war in den Krisenzeiten zwischen den beiden Weltkriegen und noch mehr in den Monaten nach Kriegsende im Mai 1945, dass die Städter auf dem Land „hamsterten", ihre Kinder zu Bauern in der Verwandtschaft schickten, um zu überleben. Porzellan wurde gegen Brennholz getauscht, auf manchem Bauernhof stapelten sich die Reste bürgerlichen Reichtums, da ein Topf Schmalz wertvoller war als ein Reitsattel oder ein Seidenschal. Wieder war es die Peripherie, die das Weitermachen in den Trümmerfeldern nach dem großen Töten in Europa ermöglichte.

Eine der drei Weltstädte der Antike war das kleinasiatische Ephesos, das mit der Versandung des Hafens den Zugang zum Meer verlor. Aus der römischen Metropole wurde allmählich ein Provinzstädtchen, dessen Ausgrabungen aber umso interessanter sind, als hier anders als in Alexandria heute keine Millionenstadt existiert. Mit dem Untergang eines Imperiums wurden die Städte meist verwüstet und aufgegeben. Das schlichte Erfordernis des Überlebens trieb den Großteil der Menschen wieder in kleinere dörfliche Gemeinschaften, wo sie für den Eigengebrauch anbauten und Vieh hielten. Städte entstanden erst dann wieder, wenn es die allgemeine Sicherheitslage und die Wirtschaft erlaubten. Dann bildeten sich neue Zentren heraus, die um Macht und Ansehen wetteiferten. Die Mehrheit der Bevölkerung blieb indes eine bäuerliche Gesellschaft. Und darin verharrte sie gleichsam durch Jahrhunderte in einem recht statischen Rhythmus, der das Weitermachen auch unter widrigen Lebensbedingungen ermöglichte. Ein interessantes Beispiel für den Aufbruch einer Kultur, die zu höchster urbaner Entfaltung gelangte, war Angkor, das Zentrum der Khmer-Kultur zwischen dem 9. und 15. Jahrhundert. Angkor bedeutet wörtlich „Stadt", hier lebte rund eine Million Menschen; es wurde zur Drehscheibe des Handels zwischen Indien und China. Diese hochstehende Kultur baute auf einem ausgeklügelten Wasserversorgungsnetz auf, das sich über 3000 Quadratkilometer hinzog. Mit technischen Hochleistungen veränderten die Khmer ihre natürliche Umgebung. Doch am Höhepunkt ihrer Macht wurden sie verwundbarer als je zuvor. Wetterkapriolen setzten den Menschen zu. Die Abholzung zugunsten neuer Reisfelder war vielleicht einer der Auslöser des Niedergangs. Die Archäologen tüfteln noch, was letztlich der Grund für den Untergang dieser Zivilisation gewesen sein mag. Vielleicht waren es ganz banal verstopfte Kanäle, die ein Abfließen des Wassers verhinderten? Die Natur sollte sich diese Kultur wieder zurückerobern und in einem Urwald verstecken. Nicht nur dass das Reich der Khmer zum kleinsten in der Region schrumpfen sollten, die Buddhisten würden fortan monumentale Steingebäude, wie die Tempel von Angkor waren, aufgeben. Die Holzbauweise im Pagodenbau setzte sich durch.

Als ich 1980 erstmals in der Riesenstadt Kairo weilte und vom Elend der Bettler erschüttert war, warnten mich die Gastgeber vor einer Reise in den Süden Ägyptens, da dort die Armut viel schlimmer sei. Das Gegenteil erlebte ich dann, da die Menschen in den Dörfern ihre Mangobäume und Hühner hatten, sie nagten nicht am Hungertuch, wenngleich die Jungen alle von der Stadt und der Aussicht auf Arbeit und Abenteuer träumten. Sie wirkten in meinen Augen fröhlicher als die Tagelöhner auf den Straßen der großen Städte. Wenn infolge einer politischen Ausnahmesituation, wie es Kriege und schwere Wirtschaftskrisen sind, der Alltag zum Überlebenskampf um Wasser, Nahrung und Treibstoff wird, dann kann es in der Stadt noch brutaler zugehen als in den abgelegenen ländlichen Gebieten. So erschien es mir in den späten 1980er Jahren im Libanon, wo Autobomben und Straßenkämpfe das Leben in der Hauptstadt zum Spießrutenlauf machten. Wer es sich leisten konnte und über eine Ferienwohnung in den Bergen oder in einem Badeort verfügte, zog dorthin. Firmen und ganze Fakultäten übersiedelten hinaus aus der Stadt, um den Kontrollen an den Checkpoints und den Gefechten zu entgehen. Aus der gerne als Paris des Orients bezeichneten Metropole war plötzlich die Kapitale des Terrorismus geworden. Beirut wurde nicht mehr angeflogen. Neue Häfen und Mini-Airports auf Autobahnstücken wurden improvisiert, um das Land nicht völlig vom Rest der Welt abzuschneiden.

Ähnliches erlebte ich zehn Jahre später in Sarajewo während der Balkankriege. Die Stadt wurde von Scharfschützen und Söldnern aus aller Herren Länder beherrscht. Die Landbewohner, deren Dörfer im Zuge der sogenannten „ethnischen Säuberungen" brutal überfallen und abgefackelt wurden, litten nicht weniger als die noch verbliebenen Einwohner in der belagerten Hauptstadt. Auch hier bildeten sich in der Provinz Enklaven, die ein Überleben ermöglichten. Schmugglerkönige und Milizchefs machten bis dato völlig unbekannte Nester zu neuen Zentren des Nachtlebens und des schnellen Geldes. Irgendwie ging das Leben auch hier an den Rändern weiter. Wer konnte, floh an die Küste, wenn nicht gleich ins Ausland.

Ein Blick zurück in ein anderes Kapitel Europas bringt noch ein Beispiel dieses Überlebens auf dem Dorf in Erinnerung. In Phasen besonders harter Repression Andersdenkender fanden die urbanen

Freigeister vom Schlage eines Vaclav Havel (1936–2011) ihre Nischen auf dem Lande. Der Literat und spätere Präsident verbrachte oft Monate gemeinsam mit Gesinnungsfreunden aus der Theater- und Musikszene in einer Art Künstlerkolonie in Landhäusern. Sie konnten dort jene Musik spielen und die Debatten führen, die in den kleinen Wohnungen in den Plattenbauten mit den dünnen Wänden aus Angst vor dem Mitlauschen der Informanten des Geheimdienstes nicht möglich waren. Wie man sich als Regimekritiker fernab der Hauptstadt eine kleine Existenz aufbaute, schildert auch der tschechische Schriftsteller Milan Kundera in seinem Roman „Von der unerträglichen Leichtigkeit des Seins": Der einst erfolgreiche und politisch engagierte Arzt Tomas geht nach Degradierung zum Fensterputzer infolge der Niederschlagung des Prager Frühlings 1968 mit Frau und Hund aufs Land; in der geplagten Ehe scheint ein kleine Zeit der Idylle dank des neuen Lebensstils fernab des früheren Stadtlebens anzubrechen.

Das Landleben als Option für Aussteiger hat an Attraktivität nicht eingebüßt, zumal auch das Gefälle in Lebensweise und Arbeitsmöglichkeiten in den vergangenen 30 Jahren fast völlig applaniert wurde. Die lang anhaltenden Wirtschaftskrisen in Griechenland, Spanien und einigen anderen EU-Staaten bringen eine interessante Tendenz hervor: Es kommt zu vermehrter Stadtflucht. Genossenschaften und andere Formen der Kooperativen werden neu gegründet. Der Anteil jener Landwirte, die kleine Betriebe führen, entwickelt sich in Frankreich vor allem durch Zuzug von Städtern, die Bauern werden wollen. Ob dies nur kurzfristige Wellen von idealistischen Aussteigern sein werden, oder doch langfristig ein Trend zum vermehrten Dorfleben entsteht, wird sich weisen. Die Herausforderung, eine Landwirtschaft zu führen, besonders wenn sie mit Tierhaltung verbunden ist, kann sich als große Belastung erweisen. Und dennoch zeichnet sich wieder ein Trend in diese Richtung ab. Angesichts ausgelaugter Böden, Wasserknappheit und extremer Wetterereignisse infolge des Klimawandels ist die Umsetzung landwirtschaftlicher Pläne eine schwierige. Andererseits ermöglicht die digitale Kommunikation ein anderes Arbeiten in der Landwirtschaft.

Der Stadtstaat als ein Siedlungsmodell

Am Beginn der Zivilisation standen die Stadtstaaten in Mesopotamien, Phönizien und Griechenland. Die ersten Städte wiederum befanden sich in Anatolien, wo bereits um 7500 v. Chr. große menschliche Siedlungen entstanden. Der Preis für die neue Lebensweise war allerdings hoch, denn Infektionskrankheiten, wie die Tuberkulose, kamen auf. Auch in den präkolumbianischen Hochkulturen der Maya und Azteken dominierten die Stadtstaaten. Als die ersten größeren Siedlungen im Hochmittelalter wieder entstanden waren, bildeten die Stadtrepubliken Italiens, wie Venedig und Florenz, bald Mächte mit internationalem Radius.

Der gegenwärtig wohl erfolgreichste souveräne Stadtstaat ist Singapur. Der Inselstaat verfügt über eine der am stärksten privatisierten Volkswirtschaften bei gleichzeitiger rigider staatlicher Einflussnahme auf Alltagsfragen, wie Verhalten in der Öffentlichkeit. Einige Studien befassen sich bereits mit der Option der Rückkehr zu diesem alten Konzept.[144] Zugegeben, die Idee ist verlockend, wie in Singapur Urbanität und Neutralität in einer globalisierten Welt neu zu gestalten. Für Kleinstaaten wie die Schweiz und die vielen neu entstandenen Staaten im ehemaligen Jugoslawien sowie die noch möglichen zukünftigen Staatsgebilde, wie etwa ein selbstständiger Distrikt Brüssel nach einem Zerfall Belgiens, bieten solche Überlegungen interessante Ideen für eine Positionierung in einer fragmentierten Staatenwelt.

Der zentralamerikanische Staat Honduras ließ im Vorjahr mit einem kuriosen Plan aufhorchen. Angesichts der Verelendung, der hohen Mordrate sowie dem bröckelnden Gewaltmonopol des Staates entschloss man sich, drei privat organisierte Modellstädte mit eigenen Gesetzen und Steuern zu gründen. Diese künstlichen Gebiete, genannt „Charter Cities", sollten neben einer neuen Regierung und Polizei auch eigenständig Handels- und Einwanderungspolitik betreiben dürfen. Ein Gouverneur würde die Regierung stellen, überwacht nicht von einem gewählten Parlament, sondern vielmehr kontrolliert von einem Aufsichtsrat. Während die Befürworter von einem „Entwicklungsinstrument für Dritte-Welt-Länder" sprachen, verwehrten sich honduranische Juristen gegen dieses Projekt eines „Staates im Staate". Der Oberste Gerichtshof von Honduras untersagte dann letztlich im Oktober 2012 die Schaffung dieser Privatstädte. Das Interesse diverser Investorengruppen, die sich wiederum auf Studien von US-Universitäten berufen, scheint aber unverändert groß zu sein. Sonderwirtschaftszonen mit zahlreichen Privilegien haben etwa in Mexiko zu einem gegenwärtigen Boom geführt, da US-Firmen nun vermehrt im benachbarten Billiglohnland Mexiko und damit langfristig weniger in Asien fertigen lassen.

Das Konzept solcher „Charter Cities", die sich auch am Wirtschaftswunder Hongkong orientieren, bevor dieser Stadtstaat in die Volksrepublik China eingegliedert wurde, trägt kolonialistische Züge. Denn so wie die einstige britische Kronkolonie als Handelsniederlassung auf einem Felsen gegründet wurde, erwarben auch die Holländische Handelskompanie und viele andere auf privatrechtlichem Wege, also z. B. durch Kauf, ein Gebiet und machten aus diesem letztlich ein Staatsgebiet. Aus „terra", dem Privatgrund, wurde Territorium, ein Staat. Diese Vermischung von privatrechtlichem Kaufgeschäft und öffentlich-rechtlichem Interesse sorgt bis heute für eine ungute Mischung.

Denkt man gewisse dieser Ideen zu Ende, dann könnte man über kurz oder lang auch in einer Situation enden, wie sie bereits in der Antike bestand: Stadtstaaten, umgeben von einer Art Niemandsland, wo das Faustrecht gilt. Die Zersplitterung von heute noch existierenden zusammenhängenden Staatsgebieten würde infolge solcher privater Neugründungen zwecks Ankurbelung von Wertschöpfung gefährlich voranschreiten.

Wo wird das Überleben eher möglich sein, in der Millionenmetropole oder in den kleineren Einheiten mit vielleicht dezentraler Energieversorgung? Über die urbane Zukunft wird viel konferiert und debattiert. Doch das ideale Leben in der Großstadt, wie es die eingangs genannten Studien beschreiben, setzt eine funktionierende und leistbare Energieversorgung voraus. Als im Sommer 2005 der Hurrikan „Katrina" New Orleans und dann der Sturm „Sandy" im Herbst 2012 New York lahmlegten und die Stromversorgung infolge der veralteten und schlecht gewarteten Infrastruktur auf Monate unterbrach, wurde die Verwundbarkeit des Lebens in den Hochhäusern auch den US-Bürgern deutlich.

Energieversorgung: Die Crux unserer heutigen Zivilisation

Die großen Klassiker der Volkswirtschaft – der Schotte Adam Smith, Begründer des Marktliberalismus, der Deutsche Karl Marx und seine Kritik am Kapitalismus, oder der US-amerikanische Ökonom John M. Keynes, der staatliche Investitionen zur Belebung der Nachfrage in Krisenzeiten vorschlug – bezogen sich in ihren Theorien auf Boden, Arbeit und Kapital. Die Energie findet sich in keiner dieser Berechnungen. Energiekosten fielen lange unter Arbeitskosten, da menschliche bzw. tierische Arbeitskraft diese erzeugte.

Für Energiekosten begannen Theoretiker und Praktiker sich erst zu interessieren, als diese preismäßig immer stärker ins Kalkül fielen. Die Distanz zwischen dem Ort der Energieproduktion und jenem des Energiekonsums sollte zudem durch den Beginn des Erdölzeitalters immer länger werden. Das Energiethema ist letztlich kein neues, sondern wird vielmehr stets aufs Neue wiederentdeckt. So etwa in den 1970er Jahren infolge der damaligen Preisspiralen beim Erdöl. Nach einer Erholung der Preise sowie gestiegenem Energieverbrauch kam durch das Thema Klimawandel im Zuge der Nullerjahre die Energiefrage wieder vom Rand in das Zentrum der politischen Debatte. Was an sich schon seit dem Ersten Weltkrieg klar war, nämlich die strategische Bedeutung von physischem Zugang zu Erdölfeldern, gewann an Aufmerksamkeit. China verfolgte still aber konsequent seinen Aufkauf von Konzessionen und neuen Allianzen. Der Westen brach einen Krieg gegen den Irak vom Zaun, dessen heimlicher Gewinner, wenn es um die Vergabe von Verträgen im Erdölsektor geht, ohnehin wieder China war.

Alle kommentieren die Energiefrage, wissen über die Grenzen endlicher Lagerstätten Bescheid. Doch neben Energieeffizienz und einer Hoffnung auf die Forschung, die im Bereich Batterien, Speicherung von Strom aus erneuerbaren Energien oder auch einem Durchbruch in der Wasserstoffforschung ansetzt, wird vor allem viel Lärm um nichts gemacht. Denn fraglich ist, ob die von der Politik eingeschlagenen Wege die richtigen sind. Die Problematik der vermeintlichen Schiefergas-Revolution wurde bereits besprochen. Ebenso wenig zielführend zur Schonung von Ressourcen sind die sogenannten Biotreibstoffe, welche die USA und die Europäische Kommission einige Jahre intensiv bewarben und förderten. Die deutsche Energiewirtschaft muss auf Basis des im Schatten der Nuklearkatastrophe von Fukushima im März 2011 beschlossenen Gesetzes für Erneuerbare Energien umsatteln. Dass hier eine sehr kostspielige Planwirtschaft entstanden ist, die Subventionen auf bis zu 20 Jahre vertraglich zusichert, während das Pensionssystem nicht einmal solche Garantien erhält, hat sich indes auch in Deutschland herumgesprochen. Förderungen als Anschub erscheinen sinnvoll, doch ihre Zementierung bewirkt gegenwärtig vielmehr einen Überhang an Wind- und Solaranlagen im großen Stil. Hinzu kommt das Erfordernis paralleler Infrastrukturen, um die Stromüberschüsse an windreichen Tagen durch regulierbare konventionelle Stromerzeugung im Stromnetz auszubalancieren. Die Energiebetreiber investieren hier aber wenig, da der Abnahmepreis aufgrund der neuen „Überschüsse" sinkt. Das Dilemma ist also perfekt und zeigt auf, wie ein gut gemeintes Projekt – der phasenweise Ausstieg aus der Atomkraft – in einem kostspieligen und brisanten Freiluftexperiment in Deutschland enden könnte.

Der Wunsch nach neuem Marktdesign wird immer lauter, weg von großen Kraftwerken hin zu lokaler Versorgung. Das Problem ist hier wiederum der Stromverbund, der grenzüberschreitend, vor allem aber in den noch industriereichen Regionen Europas, wirkt. Entscheidend ist der Netzausbau, damit der ökologisch produzierte Strom überhaupt dorthin kommt, wo er gebraucht wird. Schon jetzt ist dies der „Flaschenhals" der Energiewende, der Deutschland dazu zwingt, polnische und tschechische Netze in Anspruch zu nehmen, um Strom von Nord nach Süd zu leiten bzw. Strom zuzukaufen. Für einen Kilometer Netzausbau veranschlagt die Branche rund ein Jahr Genehmigungsverfahren. Die Branche kalkuliert mit einem Erfordernis von rund 3000 Kilometern neuer Netzleitungen. Das deutsche Umweltministerium brachte den Betrag von einer Billion Euro für die Energiewende in die Debatte.[145]

Der Vater der modernen Elektrizität, Thomas A. Edison (1847–1931), hatte eine dezentrale Stromversorgung vor Augen. Ihm schwebte vor, dass jede Fabrik, jede Kommune ihr eigenes Kraftwerk betreibt. In den Anfangsjahren war dies auch der Fall. Doch Edison, der General Electrics gründete, erhielt Konkurrenz von George Westinghouse (1846–1914), der das Patent für die Übertragung von Wechselstrom erhalten hatte. Bei Westinghouse arbeitete Nikola Tesla, der Erfinder jener Spule, welche den Zweiphasenstrom und damit Starkstrom ermöglichte. Um 1890 entbrannte der sogenannte Stromkrieg zwischen Edison, der den Gleichstrom favorisierte, und Westinghouse, der im Wechselstrom die Basis für weite überregionale Stromversorgung sah. Die makabre Anekdote der Geschichte besagt, dass vielleicht die Umstellung der Todesstrafe von Erhängen auf den Elektrischen Stuhl den Ausschlag für den Wechselstrom gab.[146] Denn Gleichstrom tötet nicht, so war das Argument von Edison, der demonstrativ Tiere mit Wechselstrom hinrichten ließ, um die Gefahren zu zeigen. „To be westinghoused", war um 1900 denn auch das geflügelte Wort für Hinrichtung.

Die Stromerzeugung des 20. Jahrhunderts war dann geprägt vom Bau großer zentraler Kraftwerkssysteme, die auf dem Konzept von Westinghouse aufbauten. Doch die abnehmende Investitionsbereitschaft, die geringere Akzeptanz seitens der Öffentlichkeit und die neue Flexibilität der Anlagen könnten den Neubau von Großanlagen einschränken. An ihre Stelle könnte eine größere Anzahl kleinerer und dezentraler Kraftwerke treten, so wie Edison dies vielleicht angepeilt hatte. Entscheidend, wie und wo die Anlagen gebaut und in Verbund gebracht werden, ist die thermodynamische Berechnung des Energiesystems, also die jeweilige Umverteilung der erzeugten Energie. Bei einer dezentralen Stromerzeugung wird verbrauchernah erzeugt, z. B. innerhalb oder in der Nähe von Wohngebieten und Industrieanlagen.[147]

Die Energieversorgung könnte sich als einer der wesentlichen Gründe erweisen, warum die großen Einheiten zugunsten der kleineren vielleicht wieder in den Hintergrund treten werden. Eine solche breit angelegte Neuordnung der Energieversorgung hätte in der Folge auch große Auswirkungen auf die staatliche Verwaltung, da ähnlich wie in früheren Epochen der Zentralismus sich kaum durchsetzen könnte. Ob dies nun gut oder schlecht ist, ist nicht die Frage. In der Geschichte wie auch in der Evolution gibt es diese Kategorien nicht. So wie Natur keine Finalität kennt, sondern die Evolution weitergeht, so hat die Geschichte mit ihren Höhen und Tiefen auch immer wieder für gute Überraschungen gesorgt. Reiche, Staaten und Mächte kommen und gehen. Und das Pendel der Geschichte bewegt sich einmal in die eine Richtung, dann wieder in die andere.

Die Geschichte geht immer weiter

Conclusio

Am 15. Februar 2013 wurde ein Meteorit in Erdnähe erwartet, der präzise seine Flugbahn einhielt; ein anderer, nicht eingeplanter Weltraumkörper sorgte am selben Tag für Meteoritenhagel im Ural. Es wurde berichtet, dass „wohl noch nie die Zivilisation so stark von einem Meteoriten getroffen wurde [...]; bislang ereigneten sich größere Einschläge abseits Ortschaften wie 1908 in Sibirien am Fluss Tunguska. Über der Stadt Tscheljabinsk zerplatzte am Morgen unter glühendem Donner eine kosmische Bombe, ihre Fragmente regneten auf den Boden. [...] Hunderte Menschen wurden von Splittern zerborstener Fenster verletzt."[148]

Für einige Stunden hatte die Berichterstattung zum Einschlag des Meteoriten andere Tagesthemen verdrängt. Insgeheim ersehnen vielleicht viele unter uns eine Art außerirdische Gefahr, um die Menschheit von der Selbstzerstörung abzuhalten. Im Film wurde dieses Thema oft aufbereitet. Mal landeten böse Außerirdische, dann wieder übernahmen intelligentere Wesen die Weltherrschaft. Der Weltuntergang wird in naher Zukunft ebenso wenig stattfinden, wie er – als von Klerikern oder Wahrsagern oft angekündigte Katastrophe – sich in der Vergangenheit ereignete. Auch wenn das Klima kippt, weil die angepeilte maximale Erwärmung von zwei Grad Celsius aus vielen Gründen scheitert, wenn die EU aufgelöst wird oder die USA den Staatsbankrott anmelden, ein großes Blackout die Stromversorgung stilllegt – die Geschichte wird dennoch weitergehen. Den ganz persönlichen Weltuntergang erleben Menschen vielmehr durch Schicksalsschläge, wie Flucht vor Kriegen und Naturkatastrophen, einen schweren Unfall, Arbeitslosigkeit und Delogierung, den Tod eines geliebten Menschen und andere Dramen. Damit muss der Einzelne umgehen und überleben lernen in einer Welt, wo Sicherheiten zerfallen und Unwägbarkeiten zunehmen. Darin besteht die hohe Kunst des Überlebens. Der große Vorhang wird aber auf der Weltbühne nicht so rasch zugezogen. Die Überlebenden müssen also weitermachen.

Die Zersplitterung manifestiert sich territorial durch Staatenzerfall, gesellschaftlich durch eine wachsende Polarisierung in Arm und Reich und politisch im Aufstieg von Protestbewegungen. Verschuldung und wachsende Armut setzen dem Sozialstaat zu. Mangels familiärer Bande zerbricht der Einzelne, wenn er aus dem System herausfällt. Auch die Arbeitszeit zersplittert, womit der Mensch zu ständiger Neuorientierung aufgefordert wird. Dies mag für einige Menschen möglich sein, doch weite Teile der Arbeitnehmer könnten an diesem ständigen Wettbewerb zerbrechen.

Die Gleichzeitigkeit der Krisen – von der Nahrungssicherheit bis zur Energieversorgung – im Schatten fortschreitender Umweltzerstörung löst alte und neue Ängste aus. Was sich abspielt, ist keine Premiere, wie ich beim Streifzug durch so manche enge Gasse der Geschichte zu erläutern versuchte. Eine Ordnung zerbricht, eine neue entsteht. Doch dazwischen kann es turbulent werden. Und würde sich die Vernunft durchsetzen, dürfte es gar nicht erst so weit kommen. Doch der Mensch handelt nicht rational. Jedes System, Regierung wie Firmenvorstand, besteht aus Menschen, die ihre Begierden haben, als Getriebene mehr reagieren als agieren. Normen und Sanktionen verhindern den Absturz in die Anarchie. Im Fall des Kriegs verhält es sich anders. Erst wenn der Zustand allgemeiner Erschöpfung erreicht ist, wird ein Neuanfang möglich. So endeten meiner Beobachtung nach Kriege noch nie aus der Einsicht heraus, dass es vernünftiger wäre zu verhandeln. Wenn das Schlachtfeld übergeht, das Geld für die Truppen ausgeht, erst dann wird über einen anderen Weg nachgedacht.

Wer vor fünf Jahren behauptete, dass die Krise nicht durch Gelddrucken und Konjunkturpakete binnen kurzem zu bewältigen sei, wurde als Pessimist abgetan. Als skeptischer Geist fühlte man sich angesichts einer Art Gleichschaltung in der Berichterstattung und der zuversichtlichen Stimmungsmache durch Experten wie ein einsamer Rufer in der Wüste. Allmählich setzt sich aber ein weit verbreitetes Unbehagen durch, dass das Tal nicht nur tief, sondern auch breit wird. Wir werden uns auf neue Unwägbarkeiten einlassen müssen, ohne uns einzubilden, dass unsere Zeit eine Ausnahmesituation ist. Das ist sie nicht, es handelt sich um einen unter vielen Wendepunkten.

Was diese Zeit so einzigartig für uns macht, ist unser Mitten-drinnen-Sein. Ob wir uns von den Ereignissen überrollen lassen oder doch mitwirken, unser Leben entsprechend ausrichten, hängt nicht von Macht oder Geld ab. Es hat vielmehr mit einer inneren geistigen Ausrichtung zu tun. Die Psychologie bezeichnet diese als Resilienz, was sich aus dem Lateinischen als „Widerstandsfähigkeit" übersetzen lässt. In harten Momenten des Lebens wächst der Mensch oft über sich selbst hinaus. Resiliente Menschen nehmen die Dinge in die Hand, zerbrechen nicht an Schicksalsschlägen, sondern entwickeln einen Selbstschutz. In der Welt voller Interdependenzen, wo ein Börsenkrach gleichsam in Panik das gesamte Kartenhaus zusammenbrechen lassen könnte, sind wir alle von diesen Unwägbarkeiten betroffen. Sich weniger verwundbar zu machen, indem man eine gewisse Bescheidenheit lebt, mag helfen.

Wie lange und zu welchen Kosten die Energieversorgung und der Zugang zu Dienstleistungen möglich sind, hängt vom Funktionieren des Gemeinwesens ab. Stromausfälle, Streiks im Frachtverkehr oder große soziale Unruhen können vieles durcheinander bringen. Die „just-in-time-delivery"-Kette einer globalisierten Wirtschaft ist fragil. Ein Vulkanausbruch auf Island kann ebenso für Ausfälle sorgen wie eine Revolution. Dies bedeutet nicht, die Flucht auf die Alm als Selbstversorger anzutreten, sondern in Abwägung aller Umstände durch den eigenen Lebensstil sich weniger abhängig und weniger verwundbar zu machen bzw. als Unternehmer sich wieder für Lagerhaltung und einen durchschaubaren Warenkreislauf zu interessieren. Diverse Zukunftsprognosen wollen bei allem Chaos doch auch die neue Rolle des Individuums betonen, indem sie auf das „individual empowerment" dank digitaler Kommunikation verweisen. Die Aufdeckung von Misswirtschaft und politische Mobilisierung sind heute rasch und umfassend möglich auch jenseits aller etablierten Institutionen wie Parlamente, Zeitungen etc. Der Einzelne kann mit seiner Courage und Wachsamkeit Schneebälle ins Rollen bringen. Ein Gemeinwesen bedarf aber funktionierender Regeln, um dem Individuum seine Möglichkeiten zur Entfaltung zu bieten. Wesentliche Veränderungen erscheinen mir daher dringend geboten, um Grundlagen für eine Neuorientierung der Menschen zu schaffen.

Mittelmaß auf Führungsebene überwinden

Manchmal wird mir die Frage gestellt, ob ich mich auf Reisen in schwierige Länder ängstige. Die Antwort, die mir einst dazu in den Sinn kam, lautet: „Zwei Dinge beunruhigen mich, Glatteis und Ignoranten an wichtigen Schalthebeln". Denn auch die Mediokren, in Firmen wie an Universitäten und Vereinen, sind klug genug zu begreifen, wer vielleicht mehr leisten könnte, und wissen diese auf Abstand zu halten. Es fehlen Logik und Wissen um Zusammenhänge in den Etagen wichtiger Entscheidungsträger. Rekrutierung muss nach Qualifikation, nicht nach Verbindungen erfolgen. Dies ist auch eine sichere Methode um Korruption zu bekämpfen.

Die Entfremdung zwischen Politik und Wahlvolk wächst in bedenklichem Maße. Jede Form von Protestpartei gewinnt überall Zulauf. Für die Sicherung der Demokratie wird wesentlich sein, wer diese Bewegungen führt. Parteien wie die Piraten versagten an ihrer Unfähigkeit zur inneren Organisation. In einigen europäischen Staaten etablieren sich Weimarer Verhältnisse, also das Wachsen der rechten und linken Ränder wie im Deutschland der 1930er Jahre. Die Eliten sollen gekippt werden, lautet das Motto ihrer Führer in Griechenland und Frankreich.

Die Partei „Alternative für Deutschland", die namhafte Kritiker der Euro-Rettungspolitik sammelt, fordert eine „Auflösung des Euros zugunsten nationaler Währungen oder kleinerer Währungsverbünde" und eine „Entbürokratisierung der EU". Beobachtet man den breiten Zuspruch und die Diskussion zur Souveränität des Landes, dann offenbart sich die weitverbreitete Stimmungslage in Deutschland, wo der Wunsch besteht, nationale Interessen zu formulieren. Die verschwommenen Kompromisse auf europäischer Ebene sorgen vor allem in Deutschland für wachsenden Unmut. Menschen mit Fachkenntnis, Integrität und Glaubwürdigkeit sind rar geworden in Führungsgremien.

Lehre und Forschung zum Thema Führungskräfte werden weltweit beinahe inflationär betrieben. Doch wie für alles im Leben bedarf es zunächst einer natürlichen Begabung, Verantwortung zu übernehmen, Aufgaben zu delegieren, den Mitarbeiterstab zu motivieren.

Was Tito einst auf die Diplomatie münzte, dass nämlich „die beste Diplomatenschule eine gute Kinderstube nicht ersetzen kann", lässt sich weiterdenken. Entscheidungsträger in Unternehmen wie in politischen Ämtern müssen auch über die erforderliche Charakterfestigkeit verfügen, authentisch eine Führungsrolle vorleben und an die gemeinsame Sache glauben. Die Sprache entlarvt die dahinterstehende Geisteshaltung. Wenn nämlich nur mehr von Humankapital und menschlichen Ressourcen die Rede ist, dann geht jegliches Wissen und Gespür um die Bedeutung jedes einzelnen Menschen verloren. Angestellte und Arbeiter, die nur mehr wie Schachfiguren im Sinne von Ressourcenverwaltung hin- und hergeschoben werden, kündigen innerlich. In viel zu großen Einheiten geht zudem das Wissen um die Lage der Menschen, die womöglich unter unmenschlichen Bedingungen im Akkord produzieren, völlig verloren. Mit wachsender Arbeitslosigkeit und Entfremdung zwischen Regierenden und Regierten könnte es aber zu Umbrüchen kommen. Talente und Leistung könnten sich allmählich wieder durchsetzen. Große, unüberschaubare Konzentrationen werden kleineren Einheiten weichen, wo es auch wieder zu Bindungen zwischen Mensch und erzeugter Ware, zwischen Wähler und politischer Vertretung kommen wird.

Die richtigen Themen erkennen und konsequent handeln

Entscheidend für die kommenden Generationen wird sein: Neuordnung der Weltwirtschaft durch Stopp der hohen Verschuldung, Sicherung leistbarer Energie und Neugestaltung der politischen Verhältnisse unter Rücksicht auf die Demografie. Denn gegenwärtig spitzen sich einige Konflikte zu. Was den Einzelnen bewegt, ist eine tiefe Existenzangst, das Gefühl einen Kollaps der Zukunft zu erleben. Hier sollte eine politische Führung, die diesen Namen verdient, Vorgaben machen, die sich nicht in bloßer Kommunikation erschöpfen. Dazu gehören auch Entscheidungen, mit denen man nicht Wahlen gewinnt. Das Recht als Grenze aller Macht und Grundlage des

Gemeinwesens muss respektiert werden. Das Vertrauen in die Justiz ist in vielen Staaten tief erschüttert, der Rechtsstaat ist daher ebenso zu stärken, wie die Rekrutierung und die beruflichen Aussichten für sämtliche Verwaltungsbereiche auf neue Grundlagen gestellt werden müssen. Große Einheiten, wie ein Superstaat Europa, könnten hierbei mit weiterer Übertragung nationaler Kompetenzen auf übernationale Gemeinschaftsorgane womöglich nur für weiteren Unmut sorgen. Es zeichnet sich vielmehr der Wunsch nach Rückkehr zu überschaubaren Kreisläufen ab. Das Große könnte wieder in kleinere Einheiten übergehen.

Die Monopole zerschlagen

„Großbanken müssen zerschlagen werden", sagte ausgerechnet der Begründer des US-Bankriesen Citigroup, Sanford Weill, im Juli 2012.[149] Die infolge von Fusionen entstandenen Finanzkonzerne sollten demnach entflochten werden, damit die Steuerzahler nie wieder in Gefahr kommen und die Kunden nicht um ihre Einlagen zittern müssen, denn, so der prominenteste noch lebende Gründer eines Bankenimperiums, es seien Fehler gemacht worden. Weill war der wohl wichtigste Betreiber in der Abschaffung all jener Normen, die Banken in ihrem Radius einschränkten. Die gesetzliche Vorgabe in den USA aus der Zeit der Depression der 1930er Jahre untersagte Geschäftsbanken den riskanten Wertpapierhandel und das Investmentbanking. Dabei blieb es auch, bis im Zuge der Deregulierung zunächst in den 1980er Jahren unter US-Präsident Ronald Reagan die Grenzen aufgeweicht wurden. Unter dem Namen „Reagonomics" begann eine Rückabwicklung jener Lektionen, die Politiker und Ökonomen aus der großen Wirtschaftskrise gezogen hatten. Diese Liberalisierung der Märkte, die fortan stets positiv besetzt war, erreichte einen weiteren Höhepunkt unter dem Mandat von Bill Clinton (1993–2000). Die 2008 angekündigte strengere Aufsicht setzte sich bislang nicht durch. Das von den Zentralbanken zur Verfügung gestellte frische Geld wurde für neue finanzielle Abenteuer eingesetzt, selten aber in den Wirtschaftsverkehr, das Kreditgeschäft weitergegeben. Zudem manipulierten Händler Gewinne, indem sie beispielsweise Zins- und andere Preisabsprachen vereinbarten und derart die Märkte schwer verzerrten.

Das Problem der Kartelle und ihrer Preisabsprachen betrifft auch die großen Handelsketten, die nach Börsenkapitalisierung und Arbeitnehmerzahl viele Listen anführen. Ihre Dominanz in der Nahrungsmittelindustrie führt ebenso zu einer Verzerrung des Marktes, zum Sinken des Niveaus und einer Standardisierung in der Landwirtschaft. Wie kriminell die Netzwerke in der Nahrungsmittelindustrie sind, zeigt die Vielzahl der Skandale in einer undurchschaubar gewordenen Kette von Erzeugern und Vertreibern.

Ein weiteres Monopol, dessen Auflösung heute wohl noch kaum vorstellbar ist, aber bereits für Debatten sorgt, ist jenes der Zentralbanken in Geldfragen.[150] Denn Geld ist letztlich auch nur ein Gut wie jedes andere. Steigt die Menge des vorhandenen Geldes in einer Wirtschaft, sinkt bei gleichbleibenden Bedingungen der Wert, sprich: Die Inflation ist da. Denn auch beim Geld gilt das Gesetz von Angebot und Nachfrage. Mehr Wettbewerb könnte zu mehr Qualität, in dem Fall zu Geldstabilität führen. Die Privatisierung von Währungen würde auch zu einer Rückkehr zu Gold- bzw. Silberstandards führen. Vordenker dieser Idee finden sich in der Österreichischen Schule für Nationalökonomie, deren Schriften wieder vermehrt konsultiert werden.

Den jungen Generationen Zuversicht geben

Das Vertrauen in die eigene Wirksamkeit, selbst die Illusion, noch irgendetwas planen zu können, kommt den jungen Menschen zwischen Ausbildung und dem Weg in einen oft verschlossenen Alltag von Beruf und Familie abhanden. Das vage Gefühl, die Alten versperrten den Weg und alles sei bereits besetzt, verbaut das Engagement. Immer weniger Erwachsene eignen sich zudem als Vorbilder, denn ihr oft recht lächerlicher Jugendkult lässt keinen Reibebaum von Ideen zu. Glaubwürdige Menschen, die aus ihrem Lebensfundus schöpfen und Orientierung bieten, sind selten. Ein prominentes und zu spätem Ruhm gelangtes Vorbild war der Europäer Stéphane Hessel, der mit 95 Jahren im Februar 2013 verstarb. Mit seiner Streitschrift „Empört Euch" trat Hessel nicht nur eine Debatte, sondern eine weltweite Mobilisierung los.[151] Die Empörung als eine instinktive moralische Reaktion des Menschen, wenn wir spüren, dass Unrecht geschieht, inspirierte zahlreiche Protestbewegungen, wie die Initiative gegen Delogierungen in Spanien und die vielen Occupy-Bewegungen. Hessel unternahm einen Rückgriff auf seine Erfahrungen im französischen Widerstand und erinnerte an die Forderung sozialer Gerechtigkeit, die Freiheit der Presse und sprach auch vom „Widerstand gegen wirtschaftlichen Feudalismus". Hessel wurde mit 93 Jahren zur Ikone neuer Jugendbewegungen, die einen neuen Weg zwischen Stillstand und dem Rückfall in reaktionäre Politik suchen.

Im Juni 1994 durfte ich Stéphane Hessel nach einer Begegnung im privaten Kreis zu seinem Hotel chauffieren. Mein damaliges Auto war ein Citroen 2 CV mit Fetzendach. Botschafter Hessel sprühte vor Elan und war von dem kleinen Vehikel begeistert, da es ihn an seine Jugendtage erinnerte. Ich erinnere mich voll Dankbarkeit an diese Fahrt in Begleitung eines so humorvollen Humanisten voller Tatendrang und tiefer Weisheit. Derartige Persönlichkeiten sind nicht nur in der Diplomatie, aus der er kam, rar geworden. Wenn Konformismus zur Leitlinie wird, bleibt für eigenständiges Denken kein Platz. So verkümmert auch der geistige Nachwuchs.

Innovation und Reindustrialisierung

Was in der westlichen Welt in erster Linie erlahmt, ist die Zuversicht. Der Ökonom John Maynard Keynes hatte den Verlust von Zuversicht zu einem Angelpunkt seiner Theorie der Makroökonomie gemacht. Er erklärte spekulatives Horten von Geld mit der fehlenden Zuversicht der Investoren in die weitere Wirtschaftsentwicklung.[152]

Und die Neugier auf die Zukunft ist unseren Gesellschaften offensichtlich abhanden gekommen, wie unsere Volkswirtschaften zeigen. Wenn wir auf die Industrielle Revolution zurückblicken, dann wird rasch klar, dass unser gegenwärtiger Erfindungsgeist ziemlich klein ist. Der US-Wissenschaftler Robert Gordon sieht eine lang anhaltende Phase eines technischen Tiefs.[153] Denn so einschneidende Erfindungen in der Wertschöpfung, wie die Dampfmaschine oder Elektrizität, fanden mit den Innovationen der letzten Jahrzehnte seiner Analyse zufolge nicht mehr statt. Wird die Menschheit wohl wieder etwas so Sinnvolles wie die Toilette erfinden? Über zwei Milliarden Menschen haben keinen Zugang zu dieser sanitären Einrichtung. Wäre erst einmal eine Toilette erfunden, die kein Wasser verbraucht und die Exkremente anders verarbeitet als durch bloße Abwasserversorgung, würde dies die Lage in vielen Ländern revolutionieren. So verringerten sich Infektionskrankheiten, würden gar Teile des indischen Kastenwesens reformiert, da die Menschen am untersten Ende der Hierarchie mit dem Wegräumen des Kots der höherstehenden Kasten, die aber auch kein WC haben, nicht mehr ihr Dasein fristen müssten. Was bringt die nächste Generation der Mobiltelefonie im Vergleich dazu?

Wachstum gab es nicht vor 1750, also dem Beginn der Industriellen Revolution, und wir werden eventuell nach 250 Jahren Wachstum auch eines Tages wieder ohne solches auskommen müssen. Eine zyklische Form des Wirtschaftens, die weniger, aber solider produziert, könnte wieder anbrechen. Die Notwendigkeit einer Reindustrialisierung Europas und der USA, die Ressourcen schont, Arbeitsplätze schafft und die Grundlage für eine wirtschaftliche Erholung legt, wird von vielen Regierungen beschworen. Zugleich forciert aber die Regulierungswut von Aufsichtsbehörden, in Europa seitens der Kommission, die weitere Abwanderung von produzierenden Unternehmen. Die Industriequote in der EU liegt unterhalb von 15 Prozent. Ein besonders markantes Beispiel bildet England, zugunsten der Finanzdienstleistung wurden sämtliche andere Sektoren vernachlässigt. Die dortige Industriequote liegt bei acht Prozent, hier hatte die industrielle Revolution einst begonnen. Der Bau von neuer Infrastruktur als Motor für neue Arbeitsplätze und Schlüssel zur Verbesserung der Verkehrssituation ist ein Weg in Richtung Erneuerung, in den USA ebenso wie auf dem afrikanischen Kontinent. Die Suche nach sogenannten neuen Märkten, ob in Myanmar-Burma, demnächst in Nordkorea und sicherlich bald wieder im Iran, treibt viele Unternehmer an. Doch eine solche Konjunkturpolitik, die mit immer mehr Geld das Immer-Gleiche zu vermehren sucht, kann nicht der Ausweg sein. Produktionsstätten werden wieder von Ost nach West und von Süd nach Nord wandern. Was der Teddybär-Hersteller Steiff 2009 vormachte, nämlich aus Gründen der Qualitätssicherung und verkürzter Transporte seine Produktion von China wieder nach Deutschland zurückzuverlagern, ist indes ein Trend von weitreichender Bedeutung. On-shoring oder Back-shoring haben das Offshoring, also die Auslagerung von Herstellungsprozessen in Billiglohnländer in einigen Bereichen schon abgelöst. Die Ursachen sind vielfältige, eine davon ist der Wunsch nach verstärkter Kontrolle über den gesamten Produktionsablauf. Ob dies zu neuen Arbeitsplätzen führt, ist angesichts der fortschreitenden Computerisierung der Herstellungsprozesse eher zweifelhaft. Doch Arbeitsplätze werden geschaffen werden müssen. Andernfalls könnte die soziale Krise noch heftige politische Umbrüche provozieren.

Der menschliche Erfindergeist hat aber in der Geschichte immer noch für Überraschungen gesorgt. Wenn der Druck besonders stark wird, wächst auch die Kreativität, um diesem etwas entgegenzusetzen.

Imperium oder Republik?

Lässt sich in unruhigen Zeiten der Pluralismus aufrechterhalten oder übernimmt Notstandsgesetzgebung die Rolle der Parlamente? Im letzten Jahrzehnt erlebten wir weltweit eine Beschneidung bürgerlicher Freiheiten aufgrund der veränderten Sicherheitslage. Zwecks Bekämpfung und Prävention von Terrorismus wurden Rechtsgrundsätze des Strafrechts, Strafprozessrechts sowie des Verwaltungsrechts ausgehebelt. Die Folter als Verhörmethode wurde in vielen Staaten, die sie mit der Aufklärung vor 200 Jahren verboten hatten, wieder zur Praxis. Mit der Anti-Terror-Gesetzgebung hat kaum ein Land dem Rechtsstaat einen Dienst erwiesen.

Wie werden sich unsere Rechtssysteme vor dem Hintergrund einer anhaltenden massiven Wirtschaftskrise verändern? Müssen wir mit Notstandsgesetzgebung rechnen, wenn beispielsweise in einem Land wie den USA keine parlamentarischen Mehrheiten möglich sind, um Wirtschaftsreformen in der größten Volkswirtschaft der Welt zu beschließen?[154] Wie lassen sich Sparprogramme in Staaten durchziehen, wenn 30 Prozent der Menschen arbeitslos vor dem Nichts stehen? Wenn Wahlen ein politisches Patt ergeben, werden dann Technokraten-Regierungen vermehrt eingesetzt? Welchen Instanzen sind diese dann verantwortlich? Und mit welchen Mitteln und auf welcher Rechtsgrundlage wird allenfalls gegen protestierende Bürger vorgegangen? Wesentlich wird die Organisation und Ausbildung der Sicherheitskräfte sein. Normen müssen auch für die oft im rechtlichen Graubereich operierenden privaten Sicherheitsfirmen gelten.

Die Überwachungsmechanismen unserer Zeit ermöglichen autoritäre Strukturen in einem Maße, welche die Elemente und Ursprünge totaler Herrschaft, wie sie die Philosophin Hannah Arendt in einem Werk beschrieb, weit übersteigen. Unser Jahrhundert kennt vor allem Zersplitterung von Staat, Arbeitswelt und menschlicher Gemeinschaft. Zugleich erfahren Berichterstattung, Forschung und Entscheidungsfindung immer mehr Gleichschaltung, denn Geldgeber wissen zu kanalisieren. Eigenständiges Denken und Nachdenken, wachsam und voller Courage zu hinterfragen, wie es Philosophen zu allen Zeiten einforderten und teils auch lebten, ist das Gebot der Stunde. Andernfalls kann die Republik wieder einmal in ein Imperium, also in totalitäre Herrschaft, kippen. Vorerst erhalten leider die Marktschreier und Mediokren mit Machtfülle mehr Gehör. Es scheint Teil der seltsamen Geschichte der Menschheit zu sein, dass wir uns von so banalen Figuren blenden lassen.

Nicht irgendwie überleben, sondern mit Würde und Maß

Diese Transformation, die wir gegenwärtig durchleben, wird kaum friedlich verlaufen, da mit schwerer Rezession oft auch politischer Extremismus einhergeht. Skepsis oder wachsender Pessimismus sind aber nicht mit Verzweiflung gleichzusetzen. Denn gewisse Einsichten über die Endlichkeit zu gewinnen, kann die Intensität des Lebens erhöhen. Ein Spruch, der Martin Luther zugeschrieben wird, begleitet mich in diesem Sinne schon seit vielen Jahren: „Wenn ich wüsste, dass morgen die Welt unterginge, würde ich heute ein Apfelbäumchen pflanzen!" Angesichts der vielfachen Zersplitterung von Staat, Gesellschaft und letztlich des Zusammenhalts, also der Treue zu sich selbst und zu anderen Menschen, mag dieser Rat nützlich sein. Das symbolische Pflanzen kann so viel umfassen: Es bedeutet, mit beiden Beinen fast auf dem Boden zu bleiben und dennoch die Augen auf die Sterne zu richten – Wünsche zu hegen, Pläne zu schmieden, Kinder großzuziehen, ein Gedicht zu schreiben, den Acker zu bestellen, ein Bild zu malen, eine Firma zu gründen, eine Gemeinschaft zu führen, auch wenn dunkle Wolken aufziehen. Gewitter können viel bereinigen. Wir können nicht erahnen, was danach kommt, doch die Geschichte wird jedenfalls weitergehen. Es erscheint mir daher verlockend, neugierig zu bleiben und die Splitter gescheiterter Ideen und zerstörter Kulturen zu etwas Neuem zusammenzufügen. So hielten es die Menschen zu allen Zeiten und trugen das Leben weiter.

Danksagung

Die Initiative ergriff Verleger Bernhard Borovansky, der mich im Sommer 2012 auf seine lange gehegte Idee ansprach, ein Buch rund um den Aufstieg und Untergang der Kulturen im Spiegel der aktuellen Turbulenzen zu verfassen. Die anfängliche Skepsis überwog, da ich vor meinem inneren Auge die Werke eines Oswald Spengler, Arnold Toynbee, Paul Kennedy und vieler anderer Historiker sah. Was sollte ich, die Juristin mit einem Faible für Orientalistik, noch an zusätzlichen Erkenntnissen aufwarten? Doch der Vorschlag reizte mich. Zudem hatte ich seit 1999 eine Serie von Lehrveranstaltungen zum Thema Balkanisierung und Staatenzerfall gehalten. Material und Ideen, wie man es anlegen könnte, hatte ich. Dass ich eine Kassandra sei, weil ich vor den politischen Folgen der lange nicht ausgestandenen Krise warnte, bekam ich oft genug zu hören. So machte ich mich von Tatendrang und Zweifeln getragen ans Werk.

Das freie Schaffen hat so seine Tücken. Manchmal weiß man nicht mehr, wie es im nächsten Monat weitergehen soll. Einigen Menschen, die mir zur Seite standen, darf ich aufrichtig danken: Angela Scheichl, Franz Hirschler, Lisi Raatz, Christoph Misterka, Susanne Heger, Jürgen Rieger, Margot Pires, Margit Schmidt, Gexi Tostmann, Monika Müller-Fehmbeck, Sibylle Kneissl, Haleh Bridi, Nathalie Melki, Antonia Pokorn, Jörg Mitterndorfer, Vera Macinkovic, Emma Schmidt, Claudia Unger. Den guten Geistern im Braumüller Verlag gelang mit Cover und Titel ein Geniestreich, der mich beim Schreiben anspornte. All mein Respekt sei daher Alexandra Schepelmann und Elisabeth Siegel ausgesprochen. Konstanze Borovansky darf ich für alle organisatorische Führung im Hintergrund danken. Wolfgang Straub verwandelte als Lektor mit hilfreichen Fragen und präzisem Blick das Manuskript in ein Buch. Der Gedankenaustausch mit Bernhard Borovansky war ebenso hilfreich und ermutigend. Den Gesprächen mit Professor Fritz Schwind, vormals Rektor der Universität Wien, verdanke ich einen inspirierenden Gedankenaustausch zur Rolle der sozialen Frage in der Revolution von 1848. Zudem möchte ich meine Wertschätzung den Geologen Alexandre de Robaulx de Beaurieux (Freiburg/Br.) sowie Christoph Senz

(Aachen) ausdrücken, die zu den Energiethemen viele wertvolle Details beitrugen und dem Manuskript ihre Zeit widmeten. Weiters waren wertvolle Ideengeber Toni Straka (Wien), Abdallah Zakhia (Amchit-Libanon), Andreas Stupka (Wien), Firouz Firouz (Teheran), Mathilde Schwabeneder (Rom), Amar Causevic (Sarajewo), Aga Trnka-Kwiecinski (Wien), Christoph Meran (Rom) und Vinayakan A. Aiyer (Bangalore).

Seibersdorf, im März 2013   Karin Kneissl

Anmerkungen

1. Leopold Kohr, The Breakdown of Nations. London (Routledge) 1957.
2. Vgl. u. a. den Artikel im britischen „Guardian" vom 13.12.2009: www.noagendapdfs.com/NA-157-2009-12-16/NA-157-2009-12-16-Letter/www.guardian.co.uk_global_2009_dec_13_drug-money-banks-saved-un-cfiefclaims-Letter.pdf, abgerufen am 31.1.2013, 12:13.
3. Gespräch mit Manfred Zentner, Leiter der Forschungsstelle Jugendkultur Wien am 24.1.2013; Philipp Ikrath, Geteilte Sorgen trotz gespaltener Möglichkeiten – Erwartungen junger Menschen an die Zukunft. Fachbeitrag in Jugendkultur.at und Jugendkulturforschung.de. Wien, Hamburg 2013.
4. Tony Judt with Timothy Snyder, Thinking the Twentieth Century. London (William Heinemann) 2012.
5. Norman Angell befasste sich mit dieser These in seinem Pamphlet: Europe's Optical Illusion. London (Simpkin & Co) 1909. In einer erweiterten Version erschien der Text als: The Great Illusion – A Study of the Relation of Military Power in Nations to their Economic and Social Advantage. New York (Putnam's & Sons) 1910.
6. Vgl. Jürgen Klaube, Auf dem Jahrmarkt der Zeitdiagnosen, Frankfurter Allgemeine Zeitung, 5.1.2013. www.faz.net/aktuell/feuilleton/bilder-und-zeiten/essay-auf-dem-jahrmarkt-der-zeitdiagnosen-12014592.html, abgerufen am 31.1.2013, 13:15.
7. So die beiden US-Historiker und Politologen Samuel P. Huntington, Clash of Civilizations (in der Zeitschrift „Foreign Affairs", 1993) und Francis Fukuyama, On the End of History (New York, Free Press, 1992).
8. Karin Kneissl, Studie für die Friedrich Ebert Stiftung, UNIFIL – three years on. November 2009, Beirut. Siehe www.fes.lb.org.
9. Veröffentlicht wurde es erstmals in „McClure's Magazine" am 12.2.1899. Deutsche Übersetzung von Gisbert Haefs: „Ergreift die Bürde des Weißen Mannes – schickt die Besten aus, die ihr erzieht – Bannt Eure Söhne ins Exil / den Gefangenen zu dienen […]." www.hermann-mueckler.com/pdf/RKipling-Engl-Deut.pdf, abgerufen am 31.1.2013, 15:17.
10. http://kartographie.de/p42/die-peters-weltkarte, abgerufen am 1.2.2013, 14:14.
11. www.monde-diplomatique.fr/cartes, abgerufen am 1.2.2013, 14:34.
12. Manuel Dias (1574–1659) und Nicolo Longobardi (1565–1655) bedienten sich aber auch bereits in China bekannter Techniken und Wissen über Meridiane, magnetische Winkel etc. Ein Besuch des Globenmuseums in Wien erweiterte den Horizont der Autorin auf diesem Gebiet.
13. Jonathan d. Spence, The Search for Modern China. New York (Norton) 1999. S. 150ff.

14 Henry Kissinger, China – zwischen Tradition und Herausforderung. München (Bertelsmann) 2011. S. 22–24.
15 Gespräche am Rande der Tagung UN-Menschenrechtskommission im Februar 1994 in Genf.
16 Niall Ferguson, The Ascent of Money: A Financial History of the World. New York (Penguin) 2009. Dt. Ausgabe: Der Aufstieg des Geldes – Die Währung der Geschichte. Berlin (List) 2010.
17 Gespräche an der Peking Universität im Dezember 2008: „Wir greifen den USA um einiges mehr unter die Arme als wir dies gegenüber Japan tun", erläutert Professor Hu, der an der Pekinger Universität internationale Beziehungen lehrt.
18 Der deutsch-israelische Politologe Dan Diner befasste sich in seiner Habilitationsschrift mit diesem Landkauf anhand der Zionistischen Agentur in Palästina: Israel in Palästina: Über Tausch und Gewalt im Vorderen Orient. Königstein (Athenäum) 1980.
19 Ähnlich stellt sich die Situation in der Euro-Zone dar. Die Europäische Zentralbank kauft seit Sommer 2012 unbegrenzt Staatsanleihen vor allem jener Staaten, die aufgrund niedriger Kreditwürdigkeit sonst sehr hohe Zinsen zahlen müssten.
20 Henry Kissinger, Diplomacy. New York (Simon & Schuster) 1994. S. 91–92.
21 Siehe u. a. die Berichterstattung zur Verwicklung der Bank Barclays im „Guardian" vom 30.8.2012: www.guardian.co.uk/business/2012/aug/29/sfo-investigation-barclays-qatar, abgerufen am 2.2.2013, 20:13.
22 Für eine detailliertere historische Untersuchung siehe: Karin Kneissl, Austrian Academy of Sciences Working Papers in Social Anthropology, Vol. 21, August 2011: Elements for a Scientific Analysis of the Arab Revolutions.
23 Zur Rolle des Testosterons und junger Männer als Revolutionäre entstand mein Buch: Testosteron Macht Politik, Wien (Braumüller) 2012.
24 Als „neo-ottomanisch" wird die türkische Außenpolitik seit Ende der 1990er Jahre bezeichnet, da von dritter Seite der Vorwurf laut wird, die Türkei wolle ihre alten Einflusssphären wieder herstellen. Die türkische islamistische Regierungspartei AKP versteht ihre Linie vielmehr als Alternative zum westlichen Modell.
25 Die OPEC kontrolliert rund 42 Prozent der aktuellen Erdölproduktion, verfügt aber über rund 78 Prozent der bekannten Reserven konventionellen, leicht zu fördernden Erdöls.
26 Vgl. Libération, 30.8.2011. S. 1.
27 Vgl. u. a. die Memoiren des langjährigen Leiters der US-Notenbank Federal Reserve, Alan Greenspan. Deutsche Version: Mein Leben für die Wirtschaft. Frankfurt (Campus Verlag) 2007. S. 478ff.
28 Siehe den Beitrag der Autorin vom 21.1. 2011 in der Neuen Zürcher Zeitung, S. 17: „Energiekonflikte in der Levante".

29 Die OSZE, die Organisation für Sicherheit und Zusammenarbeit in Europa, organisierte mit der turkmenischen Regierung vom 3. bis 5. Mai 2010 diese Tagung über Sicherheit und Kooperation in der Energieversorgung. Ich nahm als Referentin daran teil.

30 Sogenannte „Enhanced Oil Recovery" wird betrieben, nachdem sekundäre Fördermethoden, um den natürlichen Druckabfall auszugleichen, nicht mehr ausreichen. Dazu gehören thermische Methoden zur Senkung der Viskosität des Öls mittels Wasserdampfinjektion, CO_2-Flutung etc.

31 Der Historiker Daniel Yergin verfasste einen historischen Thriller zur Geschichte des Ölmarktes, der diese Epochen in allen Details darstellt. Daniel Yergin, The Prize – the Epic Quest for oil, money and power. New York (Free Press) 1991.

32 Christoph Senz, Aachen, und Alexandre de Robaulx de Beaurieux, Freiburg i. B, haben sich u. a. in ihren Publikationen damit befasst. Ich darf beiden für den inspirierenden Gedankenaustausch danken. Senz schrieb in einem Beitrag für den deutschen Verband ASPO: „Schieferöle sind Öle, die aus kerogenhaltigen Gesteinen wie z. B. Ölschiefern gewonnen werden können. Als Ölschiefer wird ein dunkles, tonig-mergeliges Sedimentgestein bezeichnet, das bis zu 20 Prozent Kohlenwasserstoffverbindungen enthält, welche Kerogene genannt werden. Beim Erhitzen bis etwa 500 °C werden diese Kerogene in Gas und ein rohölähnliches Produkt umgewandelt. Schieferöl kann also lediglich aus kerogenhaltigen Gesteinen und nur mit sehr großem Aufwand durch thermische Prozesse gewonnen werden, bei denen die in der Natur in extrem langen Zeiträumen ablaufenden Prozesse künstlich und im ‚Zeitraffer' nachgeholt werden. Auf der Welt gibt es sehr große Gebiete mit kerogenhaltigen Gesteinen, wie z. B. die Green River Formation in Utah, Wyoming und Colorado. Aktuell wird nur in Estland Ölschiefer in nennenswerten Mengen gewonnen, allerdings nicht um daraus Schieferöl herzustellen, sondern das Gestein wird im Tagebau abgebaut und thermisch zur Stromerzeugung verwertet. Light Tight Oil hingegen ist ‚fertiges' Erdöl, das entweder nicht aus seinem Muttergestein migrieren konnte, da die umgebenden Gesteine eine zu geringe Durchlässigkeit haben, oder das nur einen relativ kurzen Migrationsweg hinter sich hat, und dann in relativ undurchlässigen Gesteinen (meist Silte, Karbonate oder auch Sandsteine) ‚hängengeblieben' ist." Siehe: www.peak-oil.com/2013/02/der-tight-oil-boom-in-den-usa-ein-genauerer-blick, abgerufen am 2.2.2013, 14:15.

33 2011 kam es allerdings im Rahmen einer Revision der Potenzialabschätzung für den Marcellus-Shale aufgrund verbesserter geologisch-technischer Kenntnisse zu einer signifikanten Reduzierung in der Reserveabschätzung durch den US-Geological Survey.

34 www.eia.gov/forecasts/aeo/er/early_production.cfm, abgerufen am 2.2.2013, 14:15.

35 Vgl. Charles A. Kupchan, No One's World: The West, the Rising Rest, and the Global Turn. New York (Oxford University Press) 2012.

36 Ursprünglich war an eine Formulierung der „pursuit of property" gedacht.
37 Oswald Spengler, Der Untergang des Abendlandes – Umrisse einer Morphologie der Weltgeschichte. Der erste Band, „Gestalt und Wirklichkeit", wurde von1918 an in erster und zweiter Ausgabe vom Braumüller Verlag in Wien herausgegeben. Als ich darauf stieß, wuchs mein Wunsch, den Vorschlag von Verleger Bernhard Borovansky zur Abfassung dieses Buches aufzunehmen, ein großes Stück mehr.
38 Joseph Stiglitz, Globalization and its discontents. New York (Norton) 2002. Der deutsche Titel lautet „Die Schatten der Globalisierung". Dieses Buch sollte zu einer der Referenzen für die Globalisierungskritiker werden, denn der Autor kennt als ehemaliger Chefökonom der Weltbank die multilaterale Finanzwirtschaft von innen.
39 Kreff, Knoll, Gingrich (Hrsg.), Lexikon der Globalisierung. Bielefeld (transcript) 2011. S. 126.
40 Andere Autoren führen die Anfänge der modernen Globalisierung bis ins 15. Jahrhundert zurück, als mit dem Beginn der Kolonialreiche eine gewisse Vereinheitlichung unter europäischer Führung begann.
41 Eric J. Hobsbawm, The Age of Revolution 1789–1848. New York (Vintage) 1996. S. 83.
42 Finanzielle und politische Probleme sowie auch die Technik – so der Tunnelbau durch das Taurusgebirge – verzögerten die Vollendung vor dem Krieg. Mit dem Zerfall des Osmanischen Reiches gingen die Trassen durch neun Staaten, einige Strecken sollten unvollendet bleiben.
43 Stefan Zweig, Die Welt von gestern. Erinnerungen eines Europäers. Frankfurt/M. (Fischer) 1978.
44 Ignacio Ramonet, La Tyrannie de la Communication. Paris (Galilée) 1999. Ramonet hat viele andere Bewegungen der Globalisierungskritik mitbegründet, u. a. das Weltsozialforum Puerto Alegre.
45 Neda Soltani, Mein gestohlenes Gesicht – Die Geschichte einer dramatischen Verwechslung. München (Kailash Verlag) 2012.
46 www3.weforum.org/docs/WEF_GlobalRisks_Report_2013.pdf, abgerufen am 18.1.2013, 19:00.
47 Evgeny Morozov, The Net Delusion: The Dark Side of Internet Freedom. New York (Public Affairs) 2011.
48 George Orwell, 1984. London (Secker & Warburg) 1949.
49 Loretta Napoleoni, Die Ökonomie des Terrors. Auf den Spuren der Dollars hinter dem Terrorismus. München (Kunstmann) 2004.
50 UNODC Annual Report 2007. S.10: „Afghan opium production, which accounts for 92 percent of total world supply, surged 49 per cent to a record 6,100 tonnes".
51 Im Februar 2013 ging der von Präsident Obama designierte neue CIA-Chef Paul Brennan in einer Anhörung vor dem Senate Intelligence Committee einen

Schritt weiter: „Es ist unsere Tradition, ein Gericht dafür einzusetzen, Schuld oder Unschuld einer Person für vergangene Aktionen zu ermitteln, was sich sehr von den Entscheidungen auf dem Schlachtfeld unterscheidet, ebenso wie von Aktionen, welche gegen Terroristen unternommen werden. Denn keine dieser Aktionen sind dafür da, vergangene Schuld für die Aktionen, welche sie unternommen haben, zu beurteilen. Es werden Entscheidungen getroffen, um einzugreifen, sodass künftige Aktionen verhindert werden, um amerikanische Leben zu schützen." Kritiker sehen hier ein eindeutiges Bekenntnis zu sogenanntem „Precrime", einem Begriff, welcher durch den 2002 erschienenen Science-Fiction-Film „Minority Report" bekannt wurde, wobei bereits vor der Ausübung einer Straftat künftige Straftäter verhaftet werden.

52 Jean-Christophe Rufin, L'empire et les nouveaux barbares: Rupture Nord-Sud. Paris (Lattès) 1992.

53 Eric J. Hobsbawm, The Age of Capital 1848–1875. Oxford (Abacus) 1995. S. 63.

54 Vgl u. a. die Berichterstattung in der „New York Times": www.nytimes.com/2008/10/24/business/economy/24panel.html?_r=0, abgerufen am 3.2. 2013, 13:14.

55 Diesen Vergleich verdanke ich Toni Straka, einem unabhängigen Finanzanalysten, mit dem ich seit vielen Jahren einen inspirierenden Gedankenaustausch zur Weltwirtschaft führe.

56 www.repubblica.it/politica/2012/07/11/news/germania_bivio-38855029/index.html?ref=search abgerufen am 12.7. 2012, 13:50.

57 www.handelsblatt.com/politik/konjunktur/nachrichten/depression-und-zerstoerung-euro-krise-koennte-sich-zum-flaechenbrand-ausweiten/6877016.html abgerufen am 13.7.2012 um 22:44.

58 Diese Meinung vertritt Arndt Ellinghorst, Analyst der Autobranche von der Schweizer Bank Credit Suisse. Dieser Protektionismus schade den schwachen Autobauern, weil sie nötige Kurskorrekturen verschliefen, aber auch den deutschen Herstellern, weil sie einseitig belastet würden. www.handelsblatt.com/unternehmen/industrie/absatzkrise-europas-autobauer-auf-kollisionskurs-seite-all/6917014-all.html, abgerufen am 25.7.2012, 23:30.

59 Dies schreibt der deutsche Journalist Frank Schirrmacher zum Buch des US-Anthropologen David Graeber, Schulden. Die ersten 5000 Jahre. Stuttgart (Klett-Cotta) 2011.

60 Die Bilder gingen um die Welt und symbolisieren heute noch den Fall des Eisernen Vorhangs. Weniger bekannt hingegen ist, dass für das Ministertreffen im Juni 1989 bei Klingenbach im Burgenland der kleine noch vorhandene Abschnitt des Stacheldrahtzauns repariert wurde, um ihn dann medienwirksam durchschneiden zu können.

61 Axel Weber beim Weltwirtschaftsforum Davos am 23. 1.2013. www.welt.de/wirtschaft/article113077658/Wir-leben-jetzt-auf-Kosten-kuenftiger-Generationen.html, abgerufen am 23.1.2013, 22:43.

62 Michael Rasch, Mit geldpolitischen Anabolika gedoptes Aktien-Rally, Neue Zürcher Zeitung, 16.2.2013, S. 21.
63 Stefan Zweig, op. cit. S. 361.
64 Schreiben von Hjalmar Schacht und Direktorium an den Reichskanzler vom 7.1.1939.
65 Rede von Weidmann am 11.2.2013 am Walter-Eucken-Institut in Freiburg. Abrufbar über die Website der Deutschen Bundesbank. www.bundesbank. de/Redaktion/DE/Reden/2013/2013_02_11_weidmann.html.
66 Wer sich über die Verschuldung der USA in allen Details eindrucksvoll informieren will, kann folgende Website besuchen: www.usdebtclock.org.
67 Jim Rogers, Die Wall Street ist auch nur eine Straße – Lektionen eines Investment-Rebellen. München (FinanzBuch Verlag) 2013.
68 Der Vollständigkeit halber ist anzumerken, dass die Stammeskrieger ab Mitte der 1980er Jahre umfassend von den USA, Saudi-Arabien und Pakistan aufgerüstet und ausgebildet wurden. Ohne die tragbaren Luftabwehrraketen der USA, Marke Stinger, wären vielleicht nicht so viele russische Kampfhubschrauber abgeschossen worden.
69 Christian Neef, Tagebuch einer Weltmacht – die Kreml-Protokolle, Der Spiegel, Nr. 46/2006. Das Konvolut von ca. 1400 Seiten wurde in russischer Sprache im Herbst 2006 von der Michail-Gorbatschow-Stiftung in Moskau herausgegeben.
70 „Als sehr viele Leute große Vermögen in Asien verloren hatten, brach das Kreditgeschäft in Rom wegen der geminderten Zahlungsfähigkeit zusammen. Es ist nämlich unmöglich, dass viele Menschen Hab und Gut einbüßen, ohne dass sie noch andere mit sich ins gleiche Unglück reißen. Bewahrt den Staat vor dieser Gefahr! Es sind nämlich – glaubt mir dieses, weil ihr es selbst seht – dieses Kreditwesen und dieser Finanzmarkt, welcher in Rom auf dem Forum seinen Mittelpunkt hat, mit dem Geldwesen in Asien eng verflochten. Jene Dinge dort in Asien können nicht zusammenbrechen, ohne dass die hiesige Finanzwirtschaft von derselben Erschütterung erfasst wird und ebenfalls zusammenbricht." Marcus Tullius Cicero, De Imperio Cn. Pompei Kap. 19.
71 Aurel Schubert, The Credit-Anstalt Crisis of 1931. New York (Cambridge University Press) 1991.
72 www.tagesanzeiger.ch/leben/gesellschaft/In-Japan-wurden-erstmals-mehr-Senioren-als-Babywindeln-verkauft/story/20404567, abgerufen am 23.10.2012, 22:00.
73 www.welt.de/politik/deutschland/article5910229/Deutschland-wird-zu-Europas-Rentnerrepublik.html, abgerufen am 2.2.2013, 13:40.
74 Karin Kneissl, Testosteron Macht Politik. Wien (Braumüller) 2012.
75 Heinrich Ritter von Srbik, Metternich – Der Staatsmann und der Mensch. Graz (Akademische Druck- und Verlagsanstalt) 1979. S. 361.
76 Stefan Zweig, op. cit. S. 210.

77 Joseph Roth, Clemenceau (1939). In: Werke, Bd. 3. Hrsg. Fritz Hackert u. Klaus Westermann. Köln (Kiepenheuer & Witsch) 1989. S. 956.
78 Immanuel Kant, Das Ende aller Dinge. In: Ders., Was ist Aufklärung? Ausgewählte Kleine Schriften. Hamburg (Die Deutsche Bibliothek) 1999. S. 63ff.
79 Immanuel Kant, Physische Geographie. 2. Band. In: Gesammelte Schriften, Akademieausgabe, Band IX. Berlin (de Gruyter) 1963. S. 316.
80 Zusammenfassung des Europäischen Sozialberichts 2013 http://ec.europa.eu/social/main.jsp?langId=de&catId=89&newsId=1774&furtherNews=yes, abgerufen am 8.1.2013, 17:00.
81 Vgl. Melanie Mühl, Eine Gesellschaft stürzt ins Bodenlose, FAZ, 15.12.2012.
82 Interview mit dem „Deutschlandfunk" im Dezember 1998, siehe www.tagesspiegel.de/wirtschaft/dahrendorf-der-euro-wird-europa-spalten/68204.html, abgerufen am 2.2.2013, 17:14.
83 Interview mit dem „Corriere della Sera", zitiert in „Spiegel online": www.spiegel.de/wirtschaft/milton-friedman-euro-einfuehrung-ist-ein-grosser-fehler-a-152301.html, abgerufen am 2.2.2013, 17:20.
84 Libyen war insofern ein Sonderfall, als der damalige französische Staatschef Nicolas Sarkozy verlorenes Terrain in der arabischen Welt mit einer „humanitären Intervention" wettmachen wollte und so auf einen außenpolitischen Erfolg für seinen Präsidentschaftswahlkampf im Frühjahr 2012 setzte.
85 Paul Kirchhof, Verfassungsnot! Frankfurter Allgemeine Zeitung, 12.7.2012.
86 Als ich über diese Eindrücke mit erfahrenen Indien-Experten später sprach, wurde mir u. a. entgegnet: „Diese Gesprächspartner waren wohl Wähler der nationalistischen Partei BJP, jene der Kongresspartei sind gegenüber Europäern viel entspannter."
87 Siehe hierzu u. a. Karin Kneissl, Der Energiepoker – Wie Erdöl und Erdgas die Weltwirtschaft beeinflussen. München (FinanzBuch Verlag) 2. Aufl. 2006.
88 www.faz.net/aktuell/feuilleton/das-politbuero-liest-tocqueville-steht-china-vor-einer-revolution-12058139.html, abgerufen am 12.2.2013, 20:00.
89 Im Jahr 2009 wurden unter dem Titel „Prisoner of State" die Transkripte von 30 Audiokassetten veröffentlicht, auf welchen Zhao seine Sicht der damaligen Ereignissen und den Machtkampf in der Kommunistischen Partei erklärt. Bao Pu, Renee Chiang, Adi Ignatius (Hrsg.), Prisoner of State – The Secret Journal of Zhao Ziyang. New York (Simon & Schuster) 2009.
90 Der Investor Jim Chanos im Interview mit „Finanz und Wirtschaft", www.fuw.ch/article/die-blase-in-china-ist-geplatzt, 10.7.2012.
91 Martha Nussbaum, The clash within – democracy, religious violence, and India's future. Harvard (Harvard University Press) 2007.
92 Joachim Betz, Triumph der Teilhabe – Indien intern, in: Weltmacht Indien, Internationale Politik, Nr. 10/Oktober 2006. S. 54.
93 Vgl. Karin Kneissl, Testosteron Macht Politik. Wien (Braumüller) 2012. S. 85ff.

94 Gespräch mit Herrn Shastri in Neu Delhi, 12. 3.2007.
95 www.foia.cia.gov/2020/2020.pdf, abgerufen am 4.2.2013, 21:22.
96 Der Text wurde am 23.2.2009 auf der Website der chinesischen Nationalbank publiziert. Die englische Version ist über mehrere Quellen abrufbar, eine davon sei hier angeführt, die Website der Bank für internationalen Zahlungsausgleich BIS (Bank of interational settlements): www.bis.org/review/r090402c.pdf.
97 „Rathenau, Chef der Großindustrie, sagt ‚Balkanization of Europe' voraus". New York Times, 20.12.1918.
98 Man mag dies als ein Wiederaufleben von Kleingeistigkeit abtun. Doch die oft gescholtene Kirchturmmentalität hat auch etwas Gutes. Sie gibt dem einzelnen Menschen Geborgenheit. Diese Sehnsucht nach einem kulturellen Bezugsrahmen wächst besonders stark in einer umfassend globalisierten Welt, wo „taille humaine", also der menschliche Maßstab der Größe einer politischen oder wirtschaftlichen Gemeinschaft fast schon verschwunden ist. Andererseits ermöglicht der Wettbewerb der besten Talente in einer größeren Gesellschaft andere Perspektiven, die teils mehr Unabhängigkeit und Chancengleichheit ermöglichen.
99 Paul Kennedy („The Fall and Rise of Great Nations"), Raymond Aron („Guerre et Paix entre Nations") und Emanuel Todd („La Fin de l'Empire") zählen zu den vielen Autoren, die hierüber nachdenken. Zu den Klassikern gehört wohl Alexandre Tocqueville („De la démocratie en Amérique").
100 Leopold Kohr, op. cit. S. 218. Übers. v. K.K.
101 Auf Basis eines vielbeachteten Artikels, der im US-Periodikum „Foreign Affairs" im Herbst 1993 unter dem Titel „Clash of Civilizations?" erschienen war, verfasste der in Harvard lehrende Politologe Samuel A. Huntington zwei Jahre später ein Buch, dessen gleichnamiger Titel kein Fragezeichen mehr enthielt. Die von Huntington vertretene These beschreibt einen Kulturkampf entlang sogenannter kultureller Bruchlinien. Das Buch wurde zu einem Bestseller in den USA und im Iran.
102 Der aus dem Arabischen stammende Begriff Taliban bedeutet „Schüler, Studenten".
103 Georges Corm, L'Europe et l'Orient, de la balkanisation à la libanisation, histoire d'une modernité inaccomplie. Paris (L'Harmattan) 1989.
104 Dieser Begriff ist im Zuge der Befriedigungsversuche der Staatengemeinschaft europäischer Konfliktherde u. a. von der regionalen Sicherheitsorganisation OSZE geschaffen worden. Wie bizarr ein solcher Begriff sein kann, zeigt sich bei jedem Neuausbruch von Gewalt infolge von bloßem Konfliktmanagement anstelle umfassender Konfliktlösung, die meist am Patt zwischen den Parteien scheitert.
105 Theodor Hanf, Koexistenz im Krieg- Staatszerfall und Entstehung einer Nation im Libanon. Baden-Baden (Nomos) 1990.

106 US-Sicherheitsdoktrin 2002: www.peace.ca/bushdoctrine.html, abgerufen am 6.2.2013, 16:25.

107 Beide Staaten verfügten im Juni 1991 über die drei Kriterien der Staatlichkeit: Staatsgebiet, Staatsvolk und Kontrolle über selbige durch eine Regierungsgewalt. Die Anerkennung ist völkerrechtlich betrachtet nur deklarativ und hat keine konstituierende Bedeutung, ob ein neuer Staat entsteht. Dennoch spielt die Anerkennung in der Politik und Diplomatie ihre Rolle. Die Kriege begannen Ende Juni kurz nach den Unabhängigkeitserklärungen am 25. Juni 1991. Die Europäer benötigten einige Monate, bevor sie sich auf einen gemeinsamen Kurs einigten. Deutschland und Österreich (damals noch nicht EU-Mitglied) befürworteten eine rasche Anerkennung, während andere europäische Regierungen zögerten.

108 Der Bericht „The responsibility to protect" wurde im Dezember 2001 vorgelegt und ist unter folgendem Link abrufbar: www.iciss-ciise.gc.ca/report2-en.asp.

109 Viele Texte sind rund um dieses Zitat entstanden, von dem Malraux selbst behauptete, es sei ihm vielmehr in den Mund gelegt worden. Experten und Weggefährten formulieren eher diese Version: « Je pense que la tâche du prochain siècle, en face de la plus terrible menace qu'ait connue l'humanité, va être d'y réintégrer les dieux. » Deutsche Übersetzung der Autorin: „Ich denke, dass angesichts der schrecklichsten Bedrohung in der Geschichte der Menschheit eine der Aufgaben des kommenden Jahrhunderts sein wird, die Götter da hinein zu integrieren."

110 3. Enzyklika: Caritas in veritate, 7.7.2009. www.erzbistum-muenchen.de/Page007030.aspx, abgerufen am 6.2.2013, 10:50.

111 Die Rücktrittsansprache im Wortlaut: http://religion.orf.at/stories/2570982.

112 Gilles Kepel, La revanche de Dieu – Chrétiens, juifs et musulmans à la reconquête du monde. Paris (folio) 1990.

113 Vgl. den Kommentar „Gare à la balkanisation de l'histoire" in „Les Echos", 15.12.2005.

114 www.spiegel.de/politik/ausland/interview-mit-wiktor-jerofejew-zum-urteil-gegen-pussy-riot-a-850657.html, abgerufen am 17.8.12, 20:00.

115 Baruch Spinoza, Der Theologisch-politische Traktat. Übers. v. J. Stern. Leipzig (Reclam) 1886. Achtzehntes Kapitel, S. 345.

116 Der Titel lehnt sich an Huntingtons „Clash of Civilizations" an. Tariq Ali, The Clash of Fundamentalisms – Crusades, Jihads and Modernity. London (Verso) 2002.

117 Als einer der Begründer dieser Strömung gilt Reuben Archer Torrey, Herausgeber der Schriftenreihe: The Fundamentals – A Testimony to the Truth.

118 http://vaticaninsider.lastampa.it/en/homepage/world-news/detail/articolo/guerra-del-golfo-gulf-war-bush-giovanni-paolo-ii-john-paul-i-juan-pablo-ii-8130 abgerufen am 15.8.2012, 22:00.

119 Der Begriff „positiv" stammt vom lateinischen Verb „ponere", also „setzen". Die Lehre des Rechtspositivismus unterscheidet sich dahingehend von der Naturrechtslehre, als nicht eine göttliche Rechtsquelle am Anfang steht, sondern vielmehr eine Grundnorm die Basis bildet.

120 Franz Haas, Ein Bandenkrieg der Kardinäle, Neue Zürcher Zeitung, 9.7.2012, S. 17.

121 Matthäus 22,1–14.

122 Nadeschda Tolokonnikowa (22), Maria Aljochina (24) und Jekaterina Samuzewitsch (29), Sängerinnen der Punkband Possy Riot, wird „Rowdytum" vorgeworfen. Sie waren im Februar in der Moskauer Christ-Erlöser-Kathedrale zum Altar gestürmt und hatten ein „Punkgebet" gerufen: „Jungfrau Maria, Mutter Gottes, räume Putin aus dem Weg." Mit ihrem Auftritt kurz vor der Präsidentenwahl protestierten sie gegen Russlands Staatschef Vladimir Putin und kritisierten dessen Beziehungen zur mächtigen russisch-orthodoxen Kirche. Mit dem Auftritt in der Kirche hat Pussy Riot laut Eigenaussage die Verlogenheit anprangern wollen, mit der die politische Führung in Anspruch nehme, der orthodoxen Moral wirklich verbunden zu sein.

123 Milos Tsernianski, Bora. Berlin (Limes) 1995. Der serbokroatische Originaltitel lautet „Seobe", was Diaspora bedeutet, und erschien 1929.

124 Max Weber, Die protestantische Ethik und der „Geist" des Kapitalismus. In: zeno.org. Band 1. S. 182.

125 Diese Überlegung verdanke ich Christoph Senz, Gespräch im Oktober 2012.

126 Bis hierher wird diese Anekdote auch auf Ludwig XVI. und den Ausbruch der Französischen Revolution 1789 gemünzt.

127 Vincent Quivy, La justice sous Sarkozy. Paris (Seuil) 2012. Der Autor beschreibt u. a. die Interventionen von Sarkozy in der Justiz.

128 Schüssel-Attacke auf EuGH: Vertrag ändern, da dieser nationale Kompetenzen unterwandere. www.wienerzeitung.at/nachrichten/europa/europaarchiv/ 290468_Schuessel-Attacke-auf-EuGH-Vertrag-aendern.html vom 31.12. 2005.

129 Die Ausstattung des Euro-Rettungsschirms mit einer Banklizenz wäre nach Ansicht von Stark ein klarer Verstoß gegen europäisches Recht. Das würde bedeuten, dass Staaten indirekt über die EZB finanziert würden, sagte Stark („Deutschlandfunk", 5.7.2012): „Wir sind bereits in einer sehr extremen Dehnung des europäischen Rechtes, um das mal gelinde zu sagen." Europarechtler sprächen bereits von einem kollektiven Rechtsbruch, sagte Stark. Es bedürfe aber eines Klägers. Nach Starks Ansicht wird seit mindestens zwei Jahren gegen europäisches Recht verstoßen. http://diepresse.com/home/wirtschaft/eurokrise/1273616/ExNotenbanker-Stark_ESMBanklizenz-waere-Rechtsbruch, abgerufen am 30.8. 2012, 22:00.

130 www.guardian.co.uk/world/2004/sep/16/iraq.iraq, abgerufen am 22.1.2013, 21:52.

131 Die US-Universität Stanford erstellte hierzu einen kritischen Bericht und beteiligt sich an einem Monitoring dieser unter US-Präsident Obama massiv erweiterten Strategie der „gezielten Liquidationen" mit all den Folgen für die Zivilbevölkerung. Vgl. u. a. http://livingunderdrones.org.

132 Vgl. Paul Kirchhof, Verfassungsnot! Frankfurter Allgemeine Zeitung, 12.7.2012.

133 Friedrich Wieser, Das Gesetz der Macht. Wien (Julius Springer) 1926. S. 102.

134 Vgl. Jack Weatherford, Genghis Khan: Law and Order. Los Angeles Times, 29.12.2006. www.latimes.com/news/la-oe-weather29dec29,0,7853812.story, abgerufen am 2.2.2013, 13:12.

135 So Michael Ley in seinem Vortrag am Institut für Human- und Sozialwissenschaften der Landesverteidigungsakademie Wien am 6.11.2012.

136 Die jugoslawische Bundesverfassung sah die Möglichkeit des Austritts durch Ausübung des Rechts auf Selbstbestimmung grundsätzlich vor, siehe Matjaž Klemenčič und Mitja Zagar, The Former Yugoslavia's Diverse Peoples, Oxford 2004. S. 292ff.

137 http://diepresse.com/home/politik/aussenpolitik/1313925/Barroso_Unabhaengiges-Katalonien-muss-aus-EU-austreten, abgerufen am 31.1.2013, 22:12.

138 Rudolf Burger, Re-Theologisierung der Politik? Wertedebatten und Mahnreden. Lüneburg (zu Klampen) 2005, S. 33.

139 Das Programm lässt sich nachlesen in dem 2011 erschienenen Buch: Gianroberto Casaleggio und Beppe Grillo, Siamo in guerra. Per una nuova politica [Wir sind im Krieg. Für eine neue Politik]. Mailand (Chiarelettere) 2011

140 Burger, op. cit., S. 39.

141 So u. a. die Position des Bevölkerungsfonds der Vereinten Nationen UNFPA www.unfpa.org/pds/urbanization.htm, abgerufen am 1.10.2012, 17:45.

142 McKinsey Global Institute, Urban world: Cities and the rise of the consuming class. Juni 2012

143 Eric J. Hobsbawm, The age of Capital 1848–1875. Oxford (Abacus) 1995, S. 248.

144 Vgl. Konrad Hummler und Franz Jäger (Hrsg.), Stadtstaat. Utopie oder realistisches Modell. Zürich (NZZ Libro) 2011.

145 www.faz.net/aktuell/wirtschaft/wirtschaftspolitik/energiepolitik/umweltminister-altmaier-energiewende-koennte-bis-zu-einer-billion-euro-kosten-12086525.html abgerufen am 19.2.2013, 23:00.

146 So überliefert es auch der Historiker Daniel Yergin, The Quest – Energy, Security, and the Remaking of the Modern World. London (Penguin) 2011. S 345ff.

147 Jürgen Karl, Dezentrale Energiesysteme – Neue Technologien im liberalisierten Energiemarkt. München (Oldenbourg) 3. Aufl. 2012.

148 www.spiegel.de/wissenschaft/natur/einschlag-im-ural-meteorit-ueber-russland-explodiert-a-883595.html, abgerufen am 15.2.2013, 15:00.
149 Interview mit dem TV-Sender CNBC am 26. Juli 2012.
150 Vgl. Michael Rasch, Währungs-Privatisierungen gegen Notenbank-Exzesse? Neue Zürcher Zeitung, 2.3.2013, S. 15.
151 Stéphane Hessel, Indignez-vous. Paris (Indigène) 2010.
152 John Maynard Keynes, The General Theory of Employment, Interest, and Money. Cambridge (Cambridge University Press) 1936.
153 Siehe u. a. Is U.S. Economic Growth over? Faltering Innovation confronts the six headwinds. In the national Bureau of Economic Research August 2012. www.nber.org/papers/w18315 abgerufen am 12.1.2013, 20:10.
154 „Ich bin kein Diktator, ich bin der Präsident", sagte Obama am 1.3.2013 bei der Pressekonferenz nach dem gescheiterten Treffen im Weißen Haus auf die Frage, ob er wirklich genug getan habe zur Erzielung eines Kompromisses für den Streit um den US-Haushalt. Er könne auch nicht mit einer „Jedi-Gedankenverschmelzung" die Republikaner zwingen, seinen Ideen zur Vermeidung des Sequester zuzustimmen, fügte Obama hinzu unter Vermengung von „Star Wars" (da gibt es die Jedi-Ritter) und „Star Trek" (dort verstehen sich die Vulkanier auf die Gedankenmanipulation).

Ausgewählte Literatur

Tariq Ali, The Clash of Fundamentalisms – Crusades, Jihads and Modernity. London (Verso) 2002

Rudolf Burger, Re-Theologisierung der Politik? Wertedebatten und Mahnreden. Lüneburg (zu Klampen) 2005

Georges Corm, L'Europe et l'Orient – de la balkanisation à la libanisation. Paris (L'Harmattan) 1989

Dan Diner, Israel in Palästina: Über Tausch und Gewalt im Vorderen Orient. Königstein (Athenäum) 1980

Niall Ferguson, The Ascent of Money: A Financial History of the World. New York (Penguin) 2009

David Graeber, Debt. The first 5,000 years. New York (Melville House) 2011

Stéphane Hessel, Indignez-vous. Paris (Indigène) 2010

Eric J. Hobsbawm, The Age of Revolution 1789–1848. New York (Vintage) 1996

Eric J. Hobsbawm, Das Zeitalter der Extreme – Weltgeschichte des 20. Jahrhunderts. 9. Aufl. München (dtv) 2009

Samuel Huntington, Clash of Civilizations and the Remaking of the World Order. New York (Simon & Schuster) 1996

Tony Judt with Timothy Snyder, Thinking the Twentieth Century. London (William Heinemann) 2012

Paul Kennedy, The Rise and Fall of the Great Powers: economic change and military conflict from 1500 to 2000. London (Fontana Press) 1989

Gilles Kepel, La revanche de Dieu – Chrétiens, juifs et musulmans à la reconquête du monde. Paris (folio) 1990

Henry Kissinger, China – Zwischen Tradition und Herausforderung. München (Bertelsmann) 2011

Henry Kissinger, Diplomacy. New York (Simon & Schuster) 1994

Karin Kneissl, Testosteron Macht Politik. Wien (Braumüller) 2012

Karin Kneissl, Der Energiepoker – Wie Erdöl und Erdgas die Weltwirtschaft beeinflussen. München (FinanzBuch Verlag) 2006

Leopold Kohr, The Breakdown of Nations. London (Routledge) 1957

Charles A. Kupchan, No One's World: The West, the Rising Rest, and the Global Turn. New York (Oxford University Press) 2012

Evgeny Morozov, The Net Delusion: The Dark Side of Internet Freedom. New York (Public Affairs) 2011

George Orwell, 1984. London (Secker & Warburg) 1949

Ignacio Ramonet, La Tyrannie de la Communication. Paris (Galilée) 1999

Jim Rogers, Die Wall Street ist auch nur eine Straße – Lektionen eines Investment Rebellen. München (FinanzBuch Verlag) 2013

Joseph Roth, Radetzkymarsch. München (DV) 2003

Jean-Christophe Rufin, L'empire et les nouveaux barbares: Rupture Nord-Sud. Paris (Lattès) 1992

Baruch Spinoza, Der Theologisch-politische Traktat. Übers. v. J. Stern, Leipzig (Reclam) 1886

Heinrich Ritter von Srbik, Metternich – Der Staatsmann und der Mensch. 3 Bände. Graz (Akademische Druck- und Verlagsanstalt) 1979

Oswald Spengler, Der Untergang des Abendlandes – Umrisse einer Morphologie der Weltgeschichte. Band 1: Gestalt und Wirklichkeit. Düsseldorf (Albatros) 2007 [Erstausgabe: Wien (Braumüller) 1918]

Joseph Stiglitz, Globalization and its discontents. New York (Norton) 2002

Friedrich Wieser, Das Gesetz der Macht. Wien (Julius Springer) 1926

Daniel Yergin, The Prize – The Epic Quest for Oil, Money and Power. New York (Free Press) 1991

Stefan Zweig, Die Welt von gestern. Erinnerungen eines Europäers. Frankfurt/M. (Fischer) 1978

Folgende Tageszeitungen und Periodika wurden u. a. konsultiert: Die Presse, Frankfurter Allgemeine Zeitung, Handelsblatt, Le Monde, Le Monde Diplomatique, The Guardian, The Economist, Neue Zürcher Zeitung.

Berichte folgender Institutionen wurden u. a. konsultiert: UNDP, OPEC, IEA, Weltbank, Europäische Kommission.

Stichwortverzeichnis

Abendland 12, 27, 37, 118, 123, 203, 207

Afghanistan 36, 39, 44, 65, 67, 87, 88, 94, 113, 114, 115, 158, 177, 178, 185, 186, 192, 193, 194, 195, 212, 213, 233

Ägypten 13, 14, 48, 52, 53, 55, 56, 57, 60, 78, 81, 97, 122, 126, 198, 199, 201, 216, 247

Alexander der Große 11, 17, 115, 123, 231

Anarchie 15, 55, 87, 126, 224, 226, 256

Bagdadbahn 77

Balkanisierung 16, 63, 171, 172, 179, 180, 182, 184, 185, 200, 237

Bibel 13, 26, 64, 204, 211

Bosnien 16, 36, 121, 171, 179, 181, 182, 187, 188, 192, 195

BRICS 21, 120, 161, 162, 163

Cäsar 14, 209, 231, 234, 235, 236

China 18, 19, 21, 35, 37, 40, 41, 43, 44, 45, 46, 47, 48, 52, 57, 58, 68, 71, 72, 74, 101, 109, 119, 120, 121, 122, 139, 142, 143, 145, 146, 147, 148, 149, 150, 151, 153, 154, 155, 156, 157, 158, 159, 160, 162, 163, 164, 165, 166, 168, 185, 190, 194, 246, 250, 251, 264

Citoyen 125, 174, 177, 182, 210, 214, 221

Clinton, Bill 64, 68, 71, 72, 118, 183, 260

Demografie 119, 120, 259

Deutschland 32, 63, 68, 102, 103, 104, 111, 112, 119, 122, 131, 135, 159, 173, 219, 223, 224, 234, 239, 252, 258, 264

Drohnen 64, 93, 228

Dschingis Khan 230

Edison, Thomas Alva 253

Energieversorgung 24, 59, 60, 134, 160, 176, 250, 251, 253, 254, 256, 257

Erdgas 25, 44, 53, 55, 57, 58, 59, 61, 120, 141, 142, 160, 162

Erdöl 15, 25, 31, 32, 36, 55, 56, 57, 58, 59, 60, 61, 68, 71, 72, 114, 120, 141, 142, 143, 147, 148, 161, 162, 163, 178, 179, 251

Erster Weltkrieg 16, 18, 27, 31, 32, 33, 36, 47, 54, 69, 77, 78, 79, 94, 117, 126, 165, 166, 171, 172, 174, 177, 234, 236, 251

EU 14, 24, 39, 45, 50, 51, 52, 61, 95, 101, 102, 103, 104, 106, 109, 113, 119, 130, 131, 132, 133, 134, 135, 136, 137, 138, 139, 140, 141, 185, 188, 194, 229, 238, 240, 241, 248, 255, 258, 263

Euro-Krise 131, 138

Facebook 82, 83, 84

Finanzkrise 20, 23, 45, 46, 67, 99, 109, 197, 227

Franco, Francisco 239

Französische Revolution 27, 55, 116, 224

G-20 25, 47, 68, 69, 163, 164

G-8 47, 69, 164

Gescheiterte Staaten   98, 183, 185
Gleichstrom   253
Globalisierung   11, 12, 16, 17, 18, 19, 20, 23, 24, 25, 27, 28, 34, 44, 51, 71, 72, 73, 74, 75, 76, 79, 87, 89, 91, 104, 166, 204, 205
Hellenismus   12, 206, 207
Hessel, Stéphane   262
Hobsbawm, Eric   27, 77, 99
Ibn Khaldun   232
Imperium   14, 39, 109, 123, 124, 175, 206, 217, 234, 246, 260, 264, 265
Indien   19, 21, 26, 54, 67, 68, 119, 146, 151, 152, 153, 154, 155, 158, 160, 161, 162, 164, 168, 178, 190, 233, 236, 246
Industrielle Revolution   245, 263
Inflation   45, 46, 103, 110, 111, 112, 150, 171, 258, 261
Internet   23, 69, 71, 72, 81, 85, 114, 172, 212
Irak-Krieg   50, 83, 195, 208, 228
Iran   30, 33, 36, 54, 58, 60, 66, 81, 82, 95, 142, 145, 178, 201, 204, 211, 213, 233, 264
Israel   22, 32, 33, 52, 54, 57, 60, 61, 63, 64, 65, 66, 71, 74, 77, 89, 97, 156, 177, 182, 201, 202, 215
Japan   35, 42, 44, 67, 68, 109, 110, 118, 123, 146, 156, 158, 159, 160, 164, 216
Jugoslawien   14, 15, 16, 51, 95, 109, 172, 178, 179, 181, 182, 184, 187, 194, 221, 237, 238, 249
Kapitalismus   77, 99, 220, 251
Karl der Große   17, 34, 123, 174
Katalonien   14, 175, 238

Katar   52, 53, 54
Kleopatra   231
Klimawandel   24, 90, 120, 197, 248, 251
Kolonialismus   38, 99, 154, 191
Konfessionalismus   199
Konfuzius   107, 157, 158
Koran   178, 211, 213
Kosovo   50, 51, 172, 182, 187, 188, 192, 194, 238
Kreml   114, 201, 218, 234
Kreuzzüge   124, 203, 207
Kurden   15, 55, 121
Libanisierung   15, 16, 171, 179, 180, 214
Libanon   13, 15, 16, 33, 54, 98, 171, 177, 179, 180, 181, 182, 187, 189, 199, 213, 214, 221, 226, 247
Liberalisierung   260
Maastricht   135, 184
Mali   48, 115
Metternich, Klemens Wenzel von   117, 125, 126, 223, 235
nation-building   39, 182, 185
Nato   50, 114, 115, 187, 194, 195, 207, 218
OPEC   57, 60, 141
Opiumkriege   41
Orthodoxe Kirche   22, 181, 201, 202, 217, 218, 219
Papst   60, 124, 197, 198, 208, 209, 210, 212, 221
Perser   115, 123, 213, 219, 229
Rechtsbeugung   228
Rechtsstaat   39, 168, 195, 209, 221, 226, 227, 229, 241, 260, 265

Republik 14, 49, 113, 182, 218, 234, 235, 236, 264, 265

Revolution 11, 18, 21, 27, 48, 49, 52, 53, 54, 55, 56, 59, 65, 71, 75, 79, 98, 99, 109, 116, 125, 126, 128, 135, 139, 149, 157, 158, 165, 174, 176, 198, 208, 216, 220, 223, 224, 234, 235, 236, 239, 245, 252, 257, 263

Römisches Reich 67, 124, 231, 235

Schiefergas 58, 59, 60, 61, 62, 252

Sparta 230

Spengler, Oswald 26, 27, 70, 118, 232, 242

Spinoza, Baruch 202, 215

Staatenzerfall 52, 62, 172, 177, 185, 194, 256

Staatspleite 101, 112, 115, 116, 140

Stadtstaat 12, 177, 182, 230, 242, 249, 250

Stalin, Josef 85, 224, 239

state-building 39, 186, 192

Syrien 15, 32, 33, 48, 52, 53, 54, 55, 60, 64, 94, 97, 98, 115, 177, 178, 180, 201, 212, 214, 217, 221

Troja 27, 196

Twitter 79, 82, 83, 84

Umma 57, 212, 237

UN-Sicherheitsrat 34, 66, 95, 188, 191, 194

UNO 15, 39, 88, 94, 130, 172, 174, 190, 237

Vielvölkerstaat 27, 171, 174

Westfälischer Friede 124

Westinghouse, George 253

Zentralbank 45, 46, 100, 101, 103, 111, 112, 131, 156, 163, 260, 261